본 교재의 강의는 TV와 모바일, EBS 중학사이트(mid.ebs.co.kr)에서 무료로 제공됩니다.

발행일 2021. 9. 25.　**1쇄 인쇄일** 2021. 9. 18.
신고번호 제2017-000193호　**펴낸곳** 한국교육방송공사 경기도 고양시 일산동구 한류월드로 281
기획 및 개발 박문서 김나진 윤영란 이상호 이원구 이재우 최영호
표지디자인 ㈜무닉　**편집** 더 모스트　**인쇄** ㈜테라북스
인쇄 과정 중 잘못된 교재는 구입하신 곳에서 교환하여 드립니다.

수학 마스터
교재의 난이도 및 활용 안내

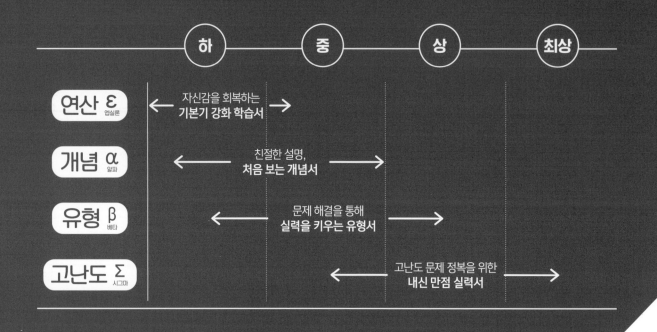

	하	중	상	최상
연산 ε 엡실론	← 자신감을 회복하는 **기본기 강화 학습서** →			
개념 α 알파	← 친절한 설명, **처음 보는 개념서** →			
유형 β 베타		← 문제 해결을 통해 **실력을 키우는 유형서** →		
고난도 Σ 시그마			← 고난도 문제 정복을 위한 **내신 만점 실력서** →	

수학 마스터

중학 수학의 첫 유형 학습

유형 β
베타

중학 수학 3·2

| 교재 내용 문의 | 교재 내용 문의는 EBS 중학사이트 (mid.ebs.co.kr)의 교재 Q&A 서비스를 활용하시기 바랍니다. | 교재 정오표 공지 | 발행 이후 발견된 정오 사항을 EBS 중학사이트 정오표 코너에서 알려 드립니다. 교재학습자료 → 교재 → 교재 정오표 | 교재 정정 신청 | 공지된 정오 내용 외에 발견된 정오 사항이 있다면 EBS 중학사이트를 통해 알려 주세요. 교재학습자료 → 교재 → 교재 선택 → 교재 Q&A |

수학 마스터

중학 수학의 첫 유형 학습

유형 β
베타

중학 수학 3·2

Structure / 이 책의 구성과 특징

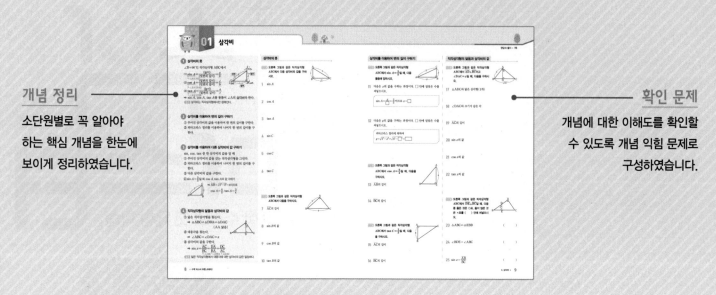

개념 정리

소단원별로 꼭 알아야
하는 핵심 개념을 한눈에
보이게 정리하였습니다.

확인 문제

개념에 대한 이해도를 확인할
수 있도록 개념 익힘 문제로
구성하였습니다.

★소단원 개념 정리와 확인 문제

소단원별 한눈에 보이는 개념 정리와 개념 확인 문제

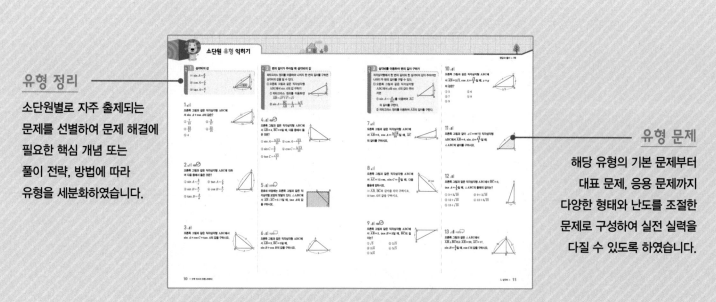

유형 정리

소단원별로 자주 출제되는
문제를 선별하여 문제 해결에
필요한 핵심 개념 또는
풀이 전략, 방법에 따라
유형을 세분화하였습니다.

유형 문제

해당 유형의 기본 문제부터
대표 문제, 응용 문제까지
다양한 형태와 난도를 조절한
문제로 구성하여 실전 실력을
다질 수 있도록 하였습니다.

★소단원 유형 익히기

소단원별 교과서와 기출 문제로 구성한 개념별, 문제 형태별 유형 문제

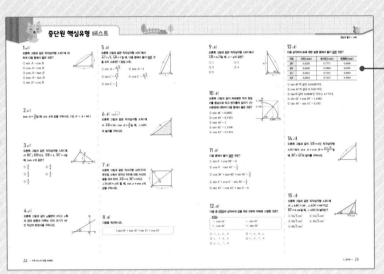

핵심유형 문제

중단원별로 중요 유형을
한 번 더 학습하고 정리할 수
있도록 단원 테스트 형태로
제시하여 학교 시험을 완벽하게
대비할 수 있도록 하였습니다.

★중단원 핵심유형 테스트

중요 유형의 반복 학습과 이해 정도를 파악할 수 있는 테스트

정답과 풀이

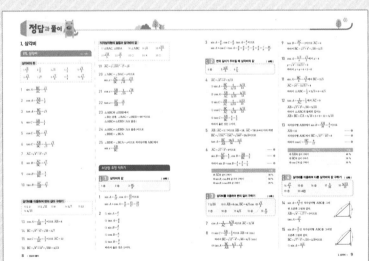

★빠른 정답

★정답과 풀이

자세하고 친절한 풀이

Contents / 이 책의 차례

01
·
삼각비

01 삼각비

1 삼각비의 뜻

∠B=90°인 직각삼각형 ABC에서

(1) $\sin A = \dfrac{(높이)}{(빗변의 길이)} = \dfrac{a}{b}$
   └ ∠A의 사인

(2) $\cos A = \dfrac{(밑변의 길이)}{(빗변의 길이)} = \dfrac{c}{b}$
   └ ∠A의 코사인

(3) $\tan A = \dfrac{(높이)}{(밑변의 길이)} = \dfrac{a}{c}$
   └ ∠A의 탄젠트

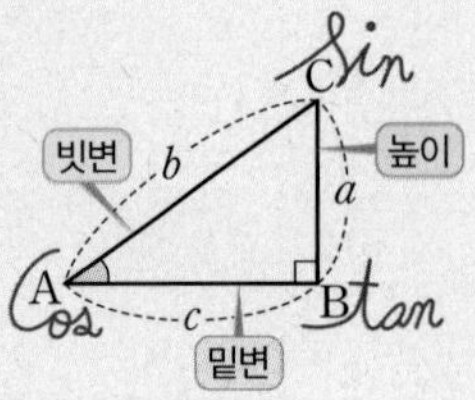

➡ sin A, cos A, tan A를 통틀어 ∠A의 **삼각비**라 한다.

참고 삼각비는 직각삼각형에서만 정해진다.

2 삼각비를 이용하여 변의 길이 구하기

① 주어진 삼각비의 값을 이용하여 한 변의 길이를 구한다.
② 피타고라스 정리를 이용하여 나머지 한 변의 길이를 구한다.

3 삼각비를 이용하여 다른 삼각비의 값 구하기

sin, cos, tan 중 한 삼각비의 값을 알 때
① 주어진 삼각비의 값을 갖는 직각삼각형을 그린다.
② 피타고라스 정리를 이용하여 나머지 한 변의 길이를 구한다.
③ 다른 삼각비의 값을 구한다.

예 $\sin A = \dfrac{3}{5}$일 때, cos A, tan A의 값 구하기

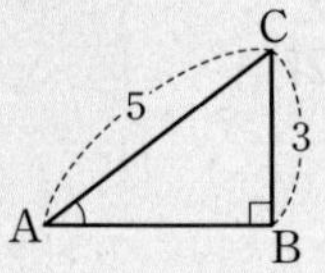

➡ $\overline{AB} = \sqrt{5^2 - 3^2} = 4$이므로

  $\cos A = \dfrac{4}{5}$, $\tan A = \dfrac{3}{4}$

4 직각삼각형의 닮음과 삼각비의 값

① 닮은 직각삼각형을 찾는다.
  ➡ △ABC∽△DBA∽△DAC
               (AA 닮음) 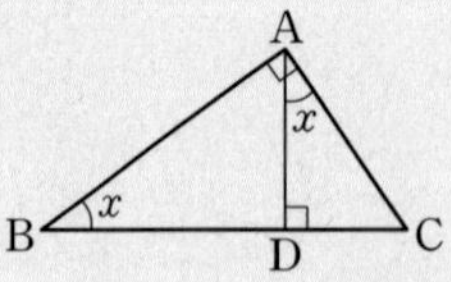
② 대응각을 찾는다.
  ➡ ∠ABC = ∠DAC = x
③ 삼각비의 값을 구한다.
  ➡ $\sin x = \dfrac{\overline{AC}}{\overline{BC}} = \dfrac{\overline{DA}}{\overline{BA}} = \dfrac{\overline{DC}}{\overline{AC}}$

참고 닮은 직각삼각형에서 대응각에 대한 삼각비의 값은 일정하다.

삼각비의 뜻

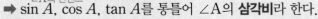

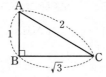

● 오른쪽 그림과 같은 직각삼각형 ABC에서 다음 삼각비의 값을 구하시오.

1 sin A

2 cos A

3 tan A

4 sin C

5 cos C

6 tan C

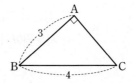

● 오른쪽 그림과 같은 직각삼각형 ABC에서 다음을 구하시오.

7 $\overline{AC}$의 길이

8 sin B의 값

9 cos B의 값

10 tan B의 값

삼각비를 이용하여 변의 길이 구하기

오른쪽 그림과 같은 직각삼각형 ABC에서 $\sin A = \dfrac{2}{5}$일 때, 다음 물음에 답하시오.

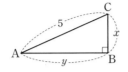

11 다음은 x의 값을 구하는 과정이다. □ 안에 알맞은 수를 써넣으시오.

$$\sin A = \frac{x}{\Box} = \frac{2}{5}$$이므로 $x = \Box$

12 다음은 y의 값을 구하는 과정이다. □ 안에 알맞은 수를 써넣으시오.

피타고라스 정리에 의하여
$$y = \sqrt{5^2 - x^2} = \sqrt{5^2 - \Box^2} = \Box$$

오른쪽 그림과 같은 직각삼각형 ABC에서 $\cos A = \dfrac{3}{4}$일 때, 다음을 구하시오.

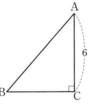

13 $\overline{AB}$의 길이

14 $\overline{BC}$의 길이

오른쪽 그림과 같은 직각삼각형 ABC에서 $\tan C = \dfrac{2}{3}$일 때, 다음을 구하시오.

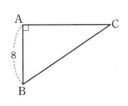

15 $\overline{AC}$의 길이

16 $\overline{BC}$의 길이

직각삼각형의 닮음과 삼각비의 값

오른쪽 그림과 같은 직각삼각형 ABC에서 $\overline{AD} \perp \overline{BC}$이고 $\angle DAC = x$일 때, 다음을 구하시오.

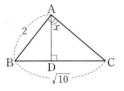

17 △ADC와 닮은 삼각형 (2개)

18 $\angle DAC$와 크기가 같은 각

19 $\overline{AC}$의 길이

20 $\sin x$의 값

21 $\cos x$의 값

22 $\tan x$의 값

오른쪽 그림과 같은 직각삼각형 ABC에서 $\overline{DE} \perp \overline{BC}$일 때, 다음 중 옳은 것은 ○표, 옳지 않은 것은 ×표를 ( ) 안에 써넣으시오.

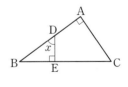

23 △ABC∽△EBD   (   )

24 $\angle BDE = \angle ABC$ (   )

25 $\sin x = \dfrac{\overline{AB}}{\overline{BC}}$ (   )

소단원 유형 익히기

유형 1 삼각비의 값

(1) $\sin A = \dfrac{a}{b}$

(2) $\cos A = \dfrac{c}{b}$

(3) $\tan A = \dfrac{a}{c}$

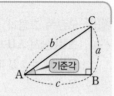

기준각

1.ıl

오른쪽 그림과 같은 직각삼각형 ABC에서 $\sin A + \cos A$의 값은?

① $\dfrac{7}{15}$ ② $\dfrac{9}{17}$

③ $\dfrac{23}{17}$ ④ $\dfrac{23}{15}$

⑤ 4

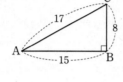

2.ıl 대표

오른쪽 그림과 같은 직각삼각형 ABC에 대하여 다음 중에서 옳은 것은?

① $\sin A = \dfrac{b}{c}$ ② $\tan A = \dfrac{c}{b}$

③ $\sin B = \dfrac{a}{c}$ ④ $\cos B = \dfrac{b}{c}$

⑤ $\tan B = \dfrac{b}{a}$

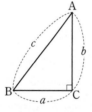

3.ıl

오른쪽 그림과 같은 직각삼각형 ABC에서 $\sin A \times \cos C \div \tan A$의 값을 구하시오.

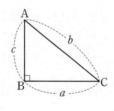

유형 2 변의 길이가 주어질 때 삼각비의 값

피타고라스 정리를 이용하여 나머지 한 변의 길이를 구하면 삼각비의 값을 알 수 있다.

예 오른쪽 그림과 같은 직각삼각형 ABC에서 $\sin A$의 값 구하기

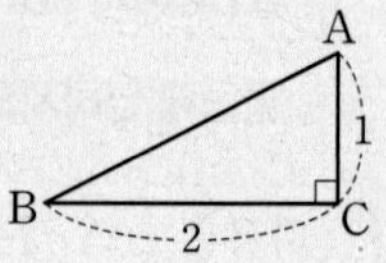

① 피타고라스 정리를 이용하면
$$\overline{AB} = \sqrt{2^2 + 1^2} = \sqrt{5}$$

② $\sin A = \dfrac{\overline{BC}}{\overline{AB}} = \dfrac{2}{\sqrt{5}} = \dfrac{2\sqrt{5}}{5}$

4.ıl 대표

오른쪽 그림과 같은 직각삼각형 ABC에서 $\overline{AB} = 4$, $\overline{BC} = 6$일 때, 다음 중에서 옳은 것은?

① $\sin A = \dfrac{2\sqrt{13}}{13}$ ② $\cos A = \dfrac{\sqrt{13}}{3}$

③ $\sin C = \dfrac{3}{2}$ ④ $\cos C = \dfrac{3\sqrt{13}}{13}$

⑤ $\tan C = \dfrac{\sqrt{13}}{2}$

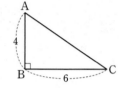

5.ıl 신유형

준호네 마당에는 오른쪽 그림과 같은 직각삼각형 모양의 텃밭이 있다. $\triangle ABC$에서 $\overline{AB} : \overline{AC} = 5 : 7$일 때, $\tan A$의 값을 구하시오.

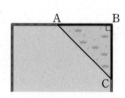

6.ıl 서술형

오른쪽 그림과 같은 직각삼각형 ABC에서 $\overline{AB} = 3$, $\overline{BC} = 5$일 때, $\sin B + \cos B$의 값을 구하시오.

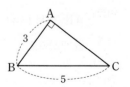

유형 3 삼각비를 이용하여 변의 길이 구하기

직각삼각형에서 한 변의 길이와 한 삼각비의 값이 주어지면 나머지 두 변의 길이를 구할 수 있다.

예 오른쪽 그림과 같은 직각삼각형 ABC에서 a와 $\sin A$의 값이 주어지면

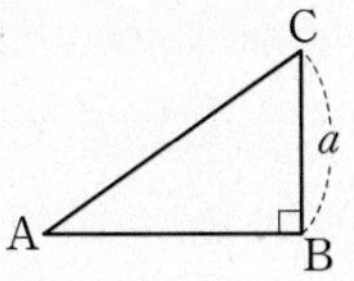

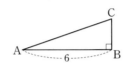

① $\sin A = \dfrac{a}{\overline{AC}}$ 를 이용하여 $\overline{AC}$ 의 길이를 구한다.

② 피타고라스 정리를 이용하여 $\overline{AB}$의 길이를 구한다.

7

오른쪽 그림과 같은 직각삼각형 ABC에서 $\overline{AB}=6$, $\cos A = \dfrac{3\sqrt{10}}{10}$일 때, $\overline{AC}$ 의 길이를 구하시오.

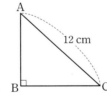

8

오른쪽 그림과 같은 직각삼각형 ABC에서 $\overline{AC}=12$ cm, $\sin C = \dfrac{2}{3}$일 때, 다음 물음에 답하시오.

(1) $\overline{AB}$, $\overline{BC}$의 길이를 각각 구하시오.

(2) $\tan A$의 값을 구하시오.

9 대표

오른쪽 그림과 같은 직각삼각형 ABC에서 $\overline{AB}=2$, $\tan B=2$일 때, $\overline{BC}$의 길이는?

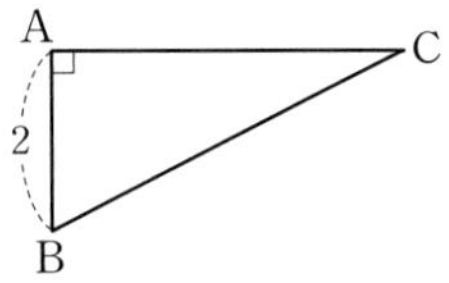

① $\sqrt{5}$ ② $2\sqrt{5}$

③ $2\sqrt{6}$ ④ $3\sqrt{5}$

⑤ $3\sqrt{6}$

10

오른쪽 그림과 같은 직각삼각형 ABC에서 $\overline{AB}=2\sqrt{3}$, $\cos A = \dfrac{\sqrt{3}}{2}$일 때, $x+y$ 의 값은?

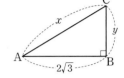

① 5   ② 6

③ 7   ④ 8

⑤ 9

11

오른쪽 그림과 같이 $\angle C=90°$인 직각삼각형 ABC에서 $\overline{AB}=6$, $\sin A = \dfrac{\sqrt{5}}{3}$일 때, $\triangle ABC$의 넓이를 구하시오.

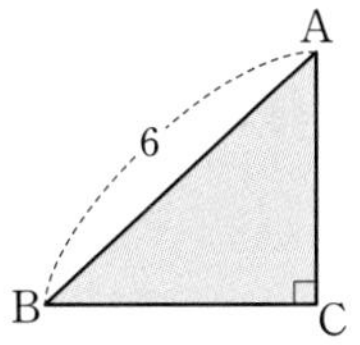

12

오른쪽 그림과 같은 직각삼각형 ABC에서 $\overline{BC}=3$, $\tan A = \dfrac{1}{3}$일 때, $\triangle ABC$의 둘레의 길이는?

① $3+3\sqrt{10}$ ② $9+3\sqrt{10}$

③ $12+\sqrt{10}$ ④ $12+3\sqrt{10}$

⑤ $15+\sqrt{10}$

13 서술형

오른쪽 그림과 같은 $\triangle ABC$에서 $\overline{AH}\perp\overline{BC}$이고 $\overline{AB}=20$, $\overline{AC}=17$, $\sin B = \dfrac{3}{4}$일 때, $\cos C$의 값을 구하시오.

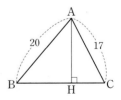

유형 4 삼각비를 이용하여 다른 삼각비의 값 구하기

한 삼각비의 값을 알 때
① 주어진 삼각비의 값을 갖는 직각삼각형을 그린다.
② 피타고라스 정리를 이용하여 나머지 한 변의 길이를 구한다.
③ 다른 삼각비의 값을 구한다.

예 $\cos A=\dfrac{3}{5}$일 때, $\sin A$, $\tan A$의 값 구하기

➡ 오른쪽 그림과 같이 $\cos A=\dfrac{3}{5}$인

직각삼각형을 그리면
$\overline{BC}=\sqrt{5^2-3^2}=4$이므로
$\sin A=\dfrac{4}{5}$, $\tan A=\dfrac{4}{3}$

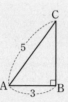

14 ▪▫

$\sin A=\dfrac{\sqrt{7}}{4}$일 때, $\tan A$의 값을 구하시오. (단, $0°<A<90°$)

15 ▪▫

$\angle C=90°$인 직각삼각형 ABC에서 $\sin B=\dfrac{5}{7}$일 때, 다음 중에서 옳은 것은?

① $\sin A=\dfrac{5}{7}$　　② $\cos A=\dfrac{7}{5}$

③ $\tan A=\dfrac{5\sqrt{6}}{12}$　　④ $\cos B=\dfrac{2\sqrt{6}}{7}$

⑤ $\tan B=\dfrac{2\sqrt{6}}{5}$

16 ▪▫ 대표🔄

$\cos A=\dfrac{1}{3}$일 때, $\sin A \times \tan A$의 값은? (단, $0°<A<90°$)

① $\dfrac{5}{3}$　　② 2　　③ $\dfrac{7}{3}$

④ $\dfrac{8}{3}$　　⑤ 3

17 ▪▫

$\sin A=\dfrac{4}{5}$일 때, $\dfrac{\cos A}{5\cos A+3\tan A}$의 값을 구하시오.

(단, $0°<A<90°$)

18 ▪▫ 서술형💬

$3\tan A-2=0$일 때, $\sin A+\cos A$의 값을 구하시오.

(단, $0°<A<90°$)

19 ▪▫

$\angle C=90°$인 직각삼각형 ABC에서 $\sin(90°-A)=\dfrac{12}{13}$일 때, $\tan A$의 값은?

① $\dfrac{5}{13}$　　② $\dfrac{5}{12}$　　③ $\dfrac{13}{12}$

④ $\dfrac{12}{5}$　　⑤ $\dfrac{13}{5}$

20 ▪▫ 신유형↻

$\tan A=\dfrac{4}{3}$인 직각삼각형 ABC를 보고 두 학생이 다음을 구하려 한다. 계산한 값이 더 큰 학생을 구하시오. (단, $0°<A<90°$)

> 서진: 난 $\sin A+3\cos A$의 값을 구해야지.
> 주호: 난 $3\sin A \times \cos A$의 값을 구할 거야.

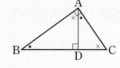

유형 5 직각삼각형의 닮음과 삼각비의 값(1)

직각삼각형 ABC에서 $\overline{AD}\perp\overline{BC}$
일 때
$\triangle ABC \backsim \triangle DBA \backsim \triangle DAC$
(AA 닮음)
➡ $\angle ABC = \angle DAC$, $\angle BCA = \angle BAD$

21 대표

오른쪽 그림과 같은 직각삼각형 ABC에서 $\overline{AD}\perp\overline{BC}$이고 $\angle DAC=x$일 때, $\sin x$의 값은?

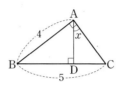

① $\dfrac{3}{5}$ ② $\dfrac{4}{5}$

③ $\dfrac{4}{3}$ ④ $\dfrac{5}{4}$

⑤ $\dfrac{5}{3}$

22

오른쪽 그림과 같은 직각삼각형 ABC에서 $\overline{AD}\perp\overline{BC}$일 때, 다음 중에서 $\cos C$의 값을 나타내는 것은?

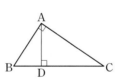

① $\dfrac{\overline{AD}}{\overline{AC}}$ ② $\dfrac{\overline{AD}}{\overline{AB}}$

③ $\dfrac{\overline{BD}}{\overline{AB}}$ ④ $\dfrac{\overline{BD}}{\overline{BC}}$

⑤ $\dfrac{\overline{AB}}{\overline{BC}}$

23 서술형 🗨

오른쪽 그림과 같은 직각삼각형 ABC에서 $\overline{AH}\perp\overline{BC}$일 때, $\sin x+\cos y$의 값을 구하시오.

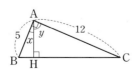

유형 6 직각삼각형의 닮음과 삼각비의 값(2)

직각삼각형 ABC에서 $\overline{BC}\perp\overline{DE}$
일 때
$\triangle ABC \backsim \triangle EBD$ (AA 닮음)
➡ $\angle BCA = \angle BDE$

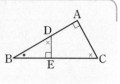

24

다음은 오른쪽 그림과 같은 직각삼각형 ABC에서 $\overline{BC}\perp\overline{DE}$일 때, $\tan B$의 값을 나타낸 것이다. (가), (나)에 알맞은 것을 차례로 구하면?

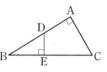

$$\tan B=\dfrac{\boxed{(가)}}{\overline{AB}}=\dfrac{\overline{DE}}{\boxed{(나)}}$$

① $\overline{AC}$, $\overline{BC}$ ② $\overline{AC}$, $\overline{BD}$ ③ $\overline{AC}$, $\overline{BE}$

④ $\overline{BC}$, $\overline{BD}$ ⑤ $\overline{BC}$, $\overline{BE}$

25 대표

오른쪽 그림과 같은 직각삼각형 ABC에서 $\overline{BC}\perp\overline{DE}$이고 $\overline{AC}=4$, $\overline{BC}=6$일 때, $\cos x$의 값은?

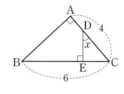

① $\dfrac{2}{3}$ ② $\dfrac{3}{2}$

③ $\dfrac{\sqrt{5}}{4}$ ④ $\dfrac{\sqrt{5}}{3}$

⑤ $\dfrac{\sqrt{5}}{2}$

26

오른쪽 그림과 같은 직각삼각형 ABC에서 $\overline{BC}\perp\overline{DE}$일 때, $\sin x-\sin y$의 값을 구하시오.

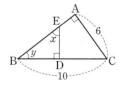

02 삼각비의 값

1 30°, 45°, 60°의 삼각비의 값

삼각비 \ A	30°	45°	60°
$\sin A$	$\dfrac{1}{2}$	$\dfrac{\sqrt{2}}{2}$	$\dfrac{\sqrt{3}}{2}$
$\cos A$	$\dfrac{\sqrt{3}}{2}$	$\dfrac{\sqrt{2}}{2}$	$\dfrac{1}{2}$
$\tan A$	$\dfrac{\sqrt{3}}{3}$	1	$\sqrt{3}$

2 예각의 삼각비의 값

반지름의 길이가 1인 사분원에서
예각 x에 대하여

(1) $\sin x = \dfrac{\overline{\mathrm{AB}}}{\overline{\mathrm{OA}}} = \dfrac{\overline{\mathrm{AB}}}{1} = \overline{\mathrm{AB}}$

(2) $\cos x = \dfrac{\overline{\mathrm{OB}}}{\overline{\mathrm{OA}}} = \dfrac{\overline{\mathrm{OB}}}{1} = \overline{\mathrm{OB}}$

(3) $\tan x = \dfrac{\overline{\mathrm{CD}}}{\overline{\mathrm{OD}}} = \dfrac{\overline{\mathrm{CD}}}{1} = \overline{\mathrm{CD}}$

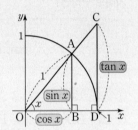

> 참고 $\sin$, $\cos$의 값은 빗변의 길이가 1인 직각삼각형을 찾고, $\tan$의 값은 밑변의 길이가 1인 직각삼각형을 찾아서 구한다.

3 0°, 90°의 삼각비의 값

A \ 삼각비	$\sin A$	$\cos A$	$\tan A$
0°	0	1	0
90°	1	0	정할 수 없다.

> 참고 $0° \le x \le 90°$인 범위에서 x의 크기가 커지면
> ① $\sin x$의 값은 0에서 1까지 증가한다.
> ② $\cos x$의 값은 1에서 0까지 감소한다.
> ③ $\tan x$의 값은 0에서 한없이 증가한다. (단, $x \ne 90°$)

4 삼각비의 표

0°에서 90°까지의 각을 1° 간격으로 나누어서 이들의 삼각비의 값을 반올림하여 소수점 아래 넷째 자리까지 나타낸 표

예 오른쪽 삼각비의 표에서

$\sin 40° = 0.6428$
$\cos 41° = 0.7547$
$\tan 42° = 0.9004$

각도	사인 (sin)	코사인 (cos)	탄젠트 (tan)
40°	0.6428	0.7660	0.8391
41°	0.6561	0.7547	0.8693
42°	0.6691	0.7431	0.9004

30°, 45°, 60°의 삼각비의 값

▷ 다음을 계산하시오.

1 $\tan 45° + \cos 60°$

2 $\sin 45° - \cos 45°$

3 $\sin 60° \times \tan 60°$

4 $\sin 30° \times \cos 30°$

5 $\tan 30° \div \sin 60°$

6 $\sin 45° \times \cos 60° \div \tan 45°$

▷ 다음 그림의 직각삼각형 ABC에서 x의 값을 구하시오.

7

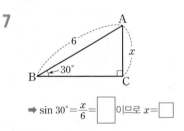

➡ $\sin 30° = \dfrac{x}{6} = \boxed{}$ 이므로 $x = \boxed{}$

8

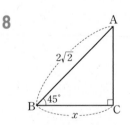

9

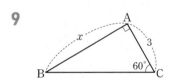

예각의 삼각비의 값

오른쪽 그림과 같이 점 O를 중심으로 하고 반지름의 길이가 1인 사분원에서 다음 삼각비의 값과 길이가 같은 선분을 구하시오.

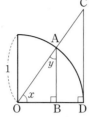

10 $\sin x$

11 $\cos x$

12 $\tan x$

13 $\sin y$

14 $\cos y$

0°, 90°의 삼각비의 값

다음을 계산하시오.

15 $\sin 0° + \tan 0°$

16 $\sin 90° - \cos 90°$

17 $3 \cos 0° + \tan 0°$

18 $\sin 0° \times \cos 90°$

19 $\cos 90° \div 2 \sin 30°$

20 $\cos 0° + \tan 45° + \sin 90°$

21 $\tan 0° \times \sin 30° + \cos 60°$

삼각비의 표

아래 삼각비의 표를 이용하여 다음 삼각비의 값을 구하시오.

각도	사인(sin)	코사인(cos)	탄젠트(tan)
26°	0.4384	0.8988	0.4877
27°	0.4540	0.8910	0.5095
28°	0.4695	0.8829	0.5317
29°	0.4848	0.8746	0.5543

22 $\sin 26°$

23 $\cos 29°$

24 $\tan 27°$

25 $\sin 28°$

아래 삼각비의 표를 이용하여 다음 식을 만족시키는 x의 크기를 구하시오.

각도	사인(sin)	코사인(cos)	탄젠트(tan)
50°	0.7660	0.6428	1.1918
51°	0.7771	0.6293	1.2349
52°	0.7880	0.6157	1.2799
53°	0.7986	0.6018	1.3270

26 $\sin x = 0.7880$

27 $\cos x = 0.6428$

28 $\tan x = 1.3270$

29 $\cos x = 0.6293$

소단원 유형 익히기

유형 7 **30°, 45°, 60°의 삼각비의 값**

삼각비 \ A	30°	45°	60°
$\sin A$	$\dfrac{1}{2}$ → 증가 →	$\dfrac{\sqrt{2}}{2}$ → 증가 →	$\dfrac{\sqrt{3}}{2}$
$\cos A$	$\dfrac{\sqrt{3}}{2}$ → 감소 →	$\dfrac{\sqrt{2}}{2}$ → 감소 →	$\dfrac{1}{2}$
$\tan A$	$\dfrac{\sqrt{3}}{3}$ → 증가 →	1 → 증가 →	$\sqrt{3}$

1 대표

다음을 계산하시오.

$$\cos 30° \times \tan 60° - \sin 30° \times \tan 45°$$

2

다음 중에서 옳은 것은?

① $\sin 30° + \cos 45° = \sqrt{2}$

② $\cos 30° \times \tan 30° = \dfrac{1}{2}$

③ $\tan 45° - 2\cos 60° = 1$

④ $\sin 60° \div \tan 60° = 2$

⑤ $2\sin 45° \times \cos 60° = \sqrt{2}$

3

$\dfrac{2\sin 60°}{3\tan 30° + \tan 45°}$의 값은?

① $-\sqrt{3}$ ② $\dfrac{3-\sqrt{3}}{2}$ ③ $\dfrac{3}{2}$

④ $\sqrt{3}$ ⑤ $\dfrac{3+\sqrt{3}}{2}$

4 서술형

이차방정식 $2x^2 + ax - 5 = 0$의 한 근이 $\cos 60°$일 때, 상수 a의 값을 구하시오.

5

$A = 60°$일 때, $(\sin A + \tan A) \times \cos A$의 값은?

① $\dfrac{\sqrt{3}}{2}$ ② $\dfrac{3\sqrt{3}}{4}$ ③ $\sqrt{3}$

④ $\dfrac{3\sqrt{3}}{2}$ ⑤ $2\sqrt{3}$

6 신유형

지유는 자물쇠의 비밀번호의 힌트를 다음과 같이 써 놓았다. 이 자물쇠의 비밀번호를 구하시오.

(단, 비밀번호는 ㉠㉡㉢순이다.)

㉠ $\sin 30° + \cos 60°$

㉡ $2\sin 60° \times \tan 60°$

㉢ $\tan 45° + \sqrt{2}\cos 45°$

7

삼각형의 세 내각의 크기의 비가 $1:2:3$이고, 세 내각 중 두 번째로 작은 각의 크기를 A라 할 때, $\sin A \times \cos A \times \tan A$의 값을 구하시오.

유형 8 30°, 45°, 60°의 삼각비를 이용하여 각의 크기 구하기

예각에 대한 삼각비의 값이 30°, 45°, 60°의 삼각비의 값으로 주어지면 이를 만족시키는 예각의 크기를 구할 수 있다.

예 $0° < x < 90°$일 때

(1) $\sin x = \dfrac{1}{2}$ ➡ $\sin 30° = \dfrac{1}{2}$이므로 $x = 30°$

(2) $\cos x = \dfrac{\sqrt{2}}{2}$ ➡ $\cos 45° = \dfrac{\sqrt{2}}{2}$이므로 $x = 45°$

(3) $\tan x = \sqrt{3}$ ➡ $\tan 60° = \sqrt{3}$이므로 $x = 60°$

8 대표

$\tan (x+15°) = \sqrt{3}$일 때, $\sin x + \cos x$의 값은?
(단, $0° < x < 75°$)

① 1
② $\sqrt{2}$
③ $\sqrt{3}$
④ $\dfrac{1+\sqrt{2}}{2}$
⑤ $\dfrac{1+\sqrt{3}}{2}$

9

$\sin (2x-10°) = \dfrac{\sqrt{3}}{2}$을 만족하는 x의 크기는?
(단, $10° < x < 50°$)

① 25°
② 30°
③ 35°
④ 40°
⑤ 45°

10

$\cos (x+35°) = \sin 30°$일 때, $\tan (2x+10°)$의 값을 구하시오. (단, $0° < x < 55°$)

유형 9 30°, 45°, 60°의 삼각비를 이용하여 변의 길이 구하기

한 예각의 크기가 30°, 45°, 60°인 직각삼각형에서 한 변의 길이가 주어지면 다른 모든 변의 길이를 구할 수 있다.

① 기준각에 대하여 주어진 변과 구하는 변의 관계가 sin, cos, tan 중에서 어떤 것인지 알아본다.

② 30°, 45°, 60°의 삼각비의 값을 이용하여 변의 길이를 구한다.

11 대표

오른쪽 그림과 같은 직각삼각형 ABC에서 $\angle B = 30°$, $\overline{BC} = 6$일 때, $x+y$의 값은?

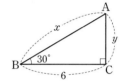

① $5\sqrt{3}$
② $6\sqrt{3}$
③ $7\sqrt{3}$
④ $8\sqrt{3}$
⑤ $9\sqrt{3}$

12

오른쪽 그림과 같은 직각삼각형 ABC에서 $\angle ABC = 30°$, $\angle ADC = 45°$이고 $\overline{AC} = 3$일 때, $\overline{BD}$의 길이는?

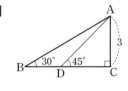

① $3\sqrt{3}-3$
② $4\sqrt{3}-3$
③ $\sqrt{3}+3$
④ $2\sqrt{3}+3$
⑤ $3\sqrt{3}+3$

13 서술형

오른쪽 그림에서 $\angle ABC = \angle BCD = 90°$, $\angle BAC = 60°$, $\angle BDC = 45°$이고 $\overline{AB} = 2$일 때, $\overline{BD}$의 길이를 구하시오.

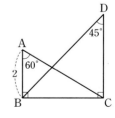

유형 10 직선의 기울기와 삼각비

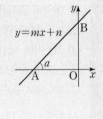

직선 $y=mx+n$이 x축의 양의 방향
과 이루는 각의 크기를 $a(0°<a<90°)$
라 하면

$m=(직선의 기울기)$

$\quad=\dfrac{(y의 값의 증가량)}{(x의 값의 증가량)}$

$\quad=\dfrac{\overline{OB}}{\overline{OA}}=\tan a$

14

직선 $x-y+\sqrt{3}=0$이 x축의 양의 방향과 이루는 예각의 크기를 a
라 할 때, $\sin a$의 값은?

① $\dfrac{1}{2}$ ② $\dfrac{\sqrt{3}}{3}$ ③ $\dfrac{\sqrt{2}}{2}$

④ $\dfrac{\sqrt{3}}{2}$ ⑤ $\sqrt{3}$

15 대표

점 $(1, \sqrt{3})$을 지나고 x축의 양의 방향과 이루는 예각의 크기가 $60°$
인 직선의 방정식은?

① $y=\dfrac{\sqrt{3}}{3}x$ ② $y=\dfrac{\sqrt{3}}{3}x+\sqrt{3}$

③ $y=\sqrt{3}x$ ④ $y=\sqrt{3}x+1$

⑤ $y=\sqrt{3}x+\sqrt{3}$

16 서술형

오른쪽 그림과 같이 y절편이 8이고 x축
의 양의 방향과 이루는 각의 크기가 $45°$인
직선 $y=ax+b$에 대하여 ab의 값을 구
하시오. (단, a, b는 상수)

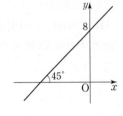

유형 11 사분원에서 예각에 대한 삼각비의 값

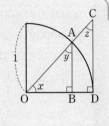

반지름의 길이가 1인 사분원에서

(1) $\sin x=\dfrac{\overline{AB}}{\overline{OA}}=\dfrac{\overline{AB}}{1}=\overline{AB}$

$\quad \cos x=\dfrac{\overline{OB}}{\overline{OA}}=\dfrac{\overline{OB}}{1}=\overline{OB}$

$\quad \tan x=\dfrac{\overline{CD}}{\overline{OD}}=\dfrac{\overline{CD}}{1}=\overline{CD}$

(2) $\overline{AB} /\!/ \overline{CD}$이므로 $\angle y=\angle z$(동위각)

$\quad \sin z=\sin y=\dfrac{\overline{OB}}{\overline{OA}}=\dfrac{\overline{OB}}{1}=\overline{OB}$

$\quad \cos z=\cos y=\dfrac{\overline{AB}}{\overline{OA}}=\dfrac{\overline{AB}}{1}=\overline{AB}$

17

오른쪽 그림과 같이 좌표평면 위의 원점
O를 중심으로 하고 반지름의 길이가 1인
사분원에서 $\sin 32°$의 값은?

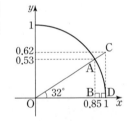

① 0 ② 0.53

③ 0.62 ④ 0.85

⑤ 1

18

오른쪽 그림과 같이 반지름의 길이가 1인 사
분원에서 $\cos 50°$의 값을 나타내는 선분을 구
하시오.

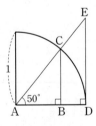

19 대표

오른쪽 그림과 같이 반지름의 길이가 1인 사분원에 대하여 다음 중에서 옳은 것은?

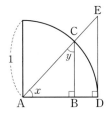

① $\sin x = \overline{AC}$

② $\cos x = \overline{DE}$

③ $\tan x = \overline{BC}$

④ $\sin y = \overline{AB}$

⑤ $\cos y = \overline{AD}$

20

오른쪽 그림과 같이 반지름의 길이가 1인 사분원에 대하여 보기 에서 옳은 것을 모두 고른 것은?

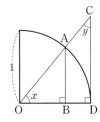

보기

ㄱ. $\overline{AB} = \sin x$

ㄴ. $\cos x = \sin y$

ㄷ. x의 크기가 작아지면 $\tan x$의 값은 커진다.

① ㄱ   ② ㄷ   ③ ㄱ, ㄴ

④ ㄴ, ㄷ   ⑤ ㄱ, ㄴ, ㄷ

21 서술형

오른쪽 그림과 같이 좌표평면 위의 원점 O를 중심으로 하고 반지름의 길이가 1인 사분원에서 $\tan 53° - \cos 37°$의 값을 구하시오.

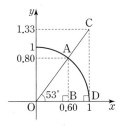

유형 12   0°, 90°의 삼각비의 값

A \ 삼각비	$\sin A$	$\cos A$	$\tan A$
0°	0	1	0
90°	1	0	정할 수 없다.

22 대표

다음 중에서 옳지 않은 것은?

① $\sin 0° = \tan 90°$

② $\sin 45° = \cos 45°$

③ $\cos 0° = \sin 90°$

④ $\tan 0° = \cos 90°$

⑤ $\sin 30° = \cos 60°$

23

다음 중에서 옳은 것을 모두 고르면? (정답 2개)

① $\sin 90° \times \cos 0° = 0$

② $\cos 90° + \tan 0° = 0$

③ $\cos 0° - \tan 0° + \sin 90° = 1$

④ $\cos 0° \times \tan 45° + \sin 0° = 1$

⑤ $\sin 90° - \cos 60° \times \tan 0° = \dfrac{1}{2}$

24

다음을 계산하시오.

$$\cos 0° + \tan 30° \times \sin 0° \times \cos 45° + \sin 90°$$

유형 **13** 삼각비의 값의 대소 관계

(1) $0° \leq x \leq 90°$인 범위에서 x의 크기가 커질 때
　① $\sin x$의 값은 0에서 1까지 증가 ➡ $0 \leq \sin x \leq 1$
　② $\cos x$의 값은 1에서 0까지 감소 ➡ $0 \leq \cos x \leq 1$
　③ $\tan x$의 값은 0에서 한없이 증가 (단, $x \neq 90°$)
　　➡ $\tan x \geq 0$
(2) $\sin x$, $\cos x$, $\tan x$의 대소 관계
　① $0° \leq x < 45°$일 때, $\sin x < \cos x$
　② $x = 45°$일 때, $\sin x = \cos x < \tan x$
　③ $45° < x < 90°$일 때, $\cos x < \sin x < \tan x$

25 대표

다음 중에서 대소 관계가 옳은 것을 모두 고르면? (정답 2개)

① $\sin 40° < \sin 50°$

② $\cos 70° < \cos 80°$

③ $\tan 10° > \tan 20°$

④ $\sin 30° > \tan 65°$

⑤ $\sin 75° > \cos 75°$

26

다음 삼각비의 값 중에서 가장 큰 것은?

① $\cos 0°$　　　② $\sin 10°$　　　③ $\tan 40°$

④ $\tan 50°$　　　⑤ $\cos 60°$

27 서술형

다음 보기 의 삼각비의 값을 작은 것부터 차례로 나열하시오.

보기
　ㄱ. $\sin 25°$　　　　　ㄴ. $\cos 90°$
　ㄷ. $\tan 55°$　　　　　ㄹ. $\sin 75°$

28

$a = \sin 85°$, $b = \cos 35°$, $c = \tan 55°$일 때, 다음 중에서 a, b, c의 대소 관계를 바르게 나타낸 것은?

① $a < b < c$　　　　　② $a < c < b$

③ $b < a < c$　　　　　④ $c < a < b$

⑤ $c < b < a$

29 신유형

다음 그림의 출발점에서 출발하여 두 삼각비의 값 중 더 큰 수가 있는 화살표를 따라갈 때, 마지막에 도착하는 곳의 기호를 쓰시오.

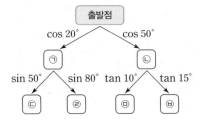

30

다음 중에서 삼각비의 값에 대한 설명으로 옳지 <u>않은</u> 것은?

① $0° < x < 45°$일 때, $\sin x < \cos x$

② $45° < x < 90°$일 때, $\sin x < \cos x$

③ $x = 45°$일 때, $\cos x < \tan x$

④ $45° < x < 90°$일 때, $\cos x < \tan x$

⑤ $45° < x < 90°$일 때, $\sin x < \tan x$

(1) 삼각비의 값 구하기

　삼각비의 표에서 각도의 가로줄과 삼각비의 세로줄이 만
　나는 칸에 있는 수를 읽는다.

(2) 각의 크기 구하기

　삼각비의 표에서 주어진 삼각비의 값을 찾아 왼쪽의 각
　도를 읽는다.

예 오른쪽 삼각비의 표
에서

① $\cos 22° = 0.9272$

② $\tan x = 0.4245$

　➡ $x = 23°$

각도	사인 (sin)	코사인 (cos)	탄젠트 (tan)
21°	0.3584	0.9336	0.3839
22°	0.3746	0.9272	0.4040
23°	0.3907	0.9205	0.4245

31 대표

다음 삼각비의 표를 이용하여 $\sin 59° - \cos 58° + \tan 57°$의 값을 구하시오.

각도	사인(sin)	코사인(cos)	탄젠트(tan)
57°	0.8387	0.5446	1.5399
58°	0.8480	0.5299	1.6003
59°	0.8572	0.5150	1.6643

32 서술형

$\sin x = 0.5299$, $\tan y = 0.6009$일 때, 다음 삼각비의 표를 이용하여 $x + y$의 크기를 구하시오.

각도	사인(sin)	코사인(cos)	탄젠트(tan)
31°	0.5150	0.8572	0.6009
32°	0.5299	0.8480	0.6249
33°	0.5446	0.8387	0.6494
34°	0.5592	0.8290	0.6745

직각삼각형에서 직각이 아닌 한 각의
크기와 한 변의 길이가 주어지면 삼각
비의 표를 이용하여 나머지 두 변의 길
이를 구할 수 있다.

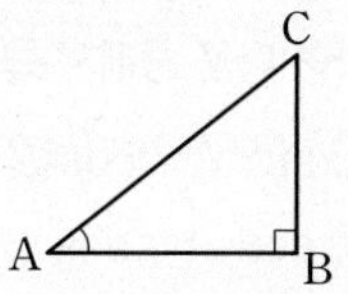

(1) 빗변의 길이가 주어진 경우

　➡ 밑변은 cos, 높이는 sin을 이용하여 구한다.

(2) 밑변의 길이가 주어진 경우

　➡ 빗변은 cos, 높이는 tan를 이용하여 구한다.

(3) 높이가 주어진 경우

　➡ 빗변은 sin, 밑변은 tan를 이용하여 구한다.

33

오른쪽 그림과 같이 $\angle A = 90°$인 직각
삼각형 ABC에서 $\angle B = 27°$, $\overline{BC} = 10$
일 때, 다음 삼각비의 표를 이용하여 x
의 값을 구하시오.

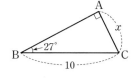

각도	사인(sin)	코사인(cos)	탄젠트(tan)
26°	0.4384	0.8988	0.4877
27°	0.4540	0.8910	0.5095
28°	0.4695	0.8829	0.5317
29°	0.4848	0.8746	0.5543

34 대표

오른쪽 그림과 같이 $\angle C = 90°$인 직각삼
각형 ABC에서 $\angle A = 62°$, $\overline{BC} = 10$일
때, **33**번의 삼각비의 표를 이용하여 $\overline{AC}$
의 길이를 구하면?

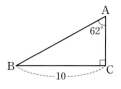

① 4.384 　　② 4.848 　　③ 4.877

④ 5.317 　　⑤ 8.829

1. ▂▃▄

오른쪽 그림과 같은 직각삼각형 ABC에 대하여 다음 중에서 옳은 것은?

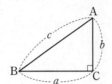

① $\sin A = \cos B$

② $\cos A = \cos B$

③ $\cos A = \tan B$

④ $\tan A = \tan B$

⑤ $\sin B = \cos B$

2. ▂▃▄

$\tan A = \dfrac{3}{2}$일 때, $\sin A$의 값을 구하시오. (단, $0° < A < 90°$)

3. ▂▃▄

오른쪽 그림과 같은 직각삼각형 ABC에서 $\overline{BC} \perp \overline{DE}$이고, $\overline{DE} = 3$, $\overline{EC} = 4$일 때, $\tan x$의 값은?

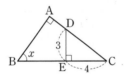

① $\dfrac{3}{5}$ 　　② $\dfrac{3}{4}$

③ $\dfrac{5}{4}$ 　　④ $\dfrac{4}{3}$

⑤ $\dfrac{5}{3}$

4. ▂▃▄

오른쪽 그림과 같이 y절편이 2이고 x축의 양의 방향과 이루는 각의 크기가 $30°$인 직선의 방정식을 구하시오.

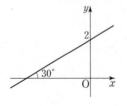

5. ▂▃▄

오른쪽 그림과 같은 직각삼각형 ABC에서 $\overline{AC} = \sqrt{5}$, $\overline{AB} = 1$일 때, 다음 중에서 옳지 않은 것을 모두 고르면? (정답 2개)

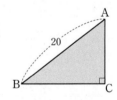

① $\sin A = \dfrac{4\sqrt{5}}{5}$ 　　② $\tan A = 2$

③ $\sin C = \dfrac{\sqrt{5}}{5}$ 　　④ $\cos C = \dfrac{2\sqrt{5}}{5}$

⑤ $\tan C = \dfrac{1}{4}$

6. ▂▃▄ 서술형💬

오른쪽 그림과 같은 직각삼각형 ABC에서 $\overline{AB} = 20$, $\cos A = \dfrac{3}{5}$일 때, $\triangle ABC$의 넓이를 구하시오.

7. ▂▃▄

오른쪽 그림과 같은 직사각형 ABCD의 꼭짓점 A에서 대각선 BD에 내린 수선의 발을 H라 하자. $\overline{AB} = 6$, $\overline{BC} = 8$이고 $\angle DAH = x$라 할 때, $\sin x + \cos x$의 값을 구하시오.

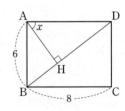

8. ▂▃▄

다음을 계산하시오.

$$3\sin 60° \times \tan 30° + \sin 45° \times \cos 45°$$

9 .ıl

오른쪽 그림과 같은 직각삼각형 ABC에서
$\overline{AB}=4\sqrt{3}$일 때, $x-y$의 값은?

① 1   ② 2

③ 3   ④ 4

⑤ 5

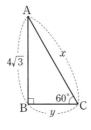

10 .ıl

오른쪽 그림과 같이 좌표평면 위의 원점
O를 중심으로 하고 반지름의 길이가 1인
사분원에 대하여 다음 중에서 옳은 것은?

① $\sin 48°=0.6691$

② $\cos 48°=0.7431$

③ $\tan 48°=1$

④ $\sin 42°=1.1106$

⑤ $\cos 42°=0.7431$

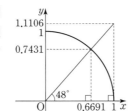

11 .ıl

다음 중에서 옳지 않은 것은?

① $\sin 0°+\cos 90°=0$

② $\cos 0°-\tan 45°=\dfrac{1}{2}$

③ $\cos 30°\times\tan 60°\times\sin 90°=\dfrac{3}{2}$

④ $\sin 0°+\cos 0°-\sin 30°=\dfrac{1}{2}$

⑤ $\sin 45°\div\cos 45°\times\tan 0°=0$

12 .ıl

다음 중 보기 의 삼각비의 값을 작은 것부터 차례로 나열한 것은?

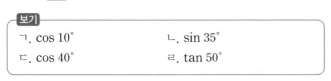

보기

ㄱ. $\cos 10°$ ㄴ. $\sin 35°$

ㄷ. $\cos 40°$ ㄹ. $\tan 50°$

① ㄱ, ㄴ, ㄷ, ㄹ   ② ㄱ, ㄷ, ㄹ, ㄴ

③ ㄴ, ㄱ, ㄹ, ㄷ   ④ ㄴ, ㄷ, ㄱ, ㄹ

⑤ ㄷ, ㄴ, ㄱ, ㄹ

13 .ıl

다음 삼각비의 표에 대한 설명 중에서 옳지 않은 것은?

각도	사인(sin)	코사인(cos)	탄젠트(tan)
39°	0.6293	0.7771	0.8098
40°	0.6428	0.7660	0.8391
41°	0.6561	0.7547	0.8693
42°	0.6691	0.7431	0.9004

① $\sin 40°$의 값은 0.6428이다.

② $\cos 42°$의 값은 0.7431이다.

③ $\tan$의 값이 0.8098인 각도는 41°이다.

④ $\sin 42°+\cos 39°=1.4462$

⑤ $\tan 40°-\sin 41°=0.183$

14 .ıl

오른쪽 그림과 같이 $\overline{AB}=6$인 직각삼각형
ABC에서 $\sin A+\sin B=\dfrac{2+\sqrt{5}}{3}$일
때, $\overline{BC}+\overline{AC}$의 길이를 구하시오.

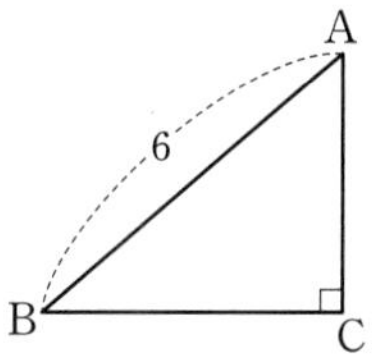

15 .ıl

오른쪽 그림과 같은 직각삼각형 ABC에
서 $\angle ABC=30°$, $\angle ADC=60°$이고
$\overline{DC}=6\,\text{cm}$일 때, $\triangle ABC$의 넓이는?

① $52\sqrt{3}\,\text{cm}^2$ ② $54\sqrt{3}\,\text{cm}^2$

③ $56\sqrt{3}\,\text{cm}^2$ ④ $58\sqrt{3}\,\text{cm}^2$

⑤ $60\sqrt{3}\,\text{cm}^2$

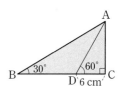

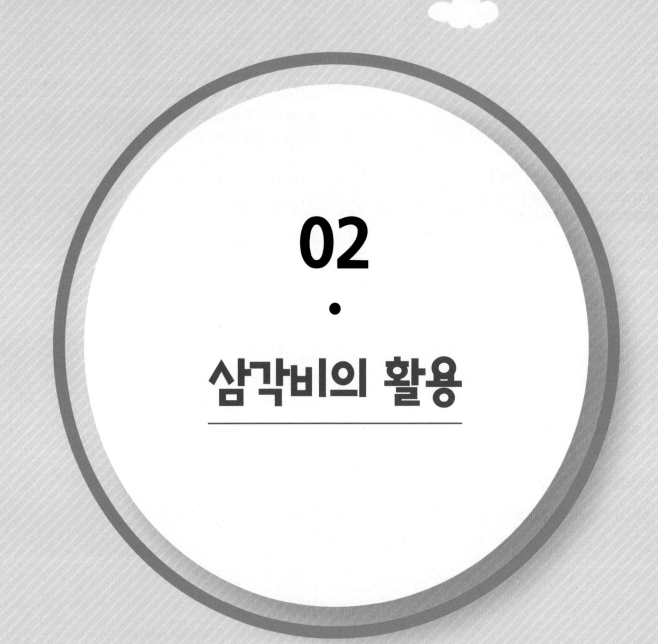

02

삼각비의 활용

01 길이 구하기

1 직각삼각형의 변의 길이

∠B=90°인 직각삼각형 ABC에서

(1) ∠A의 크기와 빗변의 길이 b를 알 때

➡ $a=b\sin A$, $c=b\cos A$

(2) ∠A의 크기와 밑변의 길이 c를 알 때

➡ $a=c\tan A$, $b=\dfrac{c}{\cos A}$

(3) ∠A의 크기와 높이 a를 알 때

➡ $b=\dfrac{a}{\sin A}$, $c=\dfrac{a}{\tan A}$

참고 직각삼각형에서 한 변의 길이와 한 예각의 크기를 알면 삼각비를 이용하여 나머지 두 변의 길이를 구할 수 있다.

2 일반 삼각형의 변의 길이

△ABC에서

(1) 두 변의 길이와 그 끼인각의 크기를 알 때

$$\overline{AC}=\sqrt{\overline{AH}^2+\overline{CH}^2}$$
$$=\sqrt{(c\sin B)^2+(a-c\cos B)^2}$$

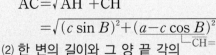

(2) 한 변의 길이와 그 양 끝 각의 크기를 알 때

$$\overline{AB}=\dfrac{\overline{BH}}{\sin A}=\dfrac{a\sin C}{\sin A}$$

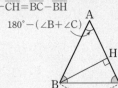

참고 일반 삼각형의 변의 길이를 구할 때는 30°, 45°, 60°의 삼각비를 이용할 수 있도록 한 꼭짓점에서 그 대변에 수선을 그어 직각삼각형을 만든다.

3 삼각형의 높이

△ABC에서 한 변의 길이와 그 양 끝 각의 크기를 알 때

(1) 모두 예각이 주어진 경우

$$a=\underbrace{h\tan x+h\tan y}_{\overline{BH}+\overline{CH}}$$
$$➡ h=\dfrac{a}{\tan x+\tan y}$$

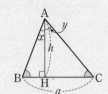

(2) 둔각이 주어진 경우

$$a=\underbrace{h\tan x-h\tan y}_{\overline{BH}-\overline{CH}}$$
$$➡ h=\dfrac{a}{\tan x-\tan y}$$

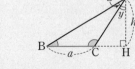

참고 일반 삼각형의 높이를 구할 때는 한 꼭짓점에서 그 대변 또는 대변의 연장선에 수선을 그어 두 개의 직각삼각형을 만든 후 주어진 변의 길이를 $\tan$로 나타낸다.

직각삼각형의 변의 길이

▶ 오른쪽 그림과 같이 ∠A=90°인 직각삼각형 ABC에 대하여 □ 안에 알맞은 것을 써넣으시오.

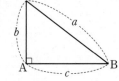

1 $\sin B=\dfrac{b}{a}$이므로 $b=a\boxed{}$

2 $\cos B=\dfrac{c}{\boxed{}}$이므로 $c=\boxed{}\cos B$

3 $\tan B=\boxed{}$이므로 $c=\dfrac{\boxed{}}{\tan B}$

▶ 다음 그림의 직각삼각형 ABC에서 주어진 삼각비의 값을 이용하여 x의 값을 구하시오.

4

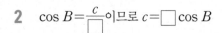

$\sin 40°=0.64$
$\cos 40°=0.77$
$\tan 40°=0.84$

5

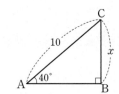

$\sin 35°=0.57$
$\cos 35°=0.82$
$\tan 35°=0.70$

6

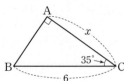

$\sin 29°=0.48$
$\cos 29°=0.87$
$\tan 29°=0.55$

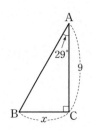

일반 삼각형의 변의 길이

다음은 △ABC에서 $\overline{AC}$의 길이를 구하는 과정이다. ☐ 안에 알맞은 수를 써넣으시오.

7

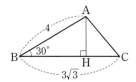

직각삼각형 ABH에서
$\overline{AH}=\boxed{}\times\sin 30°=\boxed{}$
$\overline{BH}=\boxed{}\times\cos 30°=\boxed{}$
이때 $\overline{CH}=\overline{BC}-\overline{BH}=\boxed{}$
따라서 직각삼각형 AHC에서
$\overline{AC}=\sqrt{\overline{AH}^2+\overline{CH}^2}=\sqrt{\boxed{}^2+(\boxed{})^2}=\boxed{}$

8

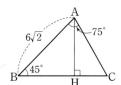

직각삼각형 ABH에서
$\overline{AH}=\boxed{}\times\sin 45°=\boxed{}$
이때 $\angle C=\boxed{}°$이므로 직각삼각형 AHC에서
$\overline{AC}=\dfrac{\boxed{}}{\sin 60°}=\boxed{}$

다음 그림의 △ABC에서 x의 값을 구하시오.

9

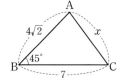

10

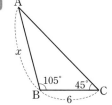

삼각형의 높이

다음은 △ABC에서 높이 h를 구하는 과정이다. ☐ 안에 알맞은 수를 써넣으시오.

11

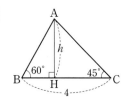

직각삼각형 ABH에서 $\overline{BH}=h\tan\boxed{}°=\boxed{}h$
직각삼각형 AHC에서 $\overline{CH}=h\tan\boxed{}°=h$
이때 $\overline{BC}=\overline{BH}+\overline{CH}$이므로
$4=\boxed{}h+h$
따라서 $h=2(3-\boxed{})$

12

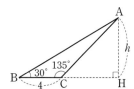

직각삼각형 ABH에서 $\overline{BH}=h\tan\boxed{}°=\boxed{}h$
직각삼각형 ACH에서 $\overline{CH}=h\tan\boxed{}°=h$
이때 $\overline{BC}=\overline{BH}-\overline{CH}$이므로
$4=\boxed{}h-h$
따라서 $h=2(\sqrt{3}+\boxed{})$

다음 그림의 △ABC에서 h의 값을 구하시오.

13

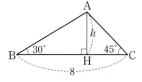

14

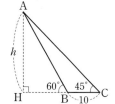

소단원 유형 익히기

유형 **1** 직각삼각형의 변의 길이

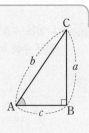

(1) $\sin A = \dfrac{a}{b}$

$\Rightarrow a = b \sin A$, $b = \dfrac{a}{\sin A}$

(2) $\cos A = \dfrac{c}{b}$

$\Rightarrow c = b \cos A$, $b = \dfrac{c}{\cos A}$

(3) $\tan A = \dfrac{a}{c} \Rightarrow a = c \tan A$, $c = \dfrac{a}{\tan A}$

유형 **2** 입체도형에서 직각삼각형의 변의 길이의 활용

입체도형에서 주어진 각을 포함하는 직각삼각형을 찾은 후 삼각비를 이용하여 모서리의 길이, 높이 등을 구한다.

예 오른쪽 그림과 같은 직육면체에서 $\overline{CG}$의 길이 구하기

$\Rightarrow$ 직각삼각형 CFG에서 $\overline{CG} = a \sin x$

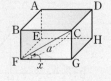

1. 대표

오른쪽 그림과 같은 직각삼각형 ABC에서 다음 중 $\overline{AB}$의 길이를 나타내는 것은?

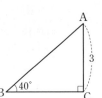

① $3 \sin 40°$ ② $3 \cos 40°$

③ $3 \tan 40°$ ④ $\dfrac{3}{\sin 40°}$

⑤ $\dfrac{3}{\cos 40°}$

2.

오른쪽 그림과 같이 $\angle C = 90°$인 직각삼각형 ABC에 대하여 다음 보기 에서 옳은 것을 모두 고른 것은?

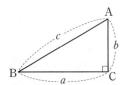

보기
ㄱ. $a = b \sin A$ ㄴ. $b = \dfrac{c}{\sin B}$
ㄷ. $b = a \tan B$ ㄹ. $c = b \cos A$

① ㄱ ② ㄴ ③ ㄷ
④ ㄱ, ㄹ ⑤ ㄴ, ㄷ

3.

오른쪽 그림과 같은 직각삼각형 ABC에서 $\angle B = 34°$, $\overline{BC} = 10$일 때, $x - y$의 값을 구하시오.
(단, $\sin 34° = 0.56$, $\cos 34° = 0.83$으로 계산한다.)

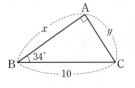

4. 대표

오른쪽 그림과 같은 직육면체에서 $\overline{AD} = 3\sqrt{2}$ cm, $\overline{AF} = 4$ cm이고 $\angle AFB = 60°$일 때, 이 직육면체의 부피는?

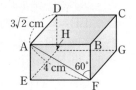

① $12\sqrt{2}$ cm^3 ② $12\sqrt{3}$ cm^3

③ $12\sqrt{6}$ cm^3 ④ $18\sqrt{3}$ cm^3

⑤ $18\sqrt{6}$ cm^3

5.

오른쪽 그림과 같이 $\angle BAC = 90°$, $\angle ABC = 45°$, $\overline{EF} = 4\sqrt{2}$ cm인 삼각기둥의 한 밑면의 넓이는?

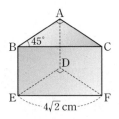

① 8 cm^2 ② $8\sqrt{2}$ cm^2

③ 12 cm^2 ④ $12\sqrt{2}$ cm^2

⑤ 16 cm^2

6. 서술형

오른쪽 그림과 같이 원뿔의 꼭짓점 A에서 밑면에 내린 수선의 발을 H라 하자. 모선의 길이가 6 cm이고 $\angle ABH = 45°$일 때, 이 원뿔의 부피를 구하시오.

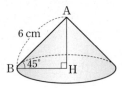

유형 3 실생활에서 직각삼각형의 변의 길이의 활용

주어진 실생활의 그림에서 직각삼각형을 찾은 후 삼각비를
이용하여 각 변의 길이를 구한다.

예 오른쪽 그림에서 나무의 높이 구
하기

➡ 나무의 높이 $\overline{AC}$는
$$\overline{AC}=a\tan x \text{ (m)}$$

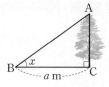

7 신유형

다음 그림은 어느 공원의 안내 지도이다. 세 지점 A, B, C는 매점이
있는 위치일 때, A 매점과 B 매점 사이의 거리를 구하시오.

(단, $\cos 32°=0.85$로 계산한다.)

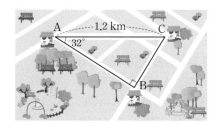

8 대표

오른쪽 그림과 같이 윤재가 탑에서
15 m 떨어진 지점에서 탑 꼭대기를
올려다본 각의 크기는 23°이다. 윤재
의 눈높이가 1.5 m일 때, 이 탑의 높
이를 구하시오.

(단, $\tan 23°=0.42$로 계산한다.)

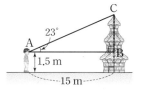

9 서술형

오른쪽 그림은 어느 건물 위에 설치된 직
사각형 모양의 광고판의 세로의 길이를
구하기 위하여 B 지점에서 측량한 결과
를 나타낸 것이다. 이 광고판의 세로의 길
이인 $\overline{AD}$의 길이를 구하시오.

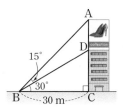

유형 4 일반 삼각형의 변의 길이(1)

△ABC에서 두 변의 길이와 그 끼인각의 크기를 알 때

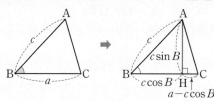

직각삼각형 AHC에서
$$\overline{AC}=\sqrt{\overline{AH}^2+\overline{CH}^2}$$
$$=\sqrt{(c\sin B)^2+(a-c\cos B)^2}$$

10 대표

오른쪽 그림과 같은 △ABC에서
$\overline{AB}=4\sqrt{2}$, $\overline{BC}=6$, ∠B=45°일 때,
$\overline{AC}$의 길이는?

① $\sqrt{5}$ ② $2\sqrt{5}$
③ $3\sqrt{5}$ ④ $4\sqrt{5}$
⑤ $5\sqrt{5}$

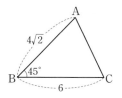

11

오른쪽 그림과 같은 △ABC에서
$\overline{AC}=6$, $\overline{BC}=5\sqrt{3}$, ∠C=30°일 때,
$\overline{AB}$의 길이는?

① $2\sqrt{5}$ ② $\sqrt{21}$
③ $\sqrt{22}$ ④ $\sqrt{23}$
⑤ $2\sqrt{6}$

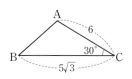

12

연못의 양 끝 지점 A, C 사이의 거리를
구하기 위하여 오른쪽 그림과 같이 측량
하였다. 두 지점 A, C 사이의 거리를 구
하시오.

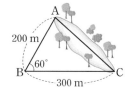

13 서술형

오른쪽 그림과 같은 △ABC에서
$\overline{AC}=10$, $\overline{BC}=8$, ∠C=120°일 때,
$\overline{AB}$의 길이를 구하시오.

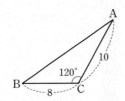

14

오른쪽 그림과 같이 두 지점 A, B 사
이에 도로를 만들기 위하여 각의 크기
와 거리를 측량하였더니 $\overline{AC}=4$ km,
$\overline{BC}=2\sqrt{2}$ km, ∠C=135°이었다.
이때 두 지점 A, B 사이의 거리는?

① 6 km   ② $2\sqrt{10}$ km   ③ $2\sqrt{11}$ km

④ $4\sqrt{3}$ km   ⑤ $4\sqrt{5}$ km

유형 5   일반 삼각형의 변의 길이(2)

△ABC에서 한 변의 길이와 그 양 끝 각의 크기를 알 때

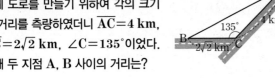

직각삼각형 AHC에서

$$\overline{AC}=\frac{\overline{CH}}{\sin A}=\frac{a\sin B}{\sin A}$$

15 대표

오른쪽 그림과 같은 △ABC에서
$\overline{AC}=6$, ∠A=75°, ∠C=45°일 때,
$\overline{AB}$의 길이는?

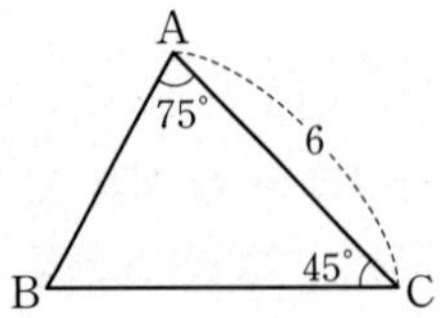

① $2\sqrt{2}$ ② $2\sqrt{3}$

③ $3\sqrt{2}$ ④ $2\sqrt{6}$

⑤ $3\sqrt{3}$

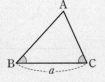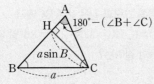

16

오른쪽 그림과 같은 △ABC에서 $\overline{BC}=5$,
∠B=75°, ∠C=55°일 때, 다음 중에서 $\overline{AC}$
의 길이를 나타내는 것은?

① $5\sin 55°$ ② $5\sin 75°$

③ $\dfrac{5\sin 55°}{\sin 50°}$ ④ $\dfrac{5\sin 75°}{\sin 50°}$

⑤ $\dfrac{5\sin 75°}{\sin 55°}$

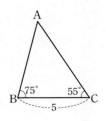

17

오른쪽 그림과 같이 강을 사이에 두고 양
쪽에 위치한 두 지점 A, C 사이의 거리를
구하려고 한다. $\overline{AB}=8$ m, ∠A=75°,
∠B=60°일 때, 두 지점 A, C 사이의
거리는?

① $2\sqrt{6}$ m   ② $4\sqrt{3}$ m   ③ $6\sqrt{2}$ m

④ $4\sqrt{6}$ m   ⑤ $6\sqrt{3}$ m

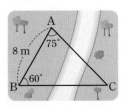

18 신유형

진우네 밭은 다음과 같은 삼각형 모양이다. 밭의 둘레의 길이를 구
하기 위하여 측량하였더니 $\overline{BC}=40$ m, ∠B=105°, ∠C=30°이
었다. 진우네 밭의 둘레의 길이를 구하시오.

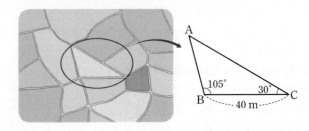

유형 6 삼각형의 높이(1)

△ABC에서 한 변의 길이와 예각인 그 양 끝 각의 크기를 알 때

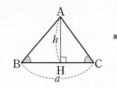 →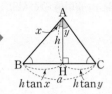

$a=h\tan x+h\tan y$이므로

$$h=\dfrac{a}{\tan x+\tan y}$$

19 대표

오른쪽 그림과 같은 △ABC에서 $\overline{AH}\perp\overline{BC}$이고 $\overline{BC}=6$, $\angle B=60°$, $\angle C=45°$일 때, $\overline{AH}$의 길이를 구하시오.

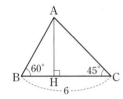

20

오른쪽 그림과 같은 △ABC에서 $\overline{AH}\perp\overline{BC}$이고 $\overline{BC}=7$, $\angle B=45°$, $\angle C=40°$일 때, 다음 중 $\overline{AH}$의 길이를 나타내는 것은?

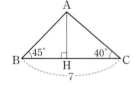

① $7(\tan 40°+1)$
② $7(\tan 50°+1)$
③ $\dfrac{7}{1+\tan 40°}$
④ $\dfrac{7}{1+\tan 50°}$
⑤ $\dfrac{7}{\tan 40°+\tan 50°}$

21 서술형

오른쪽 그림과 같은 △ABC에서 $\overline{AH}\perp\overline{BC}$이고 $\overline{BC}=16$, $\angle A=105°$, $\angle B=30°$일 때, $\overline{AH}$의 길이를 구하시오.

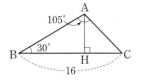

22

오른쪽 그림과 같이 도로의 폭을 재기 위하여 두 지점 B, C에서 도로 건너 보이는 가로등을 바라본 각의 크기를 측량하였더니 각각 45°, 60°이었다. 두 지점 B, C 사이의 거리가 50 m일 때, 도로의 폭은?

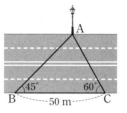

① $25(1+\sqrt 3)$ m
② $25(3-\sqrt 3)$ m
③ $25(3+\sqrt 3)$ m
④ $30(1+\sqrt 3)$ m
⑤ $30(3-\sqrt 3)$ m

23 신유형

드론은 무선전파로 원격 조종하는 무인 항공기이다. 민서가 띄운 드론이 일정한 높이에 도달하였을 때 친구와 함께 올려다본 각의 크기가 민서는 33°이고, 친구는 45°이었다. 민서와 친구의 눈높이가 1.6 m로 같고 두 사람 사이의 거리가 100 m일 때, 지면에서 드론까지의 높이를 구하시오. (단, $\tan 57°=1.5$로 계산한다.)

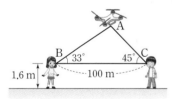

24

오른쪽 그림과 같은 △ABC에서 $\overline{AB}=8$ cm, $\angle A=45°$, $\angle B=60°$일 때, △ABC의 넓이는?

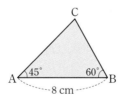

① $8(3-\sqrt 3)$ cm²
② $8(3+\sqrt 3)$ cm²
③ $16(3-\sqrt 3)$ cm²
④ $16(3+\sqrt 3)$ cm²
⑤ $32(3-\sqrt 3)$ cm²

7 삼각형의 높이(2)

△ABC에서 한 변의 길이와 둔각을 포함한 그 양 끝 각의
크기를 알 때

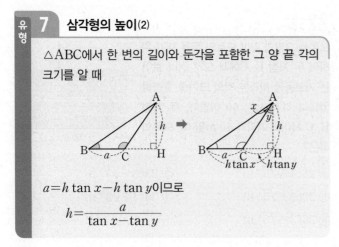

$a=h \tan x - h \tan y$이므로

$$h=\frac{a}{\tan x - \tan y}$$

25 대표

오른쪽 그림과 같은 △ABC에서
$\overline{BC}=6$, ∠B=30°, ∠ACB=135°
일 때, $\overline{AH}$의 길이를 구하시오.

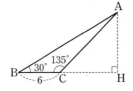

26

오른쪽 그림과 같은 △ABC에서
$\overline{BC}=3$, ∠B=40°, ∠ACH=55°일
때, 다음 중에서 $\overline{AH}$의 길이를 나타내는
것은?

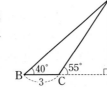

① $\dfrac{3}{\tan 50° - \tan 35°}$

② $\dfrac{3}{\tan 55° - \tan 40°}$

③ $\dfrac{3}{\tan 50° + \tan 35°}$

④ $\dfrac{3}{\tan 55° + \tan 40°}$

⑤ $3(\tan 50° - \tan 35°)$

27

오른쪽 그림과 같은 △ABC에서 $\overline{BC}=8$,
∠B=45°, ∠ACH=60°일 때, $\overline{AH}$의 길
이를 구하시오.

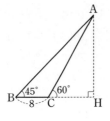

28 서술형

오른쪽 그림과 같은 △ABC에서
$\overline{AH}=5$, ∠B=30°, ∠ACB=120°
일 때, $\overline{BC}$의 길이를 구하시오.

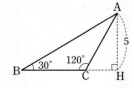

29

오른쪽 그림과 같이 10 m 떨어진
두 지점 B, C에서 건물의 꼭대기 A
지점을 올려다본 각의 크기가 각각
34°, 45°일 때, 이 건물의 높이를 구
하시오.

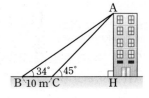

(단, tan 56°=1.5로 계산한다.)

30

오른쪽 그림과 같은 △ABC에서
$\overline{BC}=4$ cm, ∠B=30°, ∠ACH=60°
일 때, △ABC의 넓이는?

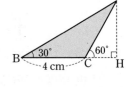

① $3\sqrt{3}$ cm²

② $4\sqrt{3}$ cm²

③ $5\sqrt{3}$ cm²

④ $6\sqrt{3}$ cm²

⑤ $7\sqrt{3}$ cm²

31

오른쪽 그림과 같은 △ABC에서
$\overline{BC}=4$, ∠B=35°, ∠ACH=50°이고
$\overline{AH}=\dfrac{a}{\tan b° - \tan c°}$일 때, 상수 a,
b, c에 대하여 $a+b+c$의 값을 구하시
오.

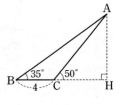

02 넓이 구하기

① 삼각형의 넓이

$\triangle ABC$에서 두 변의 길이 a, c와 그 끼인각 $\angle B$의 크기를 알 때

(1) $\angle B$가 예각인 경우

$$\triangle ABC = \frac{1}{2}ac\sin B$$

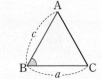

(2) $\angle B$가 둔각인 경우

$$\triangle ABC = \frac{1}{2}ac\sin(180°-B)$$

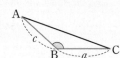

> 참고 $\angle B = 90°$인 경우 $\sin B = 1$이므로
>
> $$\triangle ABC = \frac{1}{2}ac\sin B = \frac{1}{2}ac$$
>
> 이때 $\triangle ABC$는 직각삼각형이고 a는 밑변, c는 높이이다.

② 평행사변형의 넓이

평행사변형 ABCD에서 이웃하는 두 변의 길이 a, b와 그 끼인각 x의 크기를 알 때

(1) x가 예각인 경우

$$\square ABCD = ab\sin x$$

(2) x가 둔각인 경우

$$\square ABCD = ab\sin(180°-x)$$

> 참고 $x = 90°$인 경우 $\sin x = 1$이므로
>
> $$\square ABCD = ab\sin x = ab$$
>
> 이때 평행사변형 ABCD는 직사각형이고 a는 세로, b는 가로이다.

③ 사각형의 넓이

사각형 ABCD에서 두 대각선의 길이 a, b와 두 대각선이 이루는 각 x의 크기를 알 때

(1) x가 예각인 경우

$$\square ABCD = \frac{1}{2}ab\sin x$$

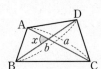

(2) x가 둔각인 경우

$$\square ABCD = \frac{1}{2}ab\sin(180°-x)$$

삼각형의 넓이

다음 그림과 같은 $\triangle ABC$의 넓이를 구하시오.

1

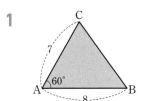

$$\Rightarrow \triangle ABC = \frac{1}{2}\times 7 \times \boxed{} \times \sin \boxed{}°$$

$$= \frac{1}{2}\times 7 \times \boxed{} \times \boxed{}$$

$$= \boxed{}$$

2

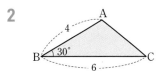

3

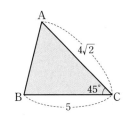

4

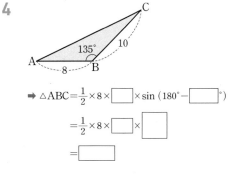

$$\Rightarrow \triangle ABC = \frac{1}{2}\times 8 \times \boxed{} \times \sin(180° - \boxed{}°)$$

$$= \frac{1}{2}\times 8 \times \boxed{} \times \boxed{}$$

$$= \boxed{}$$

5

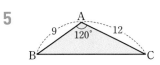

평행사변형의 넓이

⬤ 다음 그림과 같은 평행사변형 ABCD의 넓이를 구하시오.

6

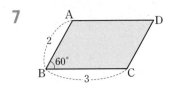

➡ □ABCD = $4 \times \boxed{} \times \sin \boxed{}°$

$= 4 \times \boxed{} \times \boxed{}$

$= \boxed{}$

7

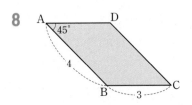

8

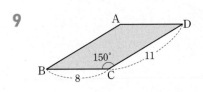

9

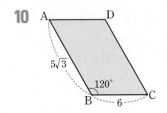

10

사각형의 넓이

⬤ 다음 그림과 같은 사각형 ABCD의 넓이를 구하시오.

11

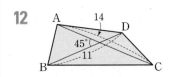

➡ □ABCD = $\frac{1}{2} \times 5 \times \boxed{} \times \sin \boxed{}°$

$= \frac{1}{2} \times 5 \times \boxed{} \times \boxed{}$

$= \boxed{}$

12

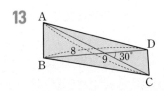

13

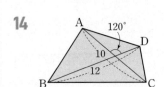

14

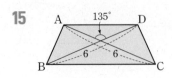

15

소단원 유형 익히기

유형 8 삼각형의 넓이(1)

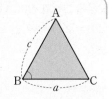

△ABC에서 ∠B가 예각일 때

$$\triangle ABC = \frac{1}{2}ac \sin B$$

1. 대표

오른쪽 그림과 같이 $\overline{AB}=6$ cm, $\overline{BC}=12$ cm, ∠B=60°인 △ABC의 넓이는?

① $12\sqrt{3}$ cm²   ② $14\sqrt{3}$ cm²

③ $16\sqrt{3}$ cm²   ④ $18\sqrt{3}$ cm²

⑤ $20\sqrt{3}$ cm²

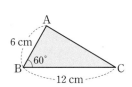

2.

오른쪽 그림과 같이 $\overline{AC}=11$ cm, $\overline{BC}=8$ cm, ∠C=30°인 △ABC의 넓이를 구하시오.

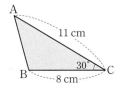

3.

오른쪽 그림과 같이 $\overline{AB}=\overline{AC}=4$ cm, ∠B=75°인 △ABC의 넓이는?

① 4 cm²   ② 5 cm²

③ 6 cm²   ④ 7 cm²

⑤ 8 cm²

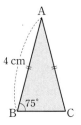

4.

오른쪽 그림과 같이 $\overline{AB}=8$ cm, ∠A=45°인 △ABC의 넓이가 $10\sqrt{2}$ cm²일 때, $\overline{AC}$의 길이를 구하시오.

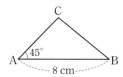

5. 서술형

오른쪽 그림과 같이 $\overline{AC}=4$ cm, $\overline{AB}=7$ cm인 △ABC의 넓이가 $7\sqrt{2}$ cm²일 때, ∠A의 크기를 구하시오. (단, 0°<∠A<90°)

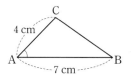

6.

오른쪽 그림의 △ABC에서 $\overline{AB}=12$ cm, $\overline{BC}=15$ cm이다. $\tan B=\sqrt{3}$일 때, △ABC의 넓이는?
(단, 0°<∠B<90°)

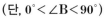
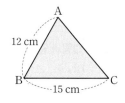

① 45 cm²   ② 48 cm²

③ $45\sqrt{2}$ cm²   ④ $48\sqrt{2}$ cm²

⑤ $45\sqrt{3}$ cm²

7.

오른쪽 그림의 △ABC에서 $\overline{AB}=8$ cm, $\overline{AC}=9$ cm, ∠A=60°이다. △ABC의 무게중심을 G라 할 때, △GBC의 넓이를 구하시오.

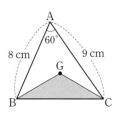

유형 9 삼각형의 넓이(2)

$\triangle ABC$에서 $\angle B$가 둔각일 때

$$\triangle ABC = \frac{1}{2}ac \sin(180° - B)$$

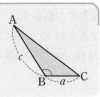

8. 대표

오른쪽 그림과 같이 $\overline{AC}=6$ cm, $\overline{AB}=6\sqrt{3}$ cm, $\angle A=120°$인 $\triangle ABC$의 넓이는?

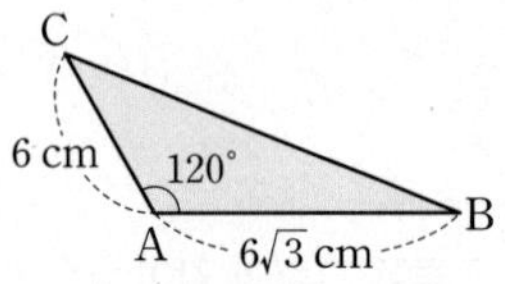

① 24 cm²   ② 27 cm²

③ 24√2 cm²   ④ 27√2 cm²

⑤ 24√3 cm²

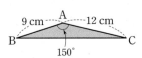

9.

오른쪽 그림과 같이 $\overline{AB}=9$ cm, $\overline{AC}=12$ cm, $\angle A=150°$인 $\triangle ABC$의 넓이를 구하시오.

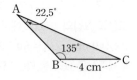

10.

오른쪽 그림과 같이 $\overline{BC}=4$ cm, $\angle A=22.5°$, $\angle B=135°$인 $\triangle ABC$의 넓이를 구하시오.

11.

오른쪽 그림과 같이 $\overline{AB}=10$ cm, $\angle B=\angle C=30°$인 $\triangle ABC$의 넓이는?

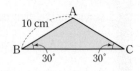

① 25 cm²   ② 26 cm²

③ 25√2 cm²   ④ 26√2 cm²

⑤ 25√3 cm²

12.

오른쪽 그림과 같이 $\overline{AC}=5$ cm, $\angle C=135°$인 $\triangle ABC$의 넓이가 $\dfrac{15\sqrt{2}}{2}$ cm²일 때, $\overline{BC}$의 길이는?

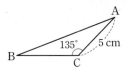

① 6 cm   ② 7 cm   ③ 5√2 cm

④ 6√2 cm   ⑤ 7√2 cm

13.

오른쪽 그림과 같이 $\overline{AB}=7$ cm, $\overline{BC}=8$ cm인 $\triangle ABC$의 넓이가 14 cm²일 때, $\angle B$의 크기를 구하시오. (단, $90° < \angle B < 180°$)

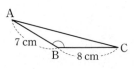

14. 서술형

오른쪽 그림과 같이 반지름의 길이가 4 cm인 반원에서 색칠한 부분의 넓이를 구하시오.

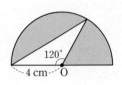

유형 10 다각형의 넓이

① 보조선을 그어 다각형을 여러 개의 삼각형으로 나눈다.
② 각 삼각형의 넓이를 구하여 더한다.

➡ □ABCD
$= \triangle ABC + \triangle ACD$
$= \frac{1}{2}ab \sin B + \frac{1}{2}cd \sin D$

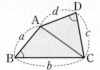

15 대표

오른쪽 그림과 같은 □ABCD의 넓이를 구하시오.

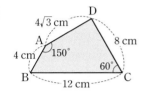

16

오른쪽 그림과 같은 □ABCD의 넓이는?

① $27\sqrt{3}$ cm²   ② $\frac{55\sqrt{3}}{2}$ cm²

③ $28\sqrt{3}$ cm²   ④ $\frac{57\sqrt{3}}{2}$ cm²

⑤ $29\sqrt{3}$ cm²

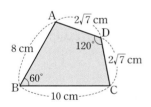

17 서술형

오른쪽 그림에서 $\overline{AB}=4$ cm, $\overline{CD}=4\sqrt{2}$ cm이고 ∠B=90°, ∠BAC=60°, ∠ACD=45°일 때, □ABCD의 넓이를 구하시오.

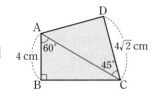

18

오른쪽 그림과 같은 □ABCD의 넓이는?

① 10 cm²   ② $\frac{21}{2}$ cm²

③ $10\sqrt{3}$ cm²   ④ $\frac{21\sqrt{3}}{2}$ cm²

⑤ $12\sqrt{3}$ cm²

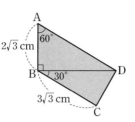

19

오른쪽 그림과 같이 한 변의 길이가 10 cm인 정육각형 모양의 타일이 있다. 이 타일의 윗면의 넓이를 구하시오.

20

오른쪽 그림과 같이 반지름의 길이가 4 cm인 원 O에 내접하는 정팔각형의 넓이는?

① 16 cm²   ② $16\sqrt{2}$ cm²

③ $16\sqrt{3}$ cm²   ④ 32 cm²

⑤ $32\sqrt{2}$ cm²

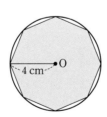

유형 11 **평행사변형의 넓이**

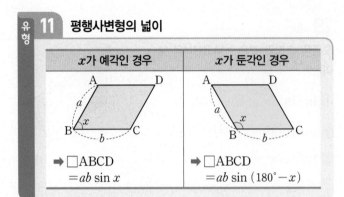

x가 예각인 경우	x가 둔각인 경우
➡ □ABCD $=ab \sin x$	➡ □ABCD $=ab \sin(180°-x)$

21

오른쪽 그림과 같이 $\overline{AB}=9$ cm, $\overline{BC}=10$ cm, $\angle B=120°$인 평행사변형 ABCD의 넓이는?

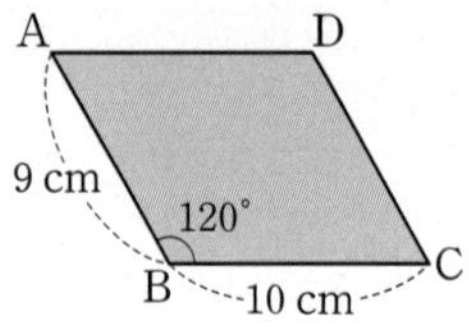

① $40\sqrt{2}$ cm² ② $45\sqrt{2}$ cm²

③ $40\sqrt{3}$ cm² ④ $50\sqrt{2}$ cm²

⑤ $45\sqrt{3}$ cm²

22 대표

오른쪽 그림과 같이 $\overline{AB}=5$ cm, $\overline{BC}=6$ cm, $\angle A=135°$인 평행사변형 ABCD의 넓이를 구하시오.

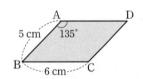

23

오른쪽 그림과 같이 한 변의 길이가 6 cm이고 $\angle B=45°$인 마름모 ABCD의 넓이는?

① 18 cm² ② $18\sqrt{2}$ cm²

③ 27 cm² ④ $27\sqrt{2}$ cm²

⑤ 36 cm²

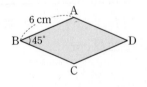

24

오른쪽 그림과 같이 $\overline{AB}=4$ cm, $\angle B=60°$인 평행사변형 ABCD의 넓이가 30 cm²일 때, $\overline{BC}$의 길이는?

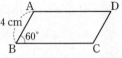

① 5 cm ② 6 cm ③ $5\sqrt{2}$ cm

④ $6\sqrt{2}$ cm ⑤ $5\sqrt{3}$ cm

25 서술형

오른쪽 그림과 같이 $\overline{AB}=5$ cm, $\overline{BC}=3\sqrt{2}$ cm인 평행사변형 ABCD의 넓이가 15 cm²일 때, $\angle C$의 크기를 구하시오. (단, $90°<\angle C<180°$)

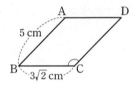

26 신유형

같은 모양을 겹치지 않게 빈틈없이 이어 공간을 덮는 것을 테셀레이션이라 한다. 다음은 세윤이가 한 변의 길이가 2 cm인 마름모 모양으로 만든 무늬이다. 색칠한 부분의 넓이를 구하시오.

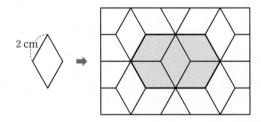

27

오른쪽 그림과 같은 평행사변형 ABCD에서 점 M은 $\overline{CD}$의 중점이고 $\overline{AB}=9$ cm, $\overline{BC}=12$ cm, $\angle B=30°$일 때, $\triangle ACM$의 넓이는?

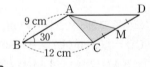

① 13 cm² ② $\dfrac{27}{2}$ cm² ③ 14 cm²

④ $\dfrac{29}{2}$ cm² ⑤ 15 cm²

유형 12 사각형의 넓이

x가 예각인 경우	x가 둔각인 경우
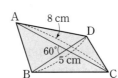	
➡ □ABCD $=\dfrac{1}{2}ab\sin x$	➡ □ABCD $=\dfrac{1}{2}ab\sin(180°-x)$

28

오른쪽 그림과 같이 두 대각선의 길이가 각각 8 cm, 5 cm이고 두 대각선이 이루는 각의 크기가 60°인 □ABCD의 넓이는?

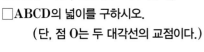

① $10\sqrt{3}\ \text{cm}^2$ ② $12\sqrt{3}\ \text{cm}^2$ ③ $14\sqrt{3}\ \text{cm}^2$

④ $16\sqrt{3}\ \text{cm}^2$ ⑤ $18\sqrt{3}\ \text{cm}^2$

29

오른쪽 그림과 같은 □ABCD에서 $\overline{AC}=6\ \text{cm}$, $\overline{BD}=4\ \text{cm}$이고 ∠DBC=65°, ∠ACB=55°일 때, □ABCD의 넓이를 구하시오.
(단, 점 O는 두 대각선의 교점이다.)

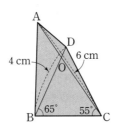

30 서술형

오른쪽 그림과 같은 □ABCD의 넓이가 15 cm²일 때, x의 크기를 구하시오.
(단, $0°<x<90°$)

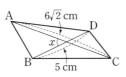

31 대표

오른쪽 그림과 같이 $\overline{AC}=12\ \text{cm}$, ∠AOD=120°인 □ABCD의 넓이가 63 cm²일 때, $\overline{BD}$의 길이를 구하시오.
(단, 점 O는 두 대각선의 교점이다.)

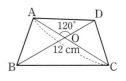

32

오른쪽 그림과 같은 등변사다리꼴 ABCD의 넓이가 $25\sqrt{2}\ \text{cm}^2$이고 두 대각선이 이루는 각의 크기가 135°일 때, 한 대각선의 길이는?

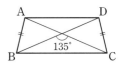

① 8 cm ② 10 cm ③ 12 cm

④ 14 cm ⑤ 16 cm

33 신유형

다음과 같은 점판에 윤서는 정사각형을 그렸고, 태우는 윤서가 그린 정사각형의 한 대각선의 길이가 2배가 되도록 사각형을 그렸다. 태우가 그린 사각형의 넓이는 윤서가 그린 정사각형의 넓이보다 얼마나 더 넓은지 구하시오.
(단, 가로와 세로에 놓인 점 사이의 간격은 1 cm이다.)

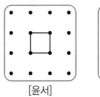

[윤서]   [태우]

1.

오른쪽 그림과 같은 직각삼각형 ABC에 대하여 다음 중에서 옳은 것을 모두 고르면?

(정답 2개)

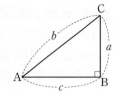

① $a = b \cos A$

② $a = c \tan A$

③ $b = a \sin C$

④ $c = b \sin A$

⑤ $c = a \tan C$

2.

오른쪽 그림과 같이 $\angle C = 135°$, $\overline{BC} = 6$ cm, $\overline{AC} = 10$ cm인 △ABC의 넓이를 구하시오.

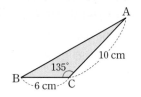

3.

오른쪽 그림과 같이 $\overline{AB} = 7$ cm, $\overline{BC} = 4$ cm, $\angle B = 150°$인 평행사변형 ABCD의 넓이는?

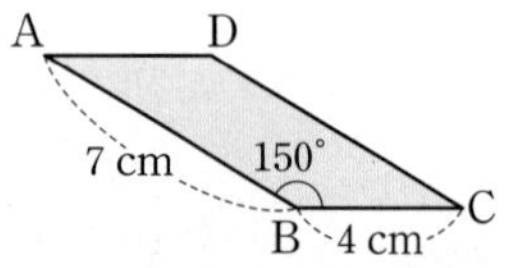

① 13 cm^2

② 14 cm^2

③ 15 cm^2

④ $13\sqrt{3}$ cm^2

⑤ $14\sqrt{3}$ cm^2

4.

오른쪽 그림과 같은 직각삼각형 ABC에서 $\angle A = 60°$, $\overline{AC} = 8$ cm일 때, △ABC의 둘레의 길이를 구하시오.

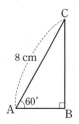

5.

오른쪽 그림의 직육면체에서 $\overline{AB} = 5$ cm, $\overline{CF} = 8$ cm이고 $\angle CFG = 30°$일 때, 이 직육면체의 부피는?

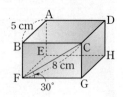

① $60\sqrt{3}$ cm^3

② $65\sqrt{3}$ cm^3

③ $70\sqrt{3}$ cm^3

④ $75\sqrt{3}$ cm^3

⑤ $80\sqrt{3}$ cm^3

6.

오른쪽 그림과 같이 건물에서 200 m 떨어진 A 지점에서 건물의 꼭대기 B 지점을 올려다본 각의 크기가 60°일 때, 이 건물의 높이를 구하시오.

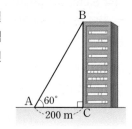

7. 서술형

오른쪽 그림과 같이 두 의자 A, B 사이의 거리를 구하기 위하여 C 지점에서 측량하였더니 $\overline{AC} = 40$ m, $\overline{BC} = 28\sqrt{2}$ m, $\angle ACB = 45°$이었다. 두 의자 A, B 사이의 거리를 구하시오.

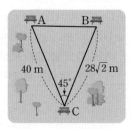

8.

오른쪽 그림과 같은 △ABC에서 $\overline{AB} = 8$, $\angle B = 45°$, $\angle C = 30°$일 때, $\overline{AC}$의 길이를 구하시오.

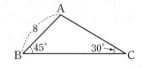

9

오른쪽 그림과 같은 △ABC에서
$\overline{AH} \perp \overline{BC}$이고 $\overline{BC}=12$, ∠B=60°,
∠C=45°일 때, $\overline{AH}$의 길이를 구하시
오.

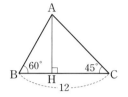

10

오른쪽 그림과 같이 200 m 떨어진
두 지점 B, C에서 산꼭대기 A 지점
을 올려다본 각의 크기가 각각 30°,
60°일 때, 이 산의 높이를 구하시오.

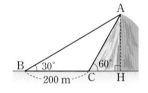

11

오른쪽 그림과 같이 $\overline{BC}=6$ cm,
∠B=60°인 △ABC의 넓이가
$6\sqrt{3}$ cm²일 때, $\overline{AB}$의 길이는?

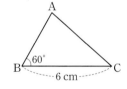

① 4 cm   ② 5 cm
③ 6 cm   ④ 7 cm
⑤ 8 cm

12 서술형

오른쪽 그림과 같은 □ABCD의 넓이
를 구하시오.

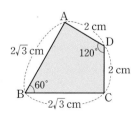

13

오른쪽 그림과 같이 한 변의 길이가
10 cm이고 ∠C=135°인 마름모
ABCD의 넓이를 구하시오.

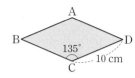

14

오른쪽 그림과 같이 $\overline{AB}=6$ cm,
$\overline{BC}=7$ cm인 평행사변형 ABCD의 넓
이가 $21\sqrt{3}$ cm²일 때, ∠B의 크기를 구
하시오. (단, 0°<∠B<90°)

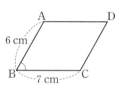

15

오른쪽 그림과 같은 △ABC에서
$\overline{BC}=4$, $\overline{AC}=6$, ∠C=120°일 때, $\overline{AB}$
의 길이는?

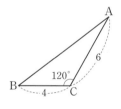

① 8   ② $2\sqrt{17}$
③ $6\sqrt{2}$ ④ $2\sqrt{19}$
⑤ $4\sqrt{5}$

16

오른쪽 그림과 같은 □ABCD의 넓이는
$18\sqrt{2}$ cm²이고 두 대각선이 이루는 예
각의 크기는 45°이다. $\overline{BD}=2\overline{AC}$일 때,
$\overline{AC}$의 길이를 구하시오.

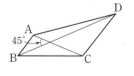

03
·
원과 직선

01 원의 현

① 현의 수직이등분선

(1) 원의 중심에서 현에 내린 수선은 그 현을 이등분한다. └─ 원 위의 두 점을 이은 선분

➡ $\overline{AB} \perp \overline{OM}$이면 $\overline{AM} = \overline{BM}$

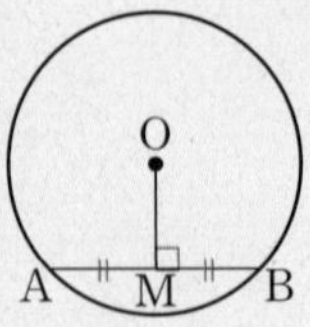

(2) 원에서 현의 수직이등분선은 그 원의 중심을 지난다.

참고 위의 그림에서 $\overline{AM} = \overline{BM}$이므로 $\overline{AB} = 2\overline{AM} = 2\overline{BM}$

② 현의 수직이등분선의 활용

(1) 원의 일부분이 주어진 경우

① 원의 중심을 찾아 반지름의 길이를 r로 놓는다.

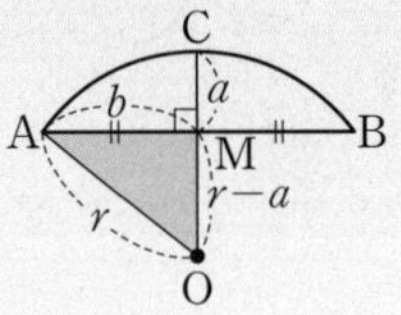

② $\overline{OM}$의 길이를 r로 나타낸다.

➡ $\overline{OM} = r - a$

③ △AOM에서 피타고라스 정리를 이용한다.

➡ $r^2 = (r-a)^2 + b^2$

참고 현의 수직이등분선은 그 원의 중심을 지나므로 $\overline{CM}$의 연장선은 원의 중심 O를 지난다.

(2) 원의 일부분을 접은 경우

① 반지름의 길이를 r로 놓는다.

② $\overline{OM}$의 길이를 r로 나타낸다.

➡ $\overline{OM} = \overline{PM} = \dfrac{1}{2}r$

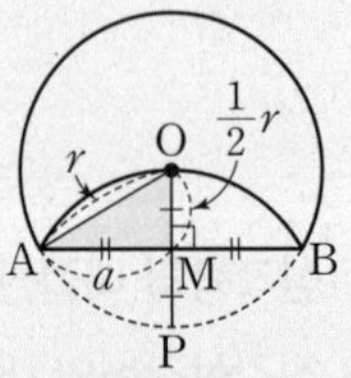

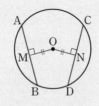

③ △OAM에서 피타고라스 정리를 이용한다.

➡ $r^2 = a^2 + \left(\dfrac{r}{2}\right)^2$

③ 원의 중심과 현의 길이

(1) 한 원에서 중심으로부터 같은 거리에 있는 두 현의 길이는 같다.

➡ $\overline{OM} = \overline{ON}$이면 $\overline{AB} = \overline{CD}$

(2) 한 원에서 길이가 같은 두 현은 원의 중심으로부터 같은 거리에 있다.

➡ $\overline{AB} = \overline{CD}$이면 $\overline{OM} = \overline{ON}$

참고 원 O에 내접하는 △ABC에서 $\overline{OM} = \overline{ON}$이면 $\overline{AB} = \overline{AC}$이므로 △ABC는 이등변삼각형이다.

➡ $\angle B = \angle C$

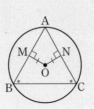

현의 수직이등분선

다음 그림의 원 O에서 x의 값을 구하시오.

1

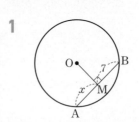

2

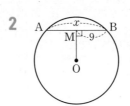

3

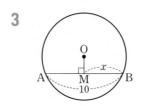

4

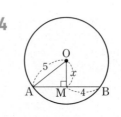

5

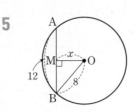

현의 수직이등분선의 활용

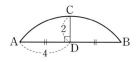 다음 그림에서 $\overset{\frown}{AB}$는 원의 일부분이다. $\overline{AB}\perp\overline{CD}$, $\overline{AD}=\overline{BD}$일 때, 이 원의 반지름의 길이를 구하시오.

6

➡ 오른쪽 그림과 같이 원의 중심을 O, 반지름 의 길이를 r라 하면
직각삼각형 AOD에서

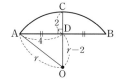

$r^2=(r-2)^2+\boxed{}^2$

$r=\boxed{}$

따라서 원의 반지름의 길이는 $\boxed{}$이다.

7

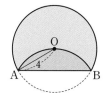

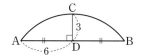 다음 그림과 같이 원 O의 원주 위의 한 점이 원의 중심 O에 겹쳐지도록 $\overline{AB}$를 접는 선으로 하여 접었을 때, $\overline{AB}$의 길이 를 구하시오.

8

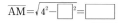

➡ 오른쪽 그림과 같이 원의 중심 O에서 $\overline{AB}$에 내린 수선의 발을 M이라 하면

$\overline{OM}=\boxed{}$

직각삼각형 OAM에서

$\overline{AM}=\sqrt{4^2-\boxed{}^2}=\boxed{}$

따라서 $\overline{AB}=2\overline{AM}=\boxed{}$

9

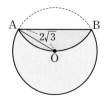

원의 중심과 현의 길이

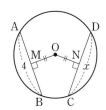 다음 그림의 원 O에서 x의 값을 구하시오.

10

11

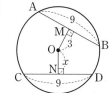

12

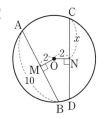

13

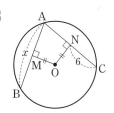

14

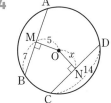

소단원 유형 익히기

유형 1 현의 수직이등분선(1)

원의 중심에서 현에 내린 수선은 그 현을 이등분하므로
(1) $\overline{AM}=\overline{BM}$
(2) 직각삼각형 OAM에서
$$\overline{AM}^2=\overline{OA}^2-\overline{OM}^2$$

1. 대표

오른쪽 그림의 원 O에서 $\overline{AB}\perp\overline{OM}$이고 $\overline{OM}=4$ cm, $\overline{AB}=12$ cm일 때, $\overline{OA}$의 길이는?

① $2\sqrt{13}$ cm   ② $2\sqrt{14}$ cm
③ $2\sqrt{15}$ cm   ④ 8 cm
⑤ $2\sqrt{17}$ cm

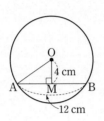

2.

오른쪽 그림과 같이 반지름의 길이가 9 cm인 원 O에서 $\overline{AB}\perp\overline{OM}$이고 $\overline{OM}=5$ cm일 때, $\overline{AB}$의 길이는?

① $3\sqrt{13}$ cm   ② $3\sqrt{14}$ cm
③ $4\sqrt{13}$ cm   ④ $4\sqrt{14}$ cm
⑤ $5\sqrt{13}$ cm

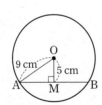

3.

반지름의 길이가 9 cm인 원의 중심에서 현까지의 거리가 7 cm일 때, 이 현의 길이는?

① $7\sqrt{2}$ cm   ② $8\sqrt{2}$ cm   ③ $9\sqrt{2}$ cm
④ $10\sqrt{2}$ cm   ⑤ $11\sqrt{2}$ cm

4.

오른쪽 그림의 원 O에서 $\overline{AB}\perp\overline{OM}$이고 $\overline{AB}=6$ cm, $\overline{OM}=3$ cm일 때, 원 O의 둘레의 길이는?

① $3\sqrt{2}\pi$ cm   ② $4\sqrt{2}\pi$ cm
③ $5\sqrt{2}\pi$ cm   ④ $6\sqrt{2}\pi$ cm
⑤ $7\sqrt{2}\pi$ cm

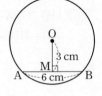

유형 2 현의 수직이등분선(2)

오른쪽 그림의 원 O에서 반지름의 길이를 r라 하면
(1) $\overline{AB}\perp\overline{OM}$이므로 $\overline{AM}=\overline{BM}$
(2) $\overline{OM}=r-\overline{CM}$
(3) 직각삼각형 OAM에서
$$r^2=\overline{AM}^2+\overline{OM}^2$$

5. 대표

오른쪽 그림의 원 O에서 $\overline{AB}\perp\overline{OC}$이고 $\overline{AM}=4$ cm, $\overline{CM}=3$ cm일 때, 원 O의 반지름의 길이는?

① $\dfrac{23}{6}$ cm   ② $\dfrac{25}{6}$ cm
③ $\dfrac{9}{2}$ cm   ④ $\dfrac{29}{6}$ cm
⑤ $\dfrac{31}{6}$ cm

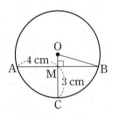

6.

오른쪽 그림과 같이 반지름의 길이가 8 cm인 원 O에서 $\overline{AB}\perp\overline{OC}$이고 $\overline{OM}=\overline{CM}$일 때, $\overline{AB}$의 길이는?

① $6\sqrt{2}$ cm   ② $6\sqrt{3}$ cm
③ $8\sqrt{2}$ cm   ④ $8\sqrt{3}$ cm
⑤ $10\sqrt{2}$ cm

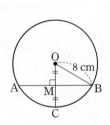

7

오른쪽 그림의 원 O에서 $\overline{AB} \perp \overline{OP}$이고 $\overline{AB}=12$ cm, $\overline{MP}=2$ cm일 때, 원 O의 반지름의 길이는?

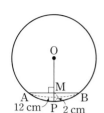

① 9 cm
② 10 cm
③ 11 cm
④ 12 cm
⑤ 13 cm

8

오른쪽 그림의 원 O에서 $\overline{CD} \perp \overline{OM}$이고 $\overline{AB}=18$ cm, $\overline{CD}=10$ cm일 때, $\overline{OM}$의 길이는?

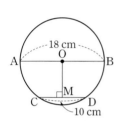

① $2\sqrt{13}$ cm
② $2\sqrt{14}$ cm
③ $2\sqrt{15}$ cm
④ 8 cm
⑤ $2\sqrt{17}$ cm

9 ☐ 서술형

오른쪽 그림의 원 O에서 $\overline{AB} \perp \overline{CD}$이고 $\overline{CP}=3$ cm, $\overline{DP}=9$ cm일 때, $\overline{AB}$의 길이를 구하시오.

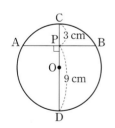

유형 3 원의 일부분에서 현의 수직이등분선

원의 일부분이 주어진 경우

① 원의 중심을 찾아 반지름의 길이를 r로 놓는다.

② 직각삼각형 AOM에서 피타고라스 정리를 이용한다.

➡ $r^2=(r-a)^2+b^2$

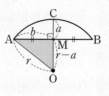

10 ☐ 대표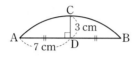

오른쪽 그림에서 $\overparen{AB}$는 원의 일부분이다. $\overline{AB} \perp \overline{CD}$이고 $\overline{AD}=\overline{BD}=7$ cm, $\overline{CD}=3$ cm일 때, 이 원의 반지름의 길이는?

① $\dfrac{28}{3}$ cm
② $\dfrac{29}{3}$ cm
③ 10 cm
④ $\dfrac{31}{3}$ cm
⑤ $\dfrac{32}{3}$ cm

11 ☐ 신유형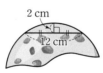

소희가 쿠키를 만들었는데 떨어뜨려서 오른쪽 그림과 같이 일부분만 남았다. 원래 원 모양이었던 소희가 만든 쿠키의 반지름의 길이를 구하시오.

12 ☐ 서술형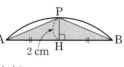

오른쪽 그림에서 $\overparen{AB}$는 반지름의 길이가 7 cm인 원의 일부분이다. $\overline{AB} \perp \overline{PH}$, $\overline{AH}=\overline{HB}$이고 $\overline{PH}=2$ cm일 때, $\triangle PAB$의 넓이를 구하시오.

유형 4 접은 원에서 현의 수직이등분선

원의 일부분을 접은 경우

(1) $\overline{AM}=\overline{BM}$

(2) $\overline{OM}=\overline{CM}=\dfrac{1}{2}\overline{OA}$

(3) 직각삼각형 OAM에서
$$\overline{OA}^2=\overline{AM}^2+\overline{OM}^2$$

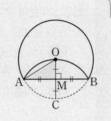

유형 5 원의 중심과 현의 길이

원 O에서

(1) $\overline{OM}=\overline{ON}$이면 $\overline{AB}=\overline{CD}$

(2) $\overline{AB}=\overline{CD}$이면 $\overline{OM}=\overline{ON}$

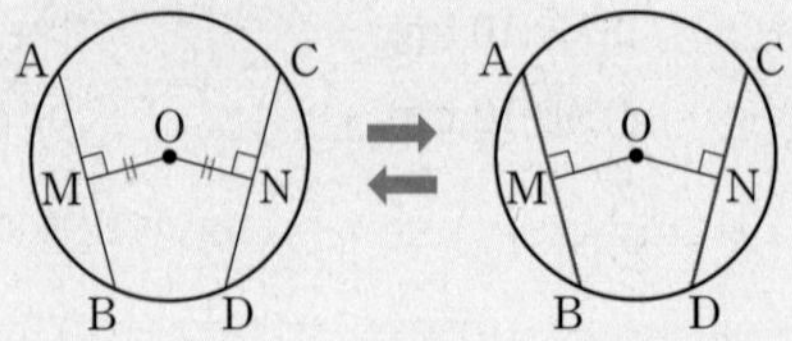

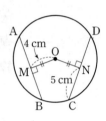

13 대표

오른쪽 그림과 같이 반지름의 길이가 8 cm
인 원 O의 원주 위의 한 점이 원의 중심 O에
겹쳐지도록 $\overline{AB}$를 접는 선으로 하여 접었을
때, $\overline{AB}$의 길이를 구하시오.

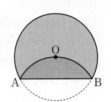

16

오른쪽 그림의 원 O에서 $\overline{AB}\perp\overline{OM}$,
$\overline{CD}\perp\overline{ON}$이고 $\overline{OM}=\overline{ON}$이다.
$\overline{CN}=5$ cm, $\overline{OM}=4$ cm일 때,
$\overline{AB}$의 길이를 구하시오.

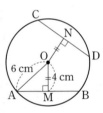

14 서술형

오른쪽 그림과 같이 원 O의 원주 위의 한 점
이 원의 중심 O에 겹쳐지도록 $\overline{AB}$를 접는
선으로 하여 접었다. $\overline{OM}=3\sqrt{3}$ cm일 때,
$\overline{AB}$의 길이를 구하시오.

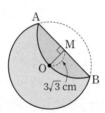

17 대표

오른쪽 그림과 같이 반지름의 길이가 6 cm
인 원 O에서 $\overline{AB}\perp\overline{OM}$, $\overline{CD}\perp\overline{ON}$이고
$\overline{OM}=\overline{ON}=4$ cm일 때, $\overline{CD}$의 길이는?

① $3\sqrt{5}$ cm ② 8 cm

③ $4\sqrt{5}$ cm ④ 10 cm

⑤ $5\sqrt{5}$ cm

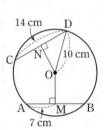

15

오른쪽 그림과 같이 원 O의 원주 위의 한 점
이 원의 중심 O에 겹쳐지도록 $\overline{AB}$를 접는
선으로 하여 접었더니 $\overline{AB}=6$ cm이었다.
이때 원 O의 반지름의 길이는?

① $2\sqrt{2}$ cm ② $2\sqrt{3}$ cm

③ $3\sqrt{2}$ cm ④ $3\sqrt{3}$ cm

⑤ $4\sqrt{2}$ cm

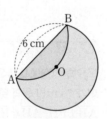

18

오른쪽 그림과 같은 원 O에서
$\overline{AB}\perp\overline{OM}$, $\overline{CD}\perp\overline{ON}$이고 $\overline{AM}=7$ cm,
$\overline{CD}=14$ cm, $\overline{OD}=10$ cm일 때, $\overline{OM}$의
길이는?

① $\sqrt{51}$ cm ② $\sqrt{53}$ cm

③ $\sqrt{55}$ cm ④ $\sqrt{57}$ cm

⑤ $\sqrt{59}$ cm

19 .ıl

오른쪽 그림과 같은 원 O에서 $\overline{AB} \perp \overline{OM}$, $\overline{CD} \perp \overline{ON}$이고 $\overline{OM} = \overline{ON}$일 때, 다음 중에서 옳지 <u>않은</u> 것은?

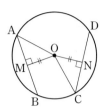

① $\overline{AB} = \overline{CD}$

② $\overline{CN} = \overline{DN}$

③ $\overline{AM} = \overline{OC}$

④ $\triangle OAM \equiv \triangle OCN$

⑤ $\angle AOM = \angle CON$

20 .ıl

오른쪽 그림의 원 O에서 $\overline{AB} \perp \overline{OM}$이고 $\overline{AB} = \overline{CD}$이다. $\overline{OD} = 5$ cm, $\overline{OM} = 4$ cm일 때, $\triangle OCD$의 넓이는?

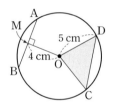

① 9 cm² ② 10 cm²

③ 11 cm² ④ 12 cm²

⑤ 13 cm²

21 .ıl 서술형💬

오른쪽 그림과 같이 지름의 길이가 12 cm 인 원 O에서 $\overline{AB} /\!/ \overline{CD}$이고 $\overline{AB} = \overline{CD} = 8$ cm일 때, 두 현 AB와 CD 사이의 거리를 구하시오.

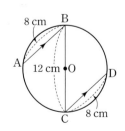

오른쪽 그림의 원 O에서 $\overline{OM} = \overline{ON}$이면

➡ $\overline{AB} = \overline{AC}$

➡ $\triangle ABC$는 이등변삼각형

➡ $\angle B = \angle C$

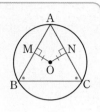

22 .ıl 대표🔄

오른쪽 그림의 원 O에서 $\overline{AB} \perp \overline{OM}$, $\overline{AC} \perp \overline{ON}$이고 $\overline{OM} = \overline{ON}$이다. $\angle A = 46°$일 때, $\angle x$의 크기는?

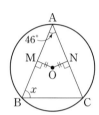

① 64° ② 65°

③ 66° ④ 67°

⑤ 68°

23 .ıl

오른쪽 그림의 원 O에서 $\overline{AB} \perp \overline{OM}$, $\overline{AC} \perp \overline{ON}$이고 $\overline{OM} = \overline{ON}$이다. $\angle B = 50°$일 때, $\angle MON$의 크기를 구하시오.

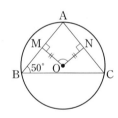

24 .ıl 신유형🔄

준서는 원 모양의 종이를 다음과 같이 원주 위의 한 점이 원의 중심 O와 만나도록 차례로 접었다. $\overline{AC} = 2\sqrt{3}$ cm일 때, 처음 원의 넓이를 구하시오.

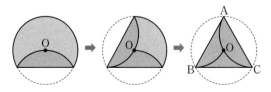

02 원의 접선

① 원의 접선의 성질

(1) 원의 접선의 길이

　① 원 O 밖의 한 점 P에서 이 원에 그을 수 있는 접선은 2개이다.

　② 점 P에서 원 O의 접점까지의 거리를 점 P에서 원 O에 그은 접선의 길이라 한다.

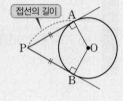

(2) 원의 접선의 성질

　원 밖의 한 점에서 그 원에 그은 두 접선의 길이는 같다.

　➡ $\overline{PA}=\overline{PB}$

참고 원의 접선은 그 접점을 지나는 원의 반지름에 수직이다.

　➡ $\overline{OT} \perp l$

② 삼각형의 내접원

반지름의 길이가 r인 원 O가 △ABC의 내접원이고 세 점 D, E, F가 접점일 때

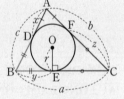

(1) $\overline{AD}=\overline{AF}$, $\overline{BD}=\overline{BE}$, $\overline{CE}=\overline{CF}$

(2) (△ABC의 둘레의 길이)$=a+b+c=2(x+y+z)$

(3) $\triangle ABC=\dfrac{1}{2}r(a+b+c)$

③ 직각삼각형의 내접원

∠C=90°인 직각삼각형 ABC의 내접원 O의 반지름의 길이가 r이고 세 점 D, E, F가 접점일 때

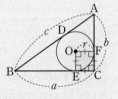

(1) □OECF는 한 변의 길이가 r인 정사각형이다.

(2) $\triangle ABC=\dfrac{1}{2}r(a+b+c)=\dfrac{1}{2}ab$

④ 원에 외접하는 사각형의 성질

(1) 원에 외접하는 사각형의 두 쌍의 대변의 길이의 합은 같다.

　➡ $\overline{AB}+\overline{CD}=\overline{AD}+\overline{BC}$

(2) 두 쌍의 대변의 길이의 합이 같은 사각형은 원에 외접한다.

원의 접선의 성질

　다음 그림에서 두 점 A, B는 점 P에서 원 O에 그은 두 접선의 접점일 때, x의 값을 구하시오.

1

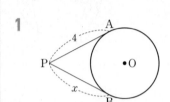

2

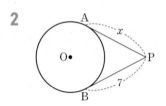

　오른쪽 그림에서 두 점 A, B는 점 P에서 원 O에 그은 두 접선의 접점일 때, 다음을 구하시오.

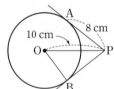

3 $\overline{PB}$의 길이

4 $\overline{OB}$의 길이

　다음 그림에서 두 점 A, B는 점 P에서 원 O에 그은 두 접선의 접점일 때, $\angle x$의 크기를 구하시오.

5

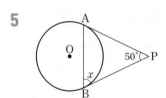

6

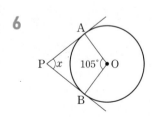

삼각형의 내접원

오른쪽 그림에서 원 O는 △ABC의 내접원이고 세 점 D, E, F는 접점일 때, 다음을 구하시오.

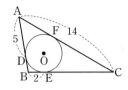

7 $\overline{AF}$의 길이

8 $\overline{CE}$의 길이

9 $\overline{BD}$의 길이

10 △ABC의 둘레의 길이

➡ (△ABC의 둘레의 길이)=☐×(5+☐+9)=☐

다음 그림에서 원 O는 △ABC의 내접원이고 세 점 D, E, F는 접점일 때, x의 값을 구하시오.

11

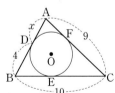

12

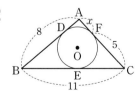

13

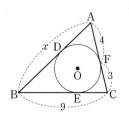

원에 외접하는 사각형의 성질

다음 그림에서 ☐ABCD가 원 O에 외접할 때, x의 값을 구하시오.

14

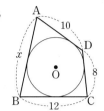

15

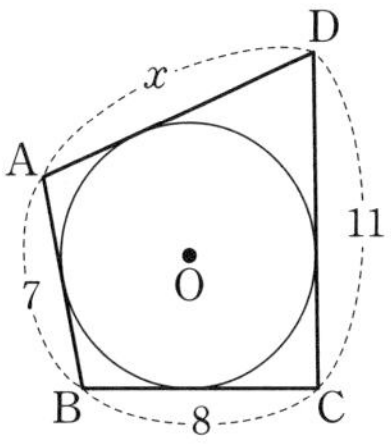

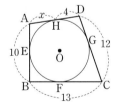

다음 그림에서 ☐ABCD는 원 O에 외접하고 네 점 E, F, G, H는 접점일 때, x의 값을 구하시오.

16

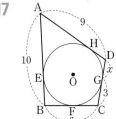

➡ $\overline{AB}+\overline{CD}=\overline{AD}+$☐ 이므로

$10+12=(x+4)+$☐

따라서 $x=$☐

17

유형 7 원의 접선과 반지름

원 밖의 한 점 P에서 원 O에 그은
접선의 접점을 A라 할 때
(1) ∠PAO＝90°
(2) $\overline{PO}^2＝\overline{PA}^2＋\overline{OA}^2$

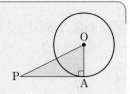

유형 8 원의 접선의 성질(1)

원 밖의 한 점 P에서 원 O에 그은
두 접선의 접점을 각각 A, B라 할
때
(1) $\overline{PA}＝\overline{PB}$
(2) ∠PAO＝∠PBO＝90°
(3) ∠APB＋∠AOB＝180°

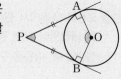

1 대표

오른쪽 그림에서 점 A는 점 P에서 원
O에 그은 접선의 접점이고 점 B는
$\overline{PO}$와 원 O의 교점이다. $\overline{PA}＝12$ cm,
$\overline{PB}＝8$ cm일 때, 원 O의 반지름의
길이는?

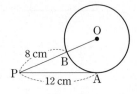

① 4 cm
② $\dfrac{13}{3}$ cm
③ $\dfrac{14}{3}$ cm

④ 5 cm
⑤ $\dfrac{16}{3}$ cm

4

오른쪽 그림에서 두 점 A, B는 점 P에
서 원 O에 그은 두 접선의 접점이다.
∠APB＝50°일 때, ∠AOB의 크기
는?

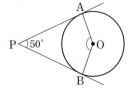

① 130°
② 135°
③ 140°
④ 145°
⑤ 150°

2

오른쪽 그림에서 점 T는 점 P에서 원 O
에 그은 접선의 접점이다. $\overline{OA}＝5$ cm,
$\overline{PA}＝2$ cm일 때, △OPT의 넓이는?

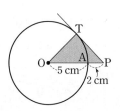

① 10 cm²
② $5\sqrt{5}$ cm²
③ $5\sqrt{6}$ cm²
④ $6\sqrt{5}$ cm²
⑤ $6\sqrt{6}$ cm²

5 대표

오른쪽 그림에서 두 점 A, B는 점 P에서
원 O에 그은 두 접선의 접점이다.
∠APB＝64°일 때, ∠x의 크기는?

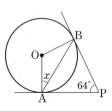

① 30°
② 32°
③ 34°
④ 36°
⑤ 38°

3

오른쪽 그림에서 점 T는 점 P에서 반
원 O에 그은 접선의 접점이다.
$\overline{PA}＝\overline{OA}$이고 $\overline{OT}＝2$ cm일 때,
$\overline{PT}$의 길이를 구하시오.

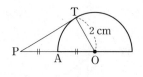

6 신유형

오른쪽 그림은 윤서가 구 모양의 아이스크림이 담
긴 아이스크림콘의 단면을 나타낸 것이다. $\overline{PA}$,
$\overline{PB}$는 원 O의 접선이고 두 점 A, B는 접점이다.
∠APB＝30°일 때, △APB의 넓이를 구하시
오.

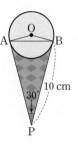

7 .ıl

오른쪽 그림에서 두 점 A, B는 점 P
에서 원 O에 그은 두 접선의 접점이
다. $\overline{AC}$는 원 O의 지름이고
∠BAC=24°일 때, ∠APB의 크기
는?

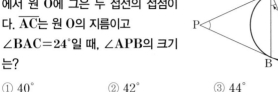

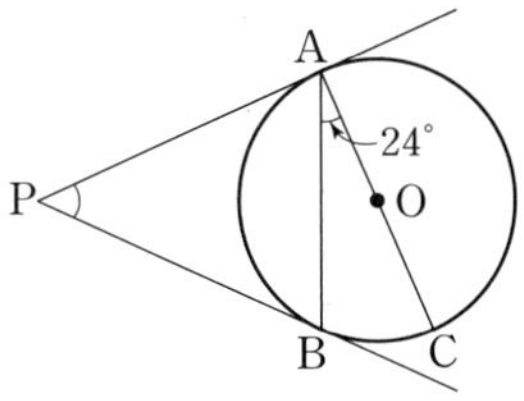

① 40°   ② 42°   ③ 44°

④ 46°   ⑤ 48°

8 .ıl 서술형

오른쪽 그림에서 $\overline{PA}$, $\overline{PB}$는 반지름
의 길이가 6 cm인 원 O의 접선이고
∠APB=45°일 때, $\widehat{AB}$의 길이를
구하시오.

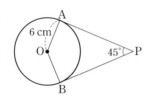

유형 9 **원의 접선의 성질(2)**

원 밖의 한 점 P에서 원 O에 그은
두 접선의 접점을 각각 A, B라 할
때

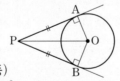

(1) △APO≡△BPO (RHS 합동)
(2) $\overline{PO}^2 = \overline{PA}^2 + \overline{OA}^2 = \overline{PB}^2 + \overline{OB}^2$

9 .ıl

오른쪽 그림에서 두 점 A, B는 점 P에
서 원 O에 그은 두 접선의 접점이
다. $\overline{OA}$=4 cm, $\overline{PB}$=6 cm일 때,
$\overline{PO}$의 길이를 구하시오.

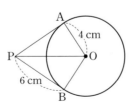

10 .ıl 대표

오른쪽 그림에서 두 점 A, B는 점 P
에서 원 O에 그은 두 접선의 접점이
다. $\overline{OA}$=4 cm, $\overline{PC}$=8 cm일 때,
$\overline{BP}$의 길이는?

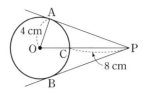

① $8\sqrt{2}$ cm   ② $9\sqrt{2}$ cm

③ $10\sqrt{2}$ cm   ④ $11\sqrt{2}$ cm

⑤ $12\sqrt{2}$ cm

11 .ıl

오른쪽 그림에서 두 점 A, B는 점 P에서 원
O에 그은 두 접선의 접점이다. $\overline{PB}$=9 cm,
∠AOB=120°일 때, $\overline{PO}$의 길이는?

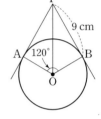

① $6\sqrt{2}$ cm   ② $6\sqrt{3}$ cm

③ $7\sqrt{2}$ cm   ④ $7\sqrt{3}$ cm

⑤ $8\sqrt{2}$ cm

12 .ıl 서술형

오른쪽 그림에서 두 점 A, B는 점 P에
서 원 O에 그은 두 접선의 접점이다.
$\overline{OA}$=5 cm, $\overline{PC}$=8 cm일 때,
□APBO의 넓이를 구하시오.

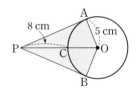

13 .ıl

오른쪽 그림에서 두 점 A, B는 점 P에
서 원 O에 그은 두 접선의 접점이다.
∠APB=60°, $\overline{AP}$=$4\sqrt{3}$ cm일 때,
색칠한 부분의 넓이를 구하시오.

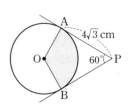

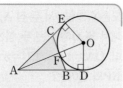

유형 10 원의 접선의 성질의 활용

$\overline{AD}$, $\overline{AE}$, $\overline{BC}$가 원 O의 접선이고 세 점 D, E, F가 접점일 때

(1) $\overline{BD}=\overline{BF}$, $\overline{CE}=\overline{CF}$

(2) ($\triangle ABC$의 둘레의 길이)
$$=\overline{AB}+\overline{BF}+\overline{CF}+\overline{AC}$$
$$=(\overline{AB}+\overline{BD})+(\overline{CE}+\overline{AC})$$
$$=\overline{AD}+\overline{AE}=2\overline{AD}$$

14 대표

오른쪽 그림에서 $\overline{AD}$, $\overline{AE}$, $\overline{BC}$는 원 O의 접선이고 세 점 D, E, F는 접점이다. $\overline{AB}=9$ cm, $\overline{AC}=7$ cm, $\overline{BC}=6$ cm일 때, $\overline{BD}$의 길이는?

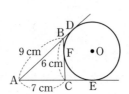

① 1 cm   ② $\sqrt{2}$ cm

③ $\sqrt{3}$ cm   ④ 2 cm

⑤ $\sqrt{5}$ cm

15

오른쪽 그림에서 $\overline{AD}$, $\overline{AE}$, $\overline{BC}$는 원 O의 접선이고 세 점 D, E, F는 접점일 때, 다음 중에서 옳지 <u>않은</u> 것을 모두 고르면? (정답 2개)

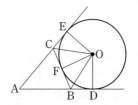

① $\overline{AD}=\overline{AE}$

② $\overline{AB}=\overline{AC}$

③ $\overline{OB}=\overline{OC}$

④ $\angle OBD=\angle OBF$

⑤ $\overline{BC}=\overline{BD}+\overline{CE}$

16

오른쪽 그림에서 $\overline{PA}$, $\overline{PB}$, $\overline{CD}$는 원 O의 접선이고 세 점 A, B, E는 접점이다. $\overline{AC}=4$ cm, $\overline{CD}=7$ cm, $\overline{PC}=9$ cm일 때, $\overline{PD}$의 길이를 구하시오.

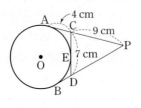

유형 11 반원에서의 접선

$\overline{AB}$, $\overline{AD}$, $\overline{DC}$가 반원 O의 접선일 때

(1) $\overline{AB}=\overline{AE}$, $\overline{DC}=\overline{DE}$이므로
$$\overline{AD}=\overline{AB}+\overline{DC}$$

(2) 직각삼각형 AHD에서
$$\overline{BC}=\overline{HD}=\sqrt{\overline{AD}^2-\overline{AH}^2}$$

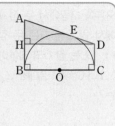

17 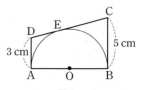 대표

오른쪽 그림에서 $\overline{AB}$는 반원 O의 지름이고, $\overline{AD}$, $\overline{BC}$, $\overline{DC}$는 반원 O의 접선이다. $\overline{AD}=3$ cm, $\overline{BC}=5$ cm일 때, $\overline{AB}$의 길이는?

① $2\sqrt{3}$ cm   ② $2\sqrt{5}$ cm   ③ $2\sqrt{15}$ cm

④ $4\sqrt{3}$ cm   ⑤ $4\sqrt{5}$ cm

18

오른쪽 그림에서 $\overline{AB}$는 반지름의 길이가 5 cm인 반원 O의 지름이고, $\overline{AD}$, $\overline{BC}$, $\overline{CD}$는 반원 O의 접선이다. $\overline{CD}=12$ cm일 때, □ABCD의 둘레의 길이는?

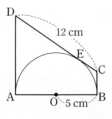

① 30 cm   ② 32 cm

③ 34 cm   ④ 36 cm

⑤ 38 cm

19 서술형

오른쪽 그림에서 $\overline{CD}$는 반원 O의 지름이고, $\overline{AD}$, $\overline{BC}$, $\overline{AB}$는 반원 O의 접선이다. 점 E는 반원 O와 $\overline{AB}$의 접점이고 $\overline{AD}=4$ cm, $\overline{BC}=7$ cm일 때, □ABCD의 넓이를 구하시오.

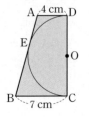

유형 **12** 삼각형의 내접원

원 O가 △ABC의 내접원이고 세 점 D, E, F가 접점일 때
(1) $\overline{AD}=\overline{AF}$, $\overline{BD}=\overline{BE}$, $\overline{CE}=\overline{CF}$
(2) (△ABC의 둘레의 길이) $=2(\overline{AD}+\overline{BE}+\overline{CF})$

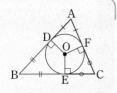

20 ▁▂

오른쪽 그림에서 원 O는 △ABC의 내접원이고 세 점 D, E, F는 접점일 때, $x+y$의 값은?

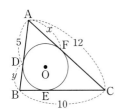

① 7   ② 8
③ 9   ④ 10
⑤ 11

21 ▁▂

오른쪽 그림에서 원 O는 △ABC의 내접원이고 세 점 D, E, F는 접점이다. $\overline{AF}=4$ cm, $\overline{BD}=6$ cm, $\overline{CE}=9$ cm일 때, △ABC의 둘레의 길이는?

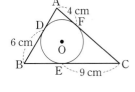

① 36 cm   ② 38 cm   ③ 40 cm
④ 42 cm   ⑤ 44 cm

22 ▁▂

오른쪽 그림에서 원 O는 △ABC의 내접원이고 세 점 D, E, F는 접점이다. $\overline{AB}=13$ cm, $\overline{AD}=5$ cm, $\overline{BC}=15$ cm일 때, $\overline{AC}$의 길이를 구하시오.

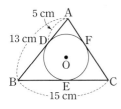

23 ▁▂ 대표

오른쪽 그림에서 원 O는 △ABC의 내접원이고 세 점 D, E, F는 접점이다. $\overline{AB}=9$ cm, $\overline{AC}=6$ cm, $\overline{BC}=11$ cm일 때, $\overline{BE}$의 길이는?

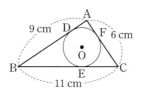

① 6 cm   ② $\frac{13}{2}$ cm   ③ 7 cm
④ $\frac{15}{2}$ cm   ⑤ 8 cm

24 ▁▂ 서술형

오른쪽 그림에서 원 O는 △ABC의 내접원이고 세 점 D, E, F는 접점이다. $\overline{BD}=7$ cm, $\overline{CF}=5$ cm이고 △ABC의 둘레의 길이가 32 cm일 때, x의 값을 구하시오.

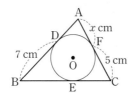

유형 **13** 직각삼각형의 내접원

∠C=90°인 직각삼각형 ABC의 내접원 O의 반지름의 길이가 r이면
➡ □ODCE는 한 변의 길이가 r인 정사각형이다.

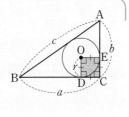

25 ▁▂ 대표

오른쪽 그림에서 원 O는 ∠C=90°인 직각삼각형 ABC의 내접원이고 세 점 D, E, F는 접점이다. $\overline{BC}=12$ cm, $\overline{AC}=9$ cm일 때, 원 O의 반지름의 길이를 구하시오.

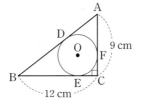

26

오른쪽 그림에서 원 O는 ∠A=90°
인 직각삼각형 ABC의 내접원이고
세 점 D, E, F는 접점이다.
$\overline{AD}$=3 cm, $\overline{BD}$=5 cm일 때,
△ABC의 넓이는?

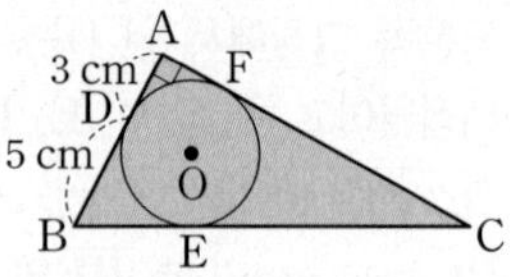

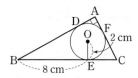

① 60 cm² ② 62 cm² ③ 64 cm²

④ 66 cm² ⑤ 68 cm²

27

오른쪽 그림에서 원 O는 ∠A=90°
인 직각삼각형 ABC의 내접원이고 세
점 D, E, F는 접점이다. 원 O의 반지
름의 길이가 2 cm이고 $\overline{BE}$=8 cm
일 때, $\overline{CE}$의 길이를 구하시오.

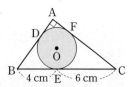

28

오른쪽 그림에서 원 O는 ∠A=90°인
직각삼각형 ABC의 내접원이고 세 점
D, E, F는 접점이다. $\overline{BE}$=4 cm,
$\overline{CE}$=6 cm일 때, 원 O의 넓이는?

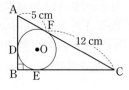

① π cm² ② 2π cm² ③ 3π cm²

④ 4π cm² ⑤ 5π cm²

29 📊 서술형 💬

오른쪽 그림에서 원 O는 ∠B=90°인
직각삼각형 ABC의 내접원이고 세 점
D, E, F는 접점이다. $\overline{AF}$=5 cm,
$\overline{CF}$=12 cm일 때, 원 O의 둘레의 길
이를 구하시오.

유형 14 원에 외접하는 사각형의 성질⑴

사각형 ABCD가 원 O에 외접하면
➡ $\overline{AB}+\overline{CD}=\overline{AD}+\overline{BC}$

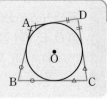

30

오른쪽 그림과 같이 □ABCD가 원 O에
외접할 때, $\overline{AB}$의 길이는?

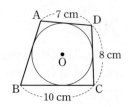

① 8 cm ② 9 cm

③ 10 cm ④ 11 cm

⑤ 12 cm

31 📊 대표 🔄

오른쪽 그림에서 □ABCD는 원 O에
외접하고 $\overline{AB}$=7 cm, $\overline{CD}$=11 cm
일 때, □ABCD의 둘레의 길이는?

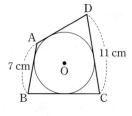

① 30 cm ② 32 cm

③ 34 cm ④ 36 cm

⑤ 38 cm

32

오른쪽 그림과 같이 □ABCD가 원 O
에 외접할 때, x의 값은?

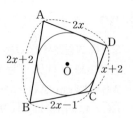

① 1 ② 2

③ 3 ④ 4

⑤ 5

33

오른쪽 그림에서 □ABCD는 원 O에 외접하고 네 점 E, F, G, H는 접점이다. $\overline{AB}=14$ cm, $\overline{CF}=6$ cm, $\overline{DH}=4$ cm일 때, □ABCD의 둘레의 길이는?

① 44 cm ② 46 cm
③ 48 cm ④ 50 cm
⑤ 52 cm

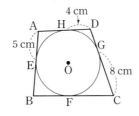

34

오른쪽 그림에서 □ABCD는 원 O에 외접하고 네 점 E, F, G, H는 접점이다. $\overline{AE}=5$ cm, $\overline{CG}=8$ cm, $\overline{DH}=4$ cm이고 □ABCD의 둘레의 길이가 46 cm일 때, $\overline{BE}$의 길이를 구하시오.

35

오른쪽 그림과 같이 $\overline{AD}$ // $\overline{BC}$인 등변사다리꼴 ABCD가 원 O에 외접하고 $\overline{AD}=6$ cm, $\overline{BC}=14$ cm일 때, $\overline{AB}$의 길이는?

① 8 cm ② 10 cm
③ 12 cm ④ 14 cm
⑤ 16 cm

36

오른쪽 그림과 같이 □ABCD는 원 O에 외접한다. $\overline{AB}=8$ cm, $\overline{CD}=19$ cm이고 $\overline{AD}:\overline{BC}=4:5$일 때, $\overline{AD}$의 길이를 구하시오.

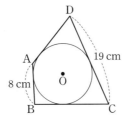

유형 15 원에 외접하는 사각형의 성질(2)

원 O에 외접하는 사각형 ABCD에서 ∠C=90°일 때, □OFCG는 정사각형이다.
→ $\overline{CF}=\overline{CG}=\overline{OF}=r$

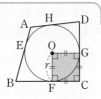
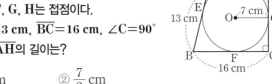

37 대표

오른쪽 그림과 같이 반지름의 길이가 7 cm인 원 O에 외접하는 □ABCD에서 점 E, F, G, H는 접점이다. $\overline{AB}=13$ cm, $\overline{BC}=16$ cm, ∠C=90°일 때, $\overline{AH}$의 길이는?

① 3 cm ② $\frac{7}{2}$ cm
③ 4 cm ④ $\frac{9}{2}$ cm
⑤ 5 cm

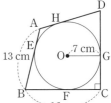

38 서술형

오른쪽 그림과 같이 ∠A=∠B=90°인 사다리꼴 ABCD가 반지름의 길이가 3 cm인 원 O에 외접한다. $\overline{AD}=5$ cm, $\overline{AC}=10$ cm일 때, $\overline{CD}$의 길이를 구하시오.

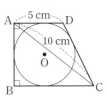

39 신유형

오른쪽 그림과 같이 원 모양의 접시가 ∠A=∠B=90°인 사각형 모양의 상자 ABCD에 꼭 맞게 들어 있다. $\overline{AD}=10$ cm, $\overline{BC}=15$ cm일 때, 이 접시의 반지름의 길이를 구하시오.

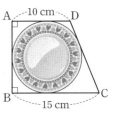

정답과 풀이 ★ 31쪽

3. 원과 직선 ★ **57**

1.
오른쪽 그림의 원 O에서 $\overline{AB}\perp\overline{OM}$이고
$\overline{OA}=15$ cm, $\overline{OM}=9$ cm일 때, $\overline{AB}$의 길
이는?

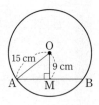

① 20 cm   ② 21 cm

③ 22 cm   ④ 23 cm

⑤ 24 cm

2.
오른쪽 그림의 원 O에서 $\overline{AB}\perp\overline{OM}$,
$\overline{CD}\perp\overline{ON}$이고 $\overline{OM}=\overline{ON}$이다.
$\overline{AM}=4$ cm일 때, x, y의 값을 각각 구하
시오.

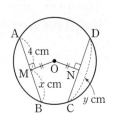

3.
오른쪽 그림에서 $\overrightarrow{PT}$는 원 O의 접선이고
점 T는 접점이다. $\overline{OA}=7$ cm,
$\overline{PA}=2$ cm일 때, $\overline{PT}$의 길이는?

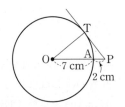

① $2\sqrt{2}$ cm   ② $2\sqrt{3}$ cm

③ $3\sqrt{2}$ cm   ④ $3\sqrt{3}$ cm

⑤ $4\sqrt{2}$ cm

4.
오른쪽 그림에서 원 O는 △ABC의
내접원이고 세 점 D, E, F는 접점이
다. $\overline{AD}=4$ cm, $\overline{BE}=7$ cm,
$\overline{CF}=3$ cm일 때, △ABC의 둘레의
길이는?

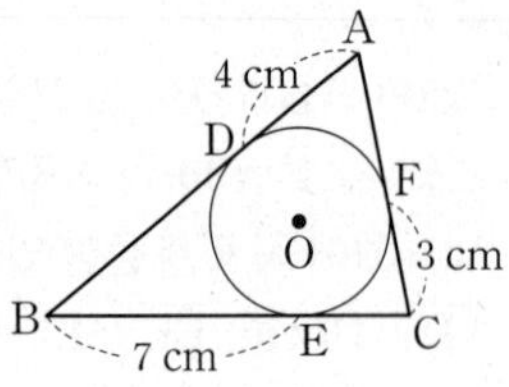

① 26 cm   ② 28 cm   ③ 30 cm

④ 32 cm   ⑤ 34 cm

5.
오른쪽 그림의 원 O에서 $\overline{AB}\perp\overline{OC}$이고
$\overline{AB}=12$ cm, $\overline{CM}=4$ cm일 때, 원 O의
반지름의 길이는?

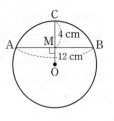

① 6 cm   ② $\dfrac{13}{2}$ cm

③ 7 cm   ④ $\dfrac{15}{2}$ cm

⑤ 8 cm

6.
오른쪽 그림에서 $\overparen{AB}$는 원의 일부분이
다. $\overline{AB}\perp\overline{CM}$, $\overline{AM}=\overline{BM}=10$ cm,
$\overline{CM}=5$ cm일 때, 이 원의 반지름의
길이는?

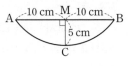

① 12 cm   ② $\dfrac{25}{2}$ cm   ③ 13 cm

④ $\dfrac{27}{2}$ cm   ⑤ 14 cm

7. 서술형
오른쪽 그림과 같이 반지름의 길이가 10 cm
인 원 O의 원주 위의 한 점이 원의 중심 O에
겹쳐지도록 $\overline{AB}$를 접는 선으로 하여 접었을
때, $\overline{AB}$의 길이를 구하시오.

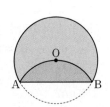

8.
오른쪽 그림과 같이 △ABC의 외접원의 중심
O에서 $\overline{AB}$, $\overline{BC}$, $\overline{CA}$에 내린 수선의 발을 각
각 D, E, F라 하자. $\overline{OD}=\overline{OF}$이고 ∠A=52°
일 때, ∠DOE의 크기는?

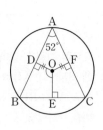

① 110°   ② 112°

③ 114°   ④ 116°

⑤ 118°

9 .il

오른쪽 그림에서 $\overline{PA}$, $\overline{PB}$는 원 O의 접선이고 두 점 A, B는 접점이다. ∠P=45°, $\overline{OA}$=8 cm일 때, 색칠한 부분의 넓이를 구하시오.

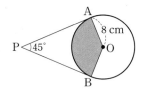

10 .il

오른쪽 그림에서 $\overline{AD}$, $\overline{BC}$, $\overline{AF}$는 원 O의 접선이고 점 D, E, F는 접점이다. $\overline{AB}$=9 cm, $\overline{BC}$=7 cm, $\overline{AC}$=8 cm일 때, $\overline{BD}$의 길이는?

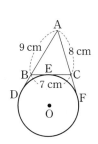

① 2 cm ② $\dfrac{5}{2}$ cm

③ 3 cm ④ $\dfrac{7}{2}$ cm

⑤ 4 cm

11 .il 서술형

오른쪽 그림에서 $\overline{AB}$는 반원 O의 지름이고, $\overline{DA}$, $\overline{DC}$, $\overline{CB}$는 반원 O의 접선이다. $\overline{DA}$=10 cm, $\overline{CB}$=4 cm일 때, □ABCD의 둘레의 길이를 구하시오.

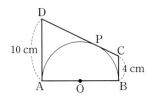

12 .il

오른쪽 그림에서 원 O는 △ABC의 내접원이고 세 점 D, E, F는 접점이다. $\overline{AB}$=7 cm, $\overline{BC}$=11 cm, $\overline{CA}$=9 cm일 때, $\overline{BE}$의 길이를 구하시오.

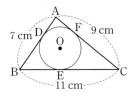

13 .il

오른쪽 그림에서 원 O는 직각삼각형 ABC의 내접원이고 세 점 D, E, F는 접점이다. $\overline{AB}$=17 cm, $\overline{BC}$=15 cm일 때, 원 O의 반지름의 길이를 구하시오.

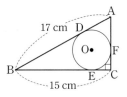

14 .il

오른쪽 그림과 같이 반지름의 길이가 5 cm인 원 O에 외접하는 □ABCD에서 점 E, F, G, H는 접점이다. $\overline{BC}$=15 cm, $\overline{DC}$=12 cm, ∠B=90°일 때, $\overline{DH}$의 길이를 구하시오.

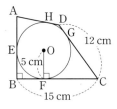

15 .il

오른쪽 그림에서 $\overline{CM}$은 원 O의 중심을 지나고, $\overline{AB}\perp\overline{CM}$이다. ∠AOC=120°, $\overline{AB}$=6√3 cm일 때, 원 O의 둘레의 길이는?

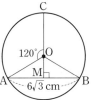

① 9π cm ② 10π cm

③ 11π cm ④ 12π cm

⑤ 13π cm

16 .il

오른쪽 그림과 같이 $\overline{AD}$ // $\overline{BC}$인 등변사다리꼴 ABCD가 원 O에 외접하고 $\overline{AD}$=4 cm, $\overline{BC}$=8 cm일 때, 원 O의 넓이는?

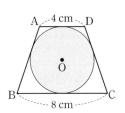

① 8π cm² ② 9π cm²

③ 10π cm² ④ 11π cm²

⑤ 12π cm²

04
·
원주각

01 원주각

① 원주각

원 O에서 호 AB 위에 있지 않은 원 위의 점 P에 대하여 $\angle APB$를 호 AB에 대한 **원주각**이라 한다.

② 원주각과 중심각의 크기

원에서 한 호에 대한 원주각의 크기는 그 호에 대한 중심각의 크기의 $\frac{1}{2}$이다.

➡ $\angle APB = \dfrac{1}{2} \angle AOB$
　　　원주각　　　중심각

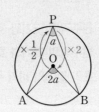

③ 원주각의 성질

(1) 원에서 한 호에 대한 원주각의 크기는 모두 같다.

➡ $\angle APB = \angle AQB = \angle ARB$

(2) 반원에 대한 원주각의 크기는 $90°$이다.

➡ $\overline{AB}$가 원 O의 지름이면

$\angle APB = 90°$

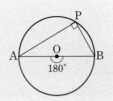

④ 원주각의 크기와 호의 길이

한 원 또는 합동인 두 원에서

(1) 길이가 같은 호에 대한 원주각의 크기는 같다.

➡ $\overparen{AB} = \overparen{CD}$이면

$\angle APB = \angle CQD$

(2) 크기가 같은 원주각에 대한 호의 길이는 같다.

➡ $\angle APB = \angle CQD$이면 $\overparen{AB} = \overparen{CD}$

(3) 호의 길이는 그 호에 대한 원주각의 크기에 정비례한다.

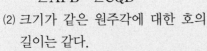

다음 그림의 원 O에서 $\angle x$의 크기를 구하시오.

1

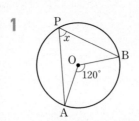

2

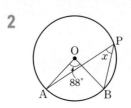

3

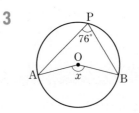

4

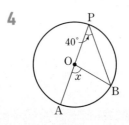

다음 그림의 원 O에서 $\angle x$, $\angle y$의 크기를 각각 구하시오.

5

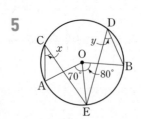

6

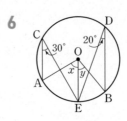

원주각의 성질

다음 그림의 원에서 ∠x의 크기를 구하시오.

7

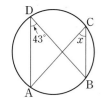

8

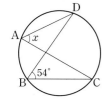

다음 그림의 원에서 ∠x, ∠y의 크기를 각각 구하시오.

9

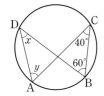

10

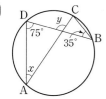

다음 그림에서 $\overline{AB}$가 원 O의 지름일 때, ∠x의 크기를 구하시오.

11

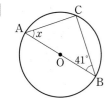

12

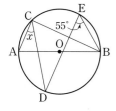

원주각의 크기와 호의 길이

다음 그림의 원에서 x의 값을 구하시오.

13

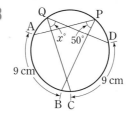

14

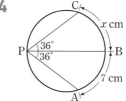

15

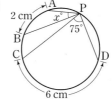

16

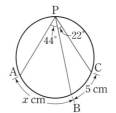

17 다음은 오른쪽 그림의 원에서
$\overset{\frown}{AB} : \overset{\frown}{BC} : \overset{\frown}{CA} = 1 : 2 : 3$일 때, ∠A,
∠B, ∠C의 크기를 구하는 과정이다. ☐ 안에 알맞은 수를 써넣으시오.

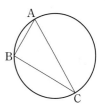

$$\angle A = 180° \times \frac{\square}{6} = \square °$$

$$\angle B = 180° \times \frac{3}{\square} = \square °$$

$$\angle C = 180° \times \frac{1}{\square} = \square °$$

소단원 유형 익히기

원에서 한 호에 대한

(1) (원주각의 크기)$=\dfrac{1}{2}\times$(중심각의 크기)

(2) (중심각의 크기)$=2\times$(원주각의 크기)

예 $\angle APB=\dfrac{1}{2}\angle AOB$

$\qquad =\dfrac{1}{2}\times 100°=50°$

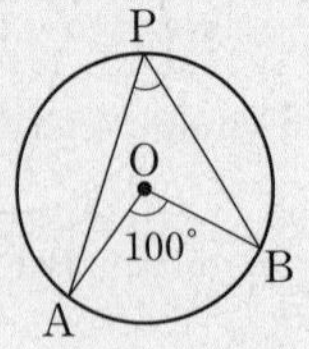

1

오른쪽 그림의 원 O에서 $\overset{\frown}{APB}$에 대한 중심각의 크기가 240°일 때, $\angle x$의 크기를 구하시오.

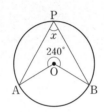

2

오른쪽 그림의 원 O에서 $\angle APB=110°$일 때, $\angle x$의 크기는?

① 100° ② 110°
③ 120° ④ 130°
⑤ 140°

3 대표

오른쪽 그림의 원 O에서 $\angle BAD=100°$일 때, $\angle x-\angle y$의 크기는?

① 105° ② 110°
③ 115° ④ 120°
⑤ 125°

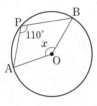

4

오른쪽 그림의 원 O에서 $\angle CAB=55°$일 때, $\angle x$의 크기는?

① 25° ② 30°
③ 35° ④ 40°
⑤ 45°

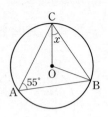

5

오른쪽 그림에서 $\overline{AC}$는 원 O의 지름이고 $\angle BAC=50°$일 때, $\angle x-\angle y$의 크기를 구하시오.

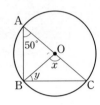

6 서술형

오른쪽 그림의 원 O에서 $\angle BAC=20°$, $\angle CED=30°$일 때, $\angle BOD$의 크기를 구하시오.

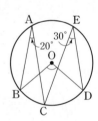

7 신유형

오른쪽 그림과 같이 원 모양의 탁자에 6명의 학생이 일정한 간격으로 둘러앉아 있다. 서현이와 연우가 지우를 바라볼 때, 만들어지는 각의 크기를 구하려고 한다. 다음 물음에 답하시오.

(1) 원 모양의 탁자의 중심을 O라 하고 지우, 서현, 연우의 자리를 각각 A, B, C라 할 때, $\angle BOC$의 크기를 구하시오.

(2) 서현이와 연우가 지우를 바라볼 때, 만들어지는 각의 크기를 구하시오.

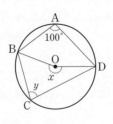

유형 2 접선이 주어질 때, 원주각과 중심각의 크기

$\overrightarrow{PA}$, $\overrightarrow{PB}$가 원 O의 접선이면

(1) $\angle PAO = \angle PBO = 90°$

(2) $\angle b = \dfrac{1}{2} \angle a$

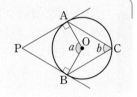

유형 3 한 호에 대한 원주각의 크기

원에서 한 호에 대한 원주각의 크기는 모두 같다.

➡ $\angle APB = \angle AQB = \angle ARB$

8 서술형

오른쪽 그림에서 두 점 A, B는 점 P에서 원 O에 그은 두 접선의 접점이다.
$\angle APB = 60°$일 때, $\angle x + \angle y$의 크기를 구하시오.

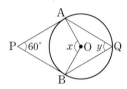

11

오른쪽 그림에서 $\angle ABD = 33°$, $\angle BDC = 50°$일 때, $\angle x + \angle y$의 크기를 구하시오.

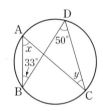

9 대표

오른쪽 그림에서 두 점 A, B는 점 P에서 원 O에 그은 두 접선의 접점이다.
$\angle APB = 52°$일 때, $\angle x$의 크기를 구하시오.

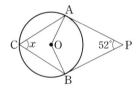

12

오른쪽 그림의 원 O에서 $\angle BDC = 39°$일 때, $\angle x + \angle y$의 크기는?

① 117°　② 122°
③ 127°　④ 132°
⑤ 137°

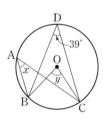

10

오른쪽 그림에서 두 점 A, B는 점 P에서 원 O에 그은 두 접선의 접점이다.
$\angle APB = 74°$일 때, $\angle x$의 크기는?

① 51°　② 52°
③ 53°　④ 54°
⑤ 55°

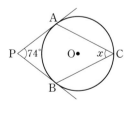

13 대표

오른쪽 그림에서 $\angle DAC = 25°$, $\angle AEB = 70°$일 때, $\angle y - \angle x$의 크기는?

① 15°　② 20°
③ 25°　④ 30°
⑤ 35°

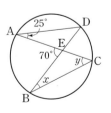

14 ..ı

오른쪽 그림에서 ∠CAB=45°,
∠ABC=75°일 때, ∠x의 크기를 구하시오.

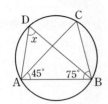

15 ..ı

오른쪽 그림에서 ∠ADB=55°,
∠DEC=92°일 때, ∠x의 크기는?

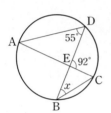

① 37°   ② 42°

③ 47°   ④ 52°

⑤ 57°

16 ..ı

오른쪽 그림에서 ∠AFB=35°,
∠BDC=25°일 때, ∠AEC의 크기를 구하시오.

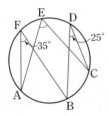

17 ..ı 서술형

오른쪽 그림에서 ∠ADC=60°,
∠BOC=80°일 때, ∠x의 크기를 구하시오.

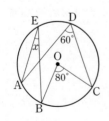

유형 4   반원에 대한 원주각의 크기

반원에 대한 원주각의 크기는 90°이
다.
➡ $\overline{AB}$가 원 O의 지름이면
∠APB=∠AQB=90°

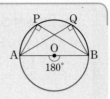

18 ..ı

오른쪽 그림에서 $\overline{AC}$는 원 O의 지름이고
∠CAD=35°일 때, ∠x의 크기를 구하시오.

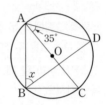

19 ..ı 대표

오른쪽 그림에서 $\overline{BD}$는 원 O의 지름이고
∠DBC=32°일 때, ∠BAC의 크기는?

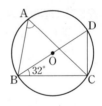

① 53°   ② 58°

③ 63°   ④ 68°

⑤ 73°

20 ..ı

오른쪽 그림에서 $\overline{AB}$는 원 O의 지름이고
∠ABC=56°일 때, ∠x의 크기는?

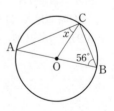

① 34°   ② 36°

③ 38°   ④ 40°

⑤ 42°

21

오른쪽 그림에서 $\overline{AB}$, $\overline{CD}$는 각각 원 O의 지름이고 ∠APC=25°일 때, ∠x의 크기를 구하시오.

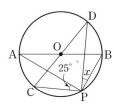

22

오른쪽 그림에서 $\overline{AD}$는 원 O의 지름이고 ∠DCE=35°일 때, ∠x의 크기를 구하시오.

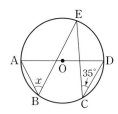

23

오른쪽 그림에서 $\overline{AB}$는 반원 O의 지름이고 점 P는 $\overline{AC}$, $\overline{BD}$의 연장선의 교점이다. ∠CPD=65°일 때, 다음을 구하시오.

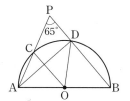

(1) ∠ADB의 크기

(2) ∠PAD의 크기

(3) ∠COD의 크기

24 서술형

오른쪽 그림에서 $\overline{AB}$는 반원 O의 지름이고 점 P는 $\overline{AC}$, $\overline{BD}$의 연장선의 교점이다. ∠COD=40°일 때, ∠x의 크기를 구하시오.

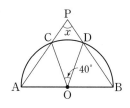

유형 5 원주각의 크기와 호의 길이

한 원 또는 합동인 두 원에서

(1) 두 호의 길이가 같으면 원주각의 크기가 같다.

(2) 두 원주각의 크기가 같으면 두 호의 길이가 같다.

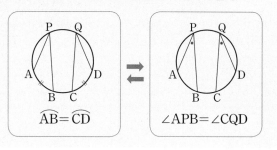

25

오른쪽 그림에서 $\overset{\frown}{AB} = \overset{\frown}{CD}$이고 ∠ADB=42°일 때, ∠$x$의 크기를 구하시오.

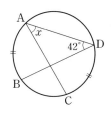

26

오른쪽 그림에서 $\overset{\frown}{AB} = \overset{\frown}{DE}$, $\overset{\frown}{BC} = \overset{\frown}{EF}$일 때, 다음 보기에서 옳은 것을 모두 고른 것은?

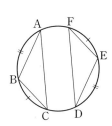

보기

ㄱ. ∠ACB=∠DFE   ㄴ. ∠ACB=∠FDE

ㄷ. ∠BAC=∠DEF   ㄹ. ∠BAC=∠FDE

① ㄱ, ㄴ   ② ㄱ, ㄷ   ③ ㄱ, ㄹ

④ ㄴ, ㄷ   ⑤ ㄴ, ㄹ

27 대표

오른쪽 그림에서 $\overset{\frown}{AB}$=8 cm이고 ∠ADB=30°, ∠DEC=60°일 때, $\overset{\frown}{CD}$의 길이를 구하시오.

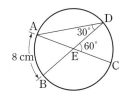

28 ⣿

오른쪽 그림의 원 O에서 $\overset{\frown}{AB}=\overset{\frown}{BC}$이고
$\angle ADB=29°$일 때, $\angle x$의 크기를 구하시
오.

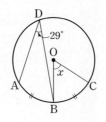

29 ⣿

오른쪽 그림에서 $\overset{\frown}{AB}=\overset{\frown}{BC}$이고
$\angle BAC=40°$일 때, $\angle x$의 크기는?

① 95°   ② 100°

③ 105°   ④ 110°

⑤ 115°

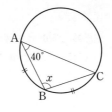

30 ⣿

오른쪽 그림에서 $\overset{\frown}{AB}=\overset{\frown}{BC}$이고
$\angle BDC=35°$, $\angle DBC=80°$일 때,
$\angle x$의 크기를 구하시오.

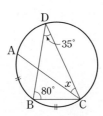

31 ⣿ 서술형💬

오른쪽 그림의 원 O에서 $\overset{\frown}{AB}=\overset{\frown}{BC}$이고
$\angle BDC=25°$일 때, $\angle x+\angle y$의 크기를 구
하시오.

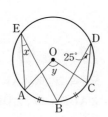

한 원 또는 합동인 두 원에서 호의 길
이는 그 호에 대한 원주각의 크기에 정
비례한다.

➡ $\angle a : \angle b = \overset{\frown}{AB} : \overset{\frown}{CD}$

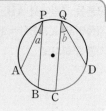

32 ⣿

오른쪽 그림에서 $\angle BDC=22°$이고
$\overset{\frown}{AB} : \overset{\frown}{BC}=3:1$일 때, $\angle x$의 크기는?

① 60°   ② 62°

③ 64°   ④ 66°

⑤ 68°

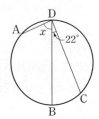

33 ⣿

오른쪽 그림에서 $\angle AEB=30°$,
$\angle ADC=75°$이고 $\overset{\frown}{BC}=9\,cm$일 때,
$\overset{\frown}{AB}$의 길이를 구하시오.

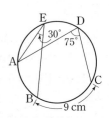

34 ⣿

오른쪽 그림에서 $\overline{AC}$는 원 O의 지름이고
$\angle DAC=40°$, $\angle ACB=40°$이다.
$\overset{\frown}{AB}=12\,cm$일 때, x의 값을 구하시오.

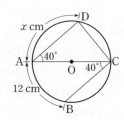

35 대표

오른쪽 그림에서 $\overline{AB}$는 원 O의 지름이고
$\angle ABC=70°$, $\overarc{AC}=14$ cm일 때, $\overarc{BC}$의
길이를 구하시오.

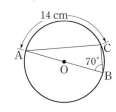

36

오른쪽 그림에서 점 E는 두 현 AC, BD의 교
점이고 $\angle BAC=30°$, $\angle BEC=80°$,
$\overarc{BC}=6$ cm일 때, $\overarc{AD}$의 길이를 구하시오.

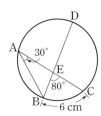

37

오른쪽 그림에서 $\angle AEB=60°$이고
$\overarc{AB}=4$ cm, $\overarc{CD}=2$ cm일 때, 다음 물음에
답하시오.

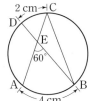

(1) $\angle ACB : \angle CBD$를 가장 간단한 자연수
의 비로 나타내시오.

(2) $\angle DBC$의 크기를 구하시오.

38 서술형

오른쪽 그림에서 $\overline{BD}$는 원 O의 지름이
고 $\angle AOB=120°$, $\overarc{AB}=12$ cm,
$\overarc{BC}=8$ cm일 때, $\angle x$의 크기를 구하
시오.

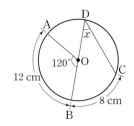

유형 7 호의 길이의 비가 주어질 때, 원주각의 크기 구하기

한 원에서 모든 호에 대한 원주각의 크기
의 합은 180°이므로 $\overarc{BC}$의 길이가 원의
둘레의 길이의 $\dfrac{1}{k}$이면

➡ $\angle BAC=180°×\dfrac{1}{k}$

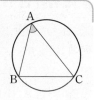

39 대표

오른쪽 그림에서
$\overarc{AB} : \overarc{BC} : \overarc{CA}=3:4:2$일 때, $\angle BAC$의
크기를 구하시오.

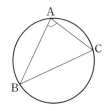

40

오른쪽 그림에서 $\overarc{AB} : \overarc{BC} : \overarc{CA}=5:2:3$
일 때, $\angle ABC-\angle BAC$의 크기는?

① 15°   ② 16°

③ 17°   ④ 18°

⑤ 19°

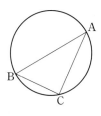

41

오른쪽 그림에서 $\overarc{AB}$, $\overarc{CD}$의 길이가 각각
원주의 $\dfrac{1}{6}$, $\dfrac{1}{9}$일 때, 다음을 구하시오.

(1) $\angle ACB$의 크기

(2) $\angle DBC$의 크기

(3) $\angle x$의 크기

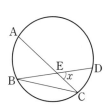

02 원주각의 활용

1 네 점이 한 원 위에 있을 조건

두 점 C, D가 직선 AB에 대하여 같은 쪽에 있을 때, ∠ACB=∠ADB이면 네 점 A, B, C, D는 한 원 위에 있다.

참고 네 점 A, B, C, D가 한 원 위에 있으면
① ∠ACB=∠ADB —— ⌒AB에 대한 원주각
② □ABDC는 원에 내접하는 사각형이다.

2 원에 내접하는 사각형의 성질

원에 내접하는 사각형에서

(1) 한 쌍의 대각의 크기의 합은 180°이다. —— 마주 보고 있는 각
➡ ∠A+∠C=180°
　　∠B+∠D=180°

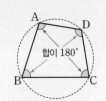

(2) 한 외각의 크기는 그와 이웃한 내각의 대각의 크기와 같다.
➡ ∠DCE=∠A

설명 ∠A+∠BCD=180°에서
∠A=180°−∠BCD=∠DCE

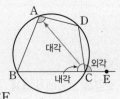

3 사각형이 원에 내접하기 위한 조건

(1) 한 쌍의 대각의 크기의 합이 180°인 사각형은 원에 내접한다.
➡ ∠A+∠C=180°,
　　∠B+∠D=180°이면
　　□ABCD는 원에 내접한다.

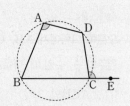

(2) 한 외각의 크기가 그와 이웃한 내각의 대각의 크기와 같은 사각형은 원에 내접한다.
➡ ∠DCE=∠A이면
　　□ABCD는 원에 내접한다.

(3) 사각형의 한 변에 대하여 같은 쪽에 있는 두 각의 크기가 같은 사각형은 원에 내접한다.
➡ ∠BAC=∠BDC이면
　　□ABCD는 원에 내접한다.

네 점이 한 원 위에 있을 조건

▸ 다음 중 네 점 A, B, C, D가 한 원 위에 있는 것은 ○표, 한 원 위에 있지 않은 것은 ×표를 ( ) 안에 써넣으시오.

1

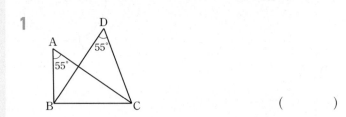

(　　)

2

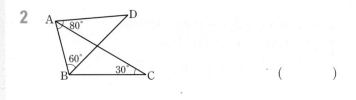

(　　)

3

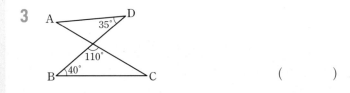

(　　)

▸ 다음 그림에서 네 점 A, B, C, D가 한 원 위에 있을 때, ∠x의 크기를 구하시오.

4

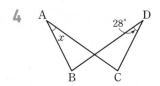

5

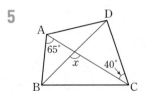

6

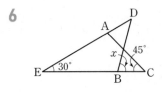

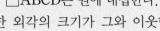

원에 내접하는 사각형의 성질

다음 그림에서 □ABCD가 원 O에 내접할 때, $\angle x$, $\angle y$의 크기를 각각 구하시오.

7
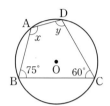

8
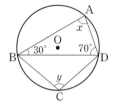

9
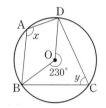

다음 그림에서 □ABCD가 원에 내접할 때, $\angle x$의 크기를 구하시오.

10
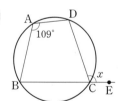

11
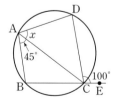

12
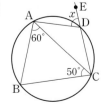

사각형이 원에 내접하기 위한 조건

다음 중 □ABCD가 원에 내접하는 것은 ○표, 내접하지 않는 것은 ×표를 ( ) 안에 써넣으시오.

13
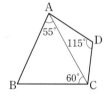
(   )

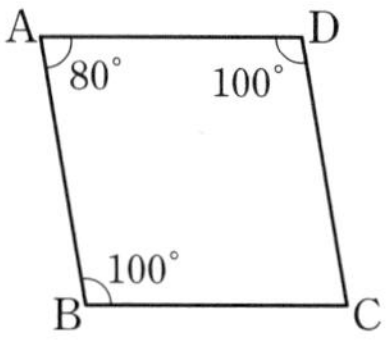

14
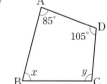
(   )

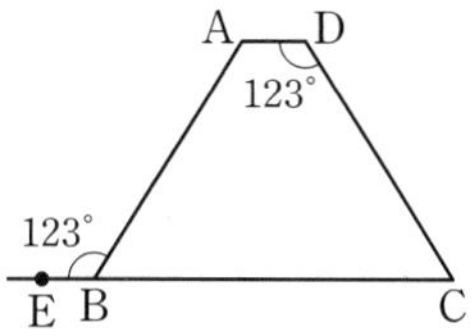

15
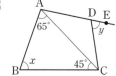
(   )

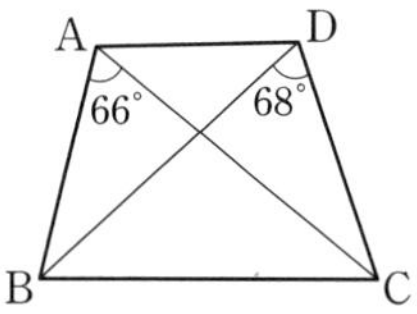

16
(   )

다음 그림에서 □ABCD가 원에 내접하도록 하는 $\angle x$, $\angle y$의 크기를 각각 구하시오.

17

18

소단원 유형 익히기

유형 8 네 점이 한 원 위에 있을 조건

(1) 두 점 C, D가 직선 AB에 대하여 같은 쪽에 있을 때, ∠ACB=∠ADB이면 네 점 A, B, C, D는 한 원 위에 있다.

(2) 네 점 A, B, C, D가 한 원 위에 있으면 ∠ACB=∠ADB 이다.

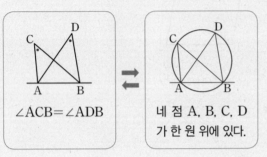

∠ACB=∠ADB ⇄ 네 점 A, B, C, D 가 한 원 위에 있다.

1 .ıl

오른쪽 그림에서 네 점 A, B, C, D는 한 원 위에 있고 ∠ACD=45°, ∠BEC=100° 일 때, ∠x의 크기를 구하시오.

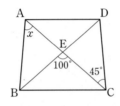

2 .ıl

오른쪽 그림에서 ∠ABD=30°, ∠DBC=40°, ∠CAD=40°일 때, ∠x 의 크기를 구하시오.

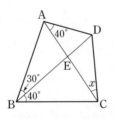

3 .ıl

오른쪽 그림에서 네 점 A, B, C, D는 한 원 위에 있고 ∠D=30°, ∠DAC=85°일 때, ∠x의 크기는?

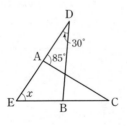

① 35°   ② 40°
③ 45°   ④ 50°
⑤ 55°

4 .ıl 대표

다음 중에서 네 점 A, B, C, D가 한 원 위에 있는 것은?

① 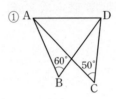   ②

③ 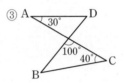   ④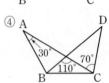

⑤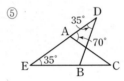

5 .ıl 서술형

오른쪽 그림에서 네 점 A, B, C, D는 한 원 위에 있고 ∠ABD=60°, ∠AEB=75°, ∠DAC=35°일 때, ∠x, ∠y의 크기를 각각 구하시오.

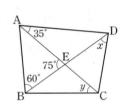

유형 9 원에 내접하는 사각형의 성질 (1)

원에 내접하는 사각형에서
(한 쌍의 대각의 크기의 합)=180°

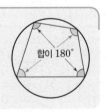

합이 180°

6 .ıl

오른쪽 그림에서 □ABCD는 원에 내접하고 ∠ADC=100°, ∠BCD=90°일 때, ∠x−∠y의 크기를 구하시오.

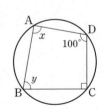

7 .ıl 신유형↻

오른쪽 그림과 같이 원에 내접하는 사각형 모양으로 디자인한 머리끈에서 ∠x의 크기를 구하시오.

8 .ıl 대표↺

오른쪽 그림에서 □ABCD는 원 O에 내접하고 ∠BCD＝130°일 때, ∠x＋∠y의 크기는?

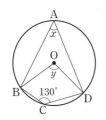

① 130° ② 140°

③ 150° ④ 160°

⑤ 170°

9 .ıl 서술형💬

오른쪽 그림에서 □ABCD는 $\overline{AB}$를 지름으로 하는 원 O에 내접하고 ∠DBA＝20°일 때, ∠x의 크기를 구하시오.

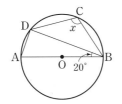

10 .ıl

오른쪽 그림에서 □ABCD는 원에 내접하고 ∠B : ∠D＝4 : 5일 때, ∠B의 크기를 구하시오.

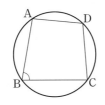

11 .ıl

오른쪽 그림에서 □ABCD는 원에 내접하고 $\overline{AC}$＝$\overline{AD}$, ∠CAD＝70°일 때, ∠x의 크기를 구하시오.

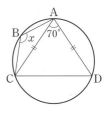

유형 10 원에 내접하는 사각형의 성질 (2)

원에 내접하는 사각형에서
(한 외각의 크기)
＝(이웃한 내각의 대각의 크기)

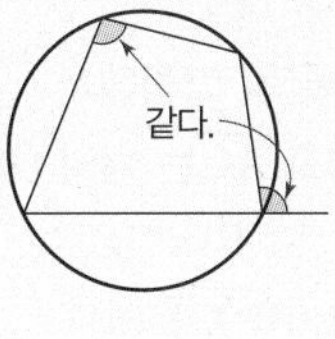

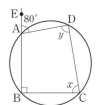

같다.

12 .ıl

오른쪽 그림에서 □ABCD는 원에 내접하고 ∠ABC＝90°, ∠EAD＝80°일 때, ∠x, ∠y의 크기를 각각 구하면?

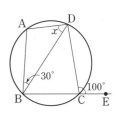

① ∠x＝80°, ∠y＝80°

② ∠x＝80°, ∠y＝90°

③ ∠x＝90°, ∠y＝90°

④ ∠x＝90°, ∠y＝100°

⑤ ∠x＝100°, ∠y＝90°

13 .ıl

오른쪽 그림에서 □ABCD는 원에 내접하고 ∠ABD＝30°, ∠DCE＝100°일 때, ∠x의 크기를 구하시오.

14 📊 대표

오른쪽 그림에서 □ABCD는 원 O에 내접하고 ∠ABE=115°일 때, ∠x의 크기는?

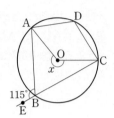

① 210° ② 220°

③ 230° ④ 240°

⑤ 250°

15 📊

오른쪽 그림에서 □ABCD는 원 O에 내접하고 $\overline{AC}$는 원의 O의 지름이다.
∠ACB=70°, ∠CAD=30°일 때, ∠x의 크기를 구하시오.

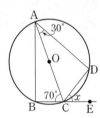

16 📊

오른쪽 그림에서 □ABCD는 원에 내접하고 점 P는 $\overline{AD}$, $\overline{BC}$의 연장선의 교점이다.
∠APB=35°, ∠DAB=100°일 때, ∠x의 크기를 구하시오.

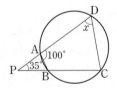

17 📊

오른쪽 그림에서 □ABCD는 원에 내접하고 ∠BAC=40°, ∠ADB=35°, ∠BCD=100°일 때, ∠x+∠y의 크기를 구하시오.

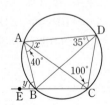

유형 11 원에 내접하는 다각형

① 원에 내접하는 다각형에 보조선을 그어 원에 내접하는 사각형을 만든다.
② 원에 내접하는 사각형에서 한 쌍의 대각의 크기의 합은 180°임을 이용한다.

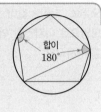

18 📊

오른쪽 그림에서 오각형 ABCDE는 원 O에 내접하고 ∠COD=80°, ∠AED=110°일 때, 다음을 구하시오.

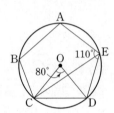

(1) ∠CED의 크기

(2) ∠AEC의 크기

(3) ∠ABC의 크기

19 📊 서술형

오른쪽 그림에서 육각형 ABCDEF는 원에 내접하고 ∠BAF=100°, ∠BCD=125°일 때, ∠x의 크기를 구하시오.

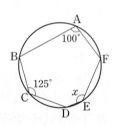

20 📊 대표

오른쪽 그림에서 오각형 ABCDE는 원 O에 내접하고 ∠BAE=120°, ∠DOE=70°일 때, ∠x의 크기는?

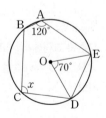

① 90° ② 95°

③ 100° ④ 105°

⑤ 110°

유형 12 두 원에 내접하는 사각형

오른쪽 그림과 같이 두 사각형이 각각 원에 내접할 때

(1) ∠BAP=∠PQC=∠CDF
(2) ∠ABQ=∠QPD=∠DCE

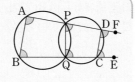

21 ⁖⁖

오른쪽 그림에서 두 원 O, O′은 두 점 P, Q에서 만나고 ∠PAB=105°일 때, 다음을 구하시오.

(1) ∠PQC의 크기
(2) ∠PDC의 크기

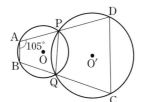

22 ⁖⁖ 대표

오른쪽 그림에서 두 원 O, O′은 두 점 P, Q에서 만나고 ∠ABQ=100°일 때, ∠x+∠y의 크기는?

① 160° ② 180°
③ 200° ④ 220°
⑤ 240°

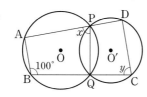

23 ⁖⁖ 서술형

오른쪽 그림에서 두 원 O, O′은 두 점 P, Q에서 만나고 ∠BAP=80°, ∠ABQ=85°일 때, ∠x의 크기를 구하시오.

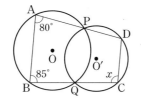

유형 13 원에 내접하는 사각형과 외각의 성질

오른쪽 그림에서
① □ABCD가 원에 내접하므로
   ∠CDP=∠B=∠x
② △QBC에서
   ∠QCP=∠a+∠x
③ △DCP에서
   ∠x+(∠a+∠x)+∠b=180°

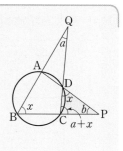

24 ⁖⁖ 대표

오른쪽 그림과 같이 □ABCD는 원에 내접하고 ∠APD=25°, ∠DQC=35°일 때, 다음 물음에 답하시오.

(1) ∠CDQ의 크기를 ∠x에 대한 식으로 나타내시오.
(2) ∠DCQ의 크기를 ∠x에 대한 식으로 나타내시오.
(3) ∠x의 크기를 구하시오.

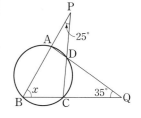

25 ⁖⁖

다음은 오른쪽 그림과 같이 □ABCD는 원에 내접하고 ∠BQC=40°, ∠ADC=50°일 때, ∠x의 크기를 구하는 과정이다. □ 안에 알맞은 수를 써넣으시오.

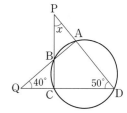

□ABCD는 원에 내접하므로
∠QBC=∠ADC=□°
△PCD에서 ∠BCQ=∠x+□°
△BQC에서 □°+40°+(∠x+50°)=180°
∠x=□°

26 ⁖⁖

오른쪽 그림과 같이 □ABCD는 원에 내접하고 ∠APD=33°, ∠DQC=37°일 때, ∠x의 크기를 구하시오.

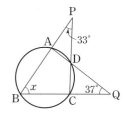

유형 14 사각형이 원에 내접하기 위한 조건

□ABCD가 원에 내접하기 위한 조건

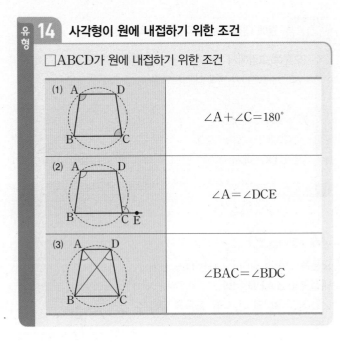

(1)	$\angle A + \angle C = 180°$
(2)	$\angle A = \angle DCE$
(3)	$\angle BAC = \angle BDC$

27 대표

다음 중에서 □ABCD가 원에 내접하는 것을 모두 고르면?

(정답 2개)

①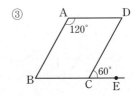

②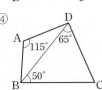

③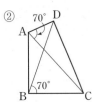

④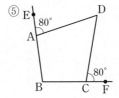

⑤

28

다음 중에서 항상 원에 내접하는 사각형을 모두 고르면? (정답 2개)

① 마름모　　　② 직사각형　　　③ 평행사변형

④ 사다리꼴　　　⑤ 등변사다리꼴

29

다음 중에서 □ABCD가 원에 내접하도록 하는 조건이 아닌 것은?

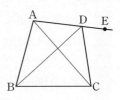

① $\angle ABC = \angle ADC$

② $\angle ABC = \angle CDE$

③ $\angle ABD = \angle ACD$

④ $\angle ADB = \angle ACB$

⑤ $\angle BAD + \angle BCD = 180°$

30

오른쪽 그림에서 $\angle DAC = 50°$, $\angle BDC = 75°$일 때, □ABCD가 원에 내접하도록 하는 $\angle x$의 크기는?

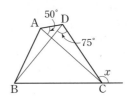

① $120°$　　　② $125°$

③ $130°$　　　④ $135°$

⑤ $140°$

31

오른쪽 그림에서 $\overline{AB} = \overline{AC}$이고 $\angle BAC = 80°$일 때, □ABCD가 원에 내접하도록 하는 $\angle x$의 크기를 구하시오.

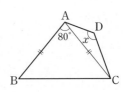

32 서술형

오른쪽 그림에서 $\angle ABD = 25°$, $\angle BCD = 80°$, $\angle BEC = 65°$일 때, □ABCD가 원에 내접하도록 하는 $\angle x$의 크기를 구하시오.

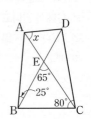

03 접선과 현이 이루는 각

정답과 풀이 ★ 41쪽

❶ 접선과 현이 이루는 각

원의 접선과 그 접점을 지나는 현이
이루는 각의 크기는 그 각의 내부에
있는 호에 대한 원주각의 크기와 같다.

➡ ∠BAT=∠BCA

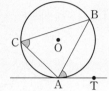

참고 원 O에서 ∠BAT=∠BCA이면
직선 AT는 원 O의 접선이다.

설명 ∠BAT의 크기에 따라 다음 세 가지 경우로 나눌 수 있다.

(ⅰ) ∠BAT가 직각인 경우
$\overline{AB}$가 원 O의 지름이므로
∠BCA=90°
따라서 ∠BAT=∠BCA

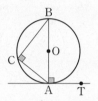

(ⅱ) ∠BAT가 예각인 경우
∠BAT=90°−∠DAB
   =90°−∠DCB ┐
   =∠BCA $\widehat{BD}$에 대한 원주각

(ⅲ) ∠BAT가 둔각인 경우
∠BAT=90°+∠BAD
   =90°+∠BCD ┐
   =∠BCA $\widehat{BD}$에 대한 원주각

(ⅰ)∼(ⅲ)에 의하여 ∠BAT의 크기에
관계없이 항상 ∠BAT=∠BCA임을 알 수 있다.

❷ 두 원에서 접선과 현이 이루는 각

$\overleftrightarrow{PQ}$는 두 원 O, O′의 공통인 접선이고 점 T는 그 접점일 때

(1) ∠BAT=∠BTQ ┐맞꼭지각
    =∠DTP
    =∠DCT
➡ $\overline{AB}$∥$\overline{DC}$

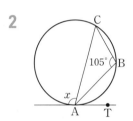

(2) ∠BAT=∠BTQ
    =∠CDT
➡ $\overline{AB}$∥$\overline{DC}$

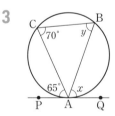

접선과 현이 이루는 각

▸ 다음 그림에서 $\overleftrightarrow{AT}$는 원의 접선이고 점 A는 접점일 때, ∠x의 크기를 구하시오.

1

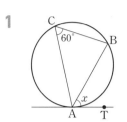

2

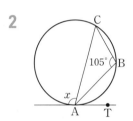

▸ 다음 그림에서 $\overleftrightarrow{PQ}$는 원의 접선이고 점 A는 접점일 때, ∠x, ∠y의 크기를 각각 구하시오.

3

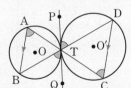

4

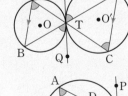

5

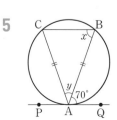

다음 그림에서 $\overrightarrow{\text{AT}}$는 원의 접선이고 점 A는 접점일 때, $\angle x$의 크기를 구하시오.

6

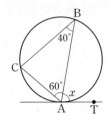

7

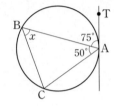

다음 그림에서 $\overrightarrow{\text{AT}}$는 원 O의 접선이고 점 A는 접점이다. $\overline{\text{BC}}$가 원 O의 지름일 때, $\angle x$의 크기를 구하시오.

8

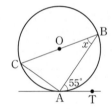

9

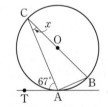

두 원에서 접선과 현이 이루는 각

오른쪽 그림에서 $\overleftrightarrow{\text{PQ}}$는 두 원의 공통인 접선이고 점 T는 접점일 때, 다음을 구하시오.

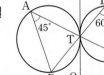

10 $\angle$BTQ의 크기

11 $\angle$DTP의 크기

12 $\angle$DCT의 크기

다음 그림에서 $\overleftrightarrow{\text{PQ}}$는 두 원의 공통인 접선이고 점 T는 접점일 때, $\angle x$의 크기를 구하시오.

13

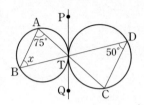

14

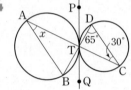

15

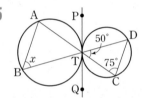

다음 그림에서 $\overleftrightarrow{\text{PQ}}$는 두 원의 공통인 접선이고 점 T는 접점일 때, $\angle x$의 크기를 구하시오.

16

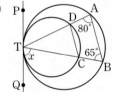

17

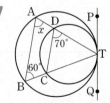

18

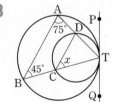

소단원 유형 익히기

정답과 풀이 ★ 42쪽

유형 15 접선과 현이 이루는 각

원의 접선과 그 접점을 지나는 현이 이루는 각의 크기는 그 각의 내부에 있는 호에 대한 원주각의 크기와 같다.

➡ ∠BAT′=∠BCA

∠CAT=∠CBA

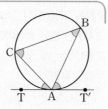

1.

오른쪽 그림에서 $\overleftrightarrow{AT}$는 원 O의 접선이고 점 A는 접점이다. ∠CBA=46°, ∠BAT=70° 일 때, ∠x−∠y의 크기를 구하시오.

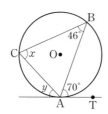

2. 대표

오른쪽 그림에서 $\overleftrightarrow{AT}$는 원 O의 접선이고 점 A는 접점이다. ∠AOB=124°일 때, ∠x의 크기는?

① 61° ② 62°

③ 63° ④ 64°

⑤ 65°

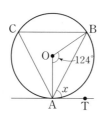

3.

오른쪽 그림에서 $\overleftrightarrow{AT}$, $\overleftrightarrow{BT'}$은 원 O의 접선이고 두 점 A, B는 접점이다. ∠TAB=60°, ∠CBT′=45°일 때, ∠x의 크기를 구하시오.

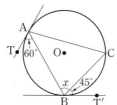

4.

다음은 원의 접선과 그 접점을 지나는 현이 이루는 각의 크기는 그 각의 내부에 있는 호에 대한 원주각의 크기와 같음을 설명하는 과정 이다. ①~⑤에 들어갈 것으로 알맞지 않은 것은?

∠BAT가 예각일 때, 지름 AD를 그으면

∠DAT=∠DCA= ①

이므로

∠BAT=90°− ②

∠BCA=90°−∠DCB

이때 ∠DAB, ∠DCB는 ③ 에 대한 원주각이므로

④ =∠DCB

따라서 ∠BAT= ⑤

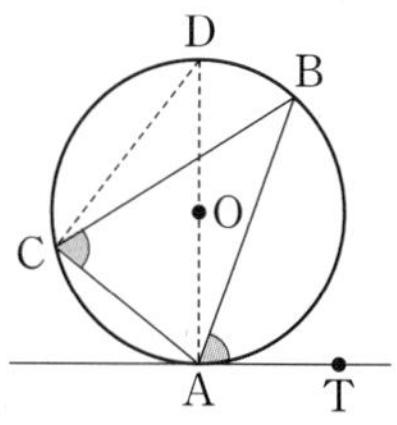

① 90° ② ∠DAB ③ $\overarc{DB}$

④ ∠DAB ⑤ ∠CBA

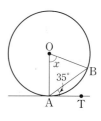

5.

오른쪽 그림에서 $\overleftrightarrow{AT}$는 원 O의 접선이고 점 A는 접점이다. ∠BAT=35°일 때, ∠x의 크기는?

① 50° ② 55°

③ 60° ④ 65°

⑤ 70°

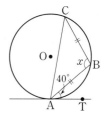

6. 서술형

오른쪽 그림에서 $\overleftrightarrow{AT}$는 원 O의 접선이고 점 A는 접점이다. $\overline{AB}=\overline{BC}$이고 ∠BAT=40°일 때, ∠$x$의 크기를 구하시오.

유형 16 접선과 현이 이루는 각의 응용 – 원에 내접하는 사각형

(1) □ABCD가 원에 내접하므로
　　∠ADC+∠ABC=180°
　　∠DAB+∠DCB=180°
(2) ∠CBT=∠CAB

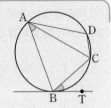

7 대표

오른쪽 그림에서 □ABCD는 원에 내접하고 $\overleftrightarrow{CT}$는 원의 접선이다. ∠BAD=80°, ∠BDC=25°일 때, ∠x의 크기는?

① 35°　　　② 40°
③ 45°　　　④ 50°
⑤ 55°

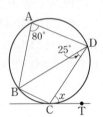

8

오른쪽 그림에서 □ABCD는 원에 내접하고 $\overleftrightarrow{CT}$는 원의 접선이다. ∠BAD=95°, ∠DCT=65°일 때, ∠x의 크기는?

① 20°　　　② 25°
③ 30°　　　④ 35°
⑤ 40°

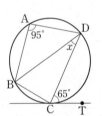

9 서술형

오른쪽 그림에서 □ABCD는 원에 내접하고 $\overleftrightarrow{CT}$는 원의 접선이다. ∠DBC=40°, ∠BCT=35°일 때, ∠x의 크기를 구하시오.

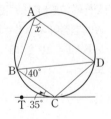

10

오른쪽 그림에서 □ABCD는 원에 내접하고 $\overleftrightarrow{CT}$는 원의 접선이다. ∠BDC=52°, ∠DCT=48°일 때, ∠x, ∠y의 크기를 각각 구하면?

① ∠x=48°, ∠y=90°
② ∠x=48°, ∠y=100°
③ ∠x=48°, ∠y=110°
④ ∠x=52°, ∠y=100°
⑤ ∠x=52°, ∠y=110°

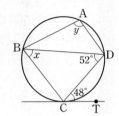

11

오른쪽 그림에서 □ABCD는 원에 내접하고 $\overleftrightarrow{CT}$는 원의 접선이다. $\overarc{AB}$=$\overarc{BC}$이고 ∠ABC=100°일 때, ∠x의 크기는?

① 30°　　　② 35°
③ 40°　　　④ 45°
⑤ 50°

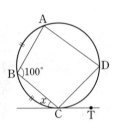

12

오른쪽 그림에서 □ABCD는 원에 내접하고 $\overleftrightarrow{AT}$, $\overleftrightarrow{CT'}$은 원의 접선이다. ∠ABC=70°일 때, ∠x+∠y의 크기를 구하시오.

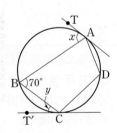

유형 17 접선과 현이 이루는 각의 응용 – 원의 중심을 지나는 현

(1) $\overline{PC}$가 원 O의 중심을 지나므로
  $\angle ABC = 90°$
(2) $\angle ABP = \angle ACB$

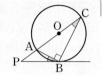

13 .ıl

오른쪽 그림에서 $\overleftrightarrow{AT}$는 원 O의 접선이고 점 A는 접점이다. $\overline{BC}$는 원 O의 지름이고 $\angle ACB = 33°$일 때, $\angle x$의 크기는?

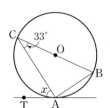

① 51° ② 53°
③ 55° ④ 57°
⑤ 59°

14 .ıl 서술형💬

오른쪽 그림에서 $\overleftrightarrow{PT}$는 원 O의 접선이고 점 A는 접점이다. $\overline{PB}$는 원 O의 중심을 지나고 $\angle CAP = 25°$일 때, $\angle x$의 크기를 구하시오.

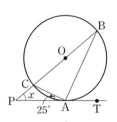

15 .ıl

오른쪽 그림에서 $\overleftrightarrow{PT}$는 원 O의 접선이고 점 A는 접점이다. $\overline{PB}$는 원 O의 중심을 지나고 $\angle BAT = 60°$일 때, $\angle x$의 크기를 구하시오.

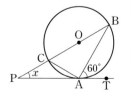

16 .ıl 서술형💬

오른쪽 그림에서 □ABCD는 원 O에 내접하고 $\overleftrightarrow{BT}$는 원 O의 접선이다. $\overline{AD}$는 원 O의 지름이고 $\angle BCD = 125°$일 때, $\angle x$의 크기를 구하시오.

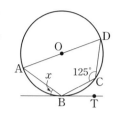

17 .ıl 대표🔄

오른쪽 그림에서 $\overleftrightarrow{PT}$는 원 O의 접선이고 점 A는 접점이다. $\overline{PB}$는 원 O의 중심을 지나고 $\angle BAT = 64°$일 때, $\angle x$의 크기는?

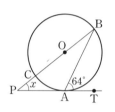

① 32° ② 34°
③ 36° ④ 38°
⑤ 40°

유형 18 접선과 현이 이루는 각의 응용 – 한 점에서 그은 두 접선

$\overrightarrow{PA}, \overrightarrow{PB}$가 원의 접선일 때
(1) △PBA는 $\overline{PA} = \overline{PB}$인 이등변삼각형이다.
(2) $\angle PAB = \angle PBA = \angle ACB$

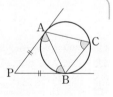

18 .ıl

오른쪽 그림에서 두 점 A, B는 점 P에서 원에 그은 두 접선의 접점이다. $\angle ACB = 50°$일 때, $\angle x$, $\angle y$의 크기를 각각 구하시오.

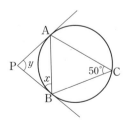

19 .ıı

오른쪽 그림에서 원 O는 △ABC의 내접
원인 동시에 △DEF의 외접원이다.
∠C=60°, ∠DEF=55°일 때, 다음을
구하시오.

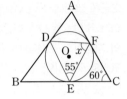

(1) ∠CFE의 크기

(2) ∠AFD의 크기

(3) ∠x의 크기

20 .ıı 대표

오른쪽 그림에서 $\overrightarrow{PQ}$, $\overrightarrow{PR}$는 원의 접선
이고 두 점 A, B는 접점이다.
∠APB=48°, ∠QAC=64°일 때,
∠x의 크기를 구하시오.

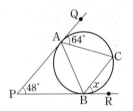

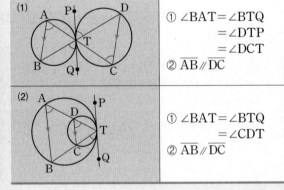

유형 19 두 원에서 접선과 현이 이루는 각

$\overrightarrow{PQ}$가 두 원의 공통인 접선일 때

(1)
① ∠BAT=∠BTQ
　　　　=∠DTP
　　　　=∠DCT
② $\overline{AB} /\!/ \overline{DC}$

(2)
① ∠BAT=∠BTQ
　　　　=∠CDT
② $\overline{AB} /\!/ \overline{DC}$

21 .ıı

오른쪽 그림에서 $\overrightarrow{PQ}$는 두 원 O, O′의 공통
인 접선이고 점 T는 접점이다.
∠ABT=55°일 때, ∠x+∠y의 크기를
구하시오.

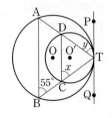

22 .ıı 대표

오른쪽 그림에서 $\overrightarrow{PQ}$는 두 원 O, O′
의 공통인 접선이고 점 T는 접점이다.
∠BAT=57°, ∠ABT=63°일 때,
∠x−∠y의 크기는?

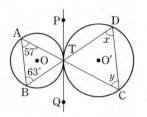

① 4°　　　　② 6°

③ 8°　　　　④ 10°

⑤ 12°

23 .ıı 신유형

오른쪽 그림에서 $\overrightarrow{PQ}$가 두 원 O, O′의
공통인 접선이고 점 T는 접점일 때, 그
림을 보고 바르게 말한 학생을 모두 고르
시오.

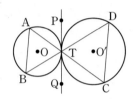

상민 : ∠ABT의 크기와 ∠CDT의 크기는 같아.

서우 : ∠BAT의 크기와 ∠DCT의 크기는 같아.

범준 : ∠BAT의 크기와 ∠CTQ의 크기는 같아.

지아 : 선분 AB와 선분 CD는 서로 평행하지 않아.

24 .ıı 서술형

오른쪽 그림에서 $\overrightarrow{PQ}$는 두 원의 공통
인 접선이고 점 T는 접점이다.
∠BAT=30°, ∠CDT=80°일 때,
∠x의 크기를 구하시오.

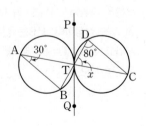

1. ▮▮▮

오른쪽 그림에서 ∠DAC=40°,
∠AEB=82°일 때, ∠x의 크기는?

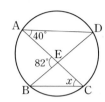

① 40°   ② 42°

③ 44°   ④ 46°

⑤ 48°

2. ▮▮▮

오른쪽 그림에서 □ABCD, □ABCE는 모
두 원에 내접하고 ∠EAD=20°,
∠BCE=75°일 때, ∠x의 크기는?

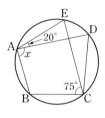

① 70°   ② 75°

③ 80°   ④ 85°

⑤ 90°

3. ▮▮▮

오른쪽 그림의 원 O에서 ∠APB=65°일
때, ∠x의 크기를 구하시오.

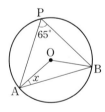

4. ▮▮▮

오른쪽 그림에서 □ABCD는 원에 내접하
고 $\overrightarrow{PQ}$는 원의 접선이다. ∠BAD=100°,
∠BDC=40°일 때, ∠x의 크기를 구하시오.

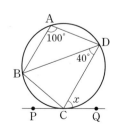

5. ▮▮▮

오른쪽 그림에서 $\overline{AC}$는 원 O의 지름이고
∠AEB=42°일 때, ∠x의 크기는?

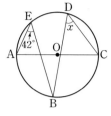

① 40°   ② 44°

③ 48°   ④ 52°

⑤ 56°

6. ▮▮▮

오른쪽 그림에서 네 점 A, B, C, D는
한 원 위에 있고 ∠AEB=85°,
∠DBC=30°일 때, ∠x의 크기는?

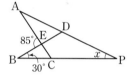

① 20°   ② 25°

③ 30°   ④ 35°

⑤ 40°

7. ▮▮▮ 서술형

오른쪽 그림에서 $\overparen{AB}$, $\overparen{CD}$의 길이는 각각
원의 둘레의 길이의 $\frac{1}{10}$, $\frac{1}{4}$일 때, ∠x의 크
기를 구하시오.

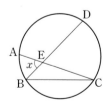

8 .ıl

오른쪽 그림의 원 O에서 $\overparen{BC}$의 길이는 $\overparen{AB}$의 길이의 2배이다. ∠AEB=26°일 때, ∠x, ∠y의 크기를 각각 구하시오.

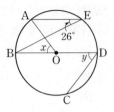

9 .ıl 서술형

오른쪽 그림에서 □ABCD는 원에 내접하고 점 P는 $\overline{AD}$, $\overline{BC}$의 연장선의 교점이다. ∠APB=30°, ∠DAB=95°일 때, ∠x+∠y의 크기를 구하시오.

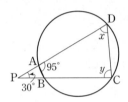

10 .ıl

오른쪽 그림에서 $\overleftrightarrow{PT}$는 원 O의 접선이고 점 A는 접점이다. $\overline{PB}$는 원 O의 중심을 지나고 ∠CBA=28°일 때, ∠x의 크기를 구하시오.

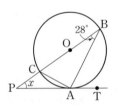

11 .ıl

오른쪽 그림에서 $\overleftrightarrow{PQ}$는 두 원의 공통인 접선이고 점 T는 접점이다. ∠BAT=45°, ∠BCD=110°일 때, ∠x의 크기를 구하시오.

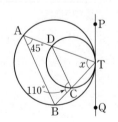

12 .ıl

오른쪽 그림에서 점 P는 $\overline{AD}$, $\overline{BC}$의 연장선의 교점이다. ∠APB=30°, ∠ADB=25°일 때, ∠x의 크기는?

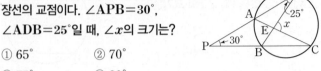

① 65°   ② 70°

③ 75°   ④ 80°

⑤ 85°

13 .ıl 서술형

오른쪽 그림의 원 O에서 ∠PAO=25°, ∠PBO=35°일 때, ∠AOB의 크기를 구하시오.

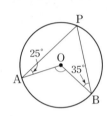

14 .ıl

다음 보기 에서 $\overline{AB} /\!/ \overline{CD}$인 것을 모두 고르시오.

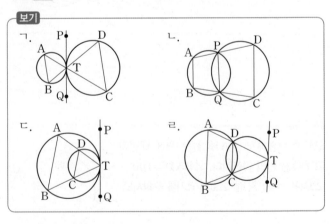

정답과 풀이 ★ 44쪽

15 .ıl

오른쪽 그림에서 오각형 ABCDE는 원 O
에 내접하고 ∠BOC=60°일 때,
∠A+∠D의 크기를 구하시오.

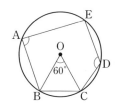

16 .ıl 서술형

오른쪽 그림에서 두 원 O, O′은 두 점 P,
Q에서 만나고 ∠BAP=95°일 때, ∠x
의 크기를 구하시오.

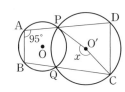

17 .ıl

오른쪽 그림에서 □ABCD는 원 O에 내접한
다. $\overarc{AB}=\overarc{AD}$이고 ∠BCD=120°,
$\overline{BD}$=6 cm일 때, △ABD의 넓이는?

① $6\sqrt{2}$ cm²   ② $6\sqrt{3}$ cm²

③ $9\sqrt{2}$ cm²   ④ $9\sqrt{3}$ cm²

⑤ $12\sqrt{2}$ cm²

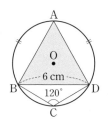

18 .ıl

오른쪽 그림에서 □ABCD는 원에 내접
하고 ∠ABC=70°, ∠DQC=25°일
때, ∠x의 크기를 구하시오.

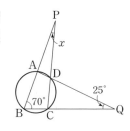

19 .ıl

오른쪽 그림에서 원 O는 △ABC의 내접
원인 동시에 △DEF의 외접원이다.
∠FDE=65°, ∠DEF=60°일 때,
∠x의 크기는?

① 65°   ② 70°

③ 75°   ④ 80°

⑤ 85°

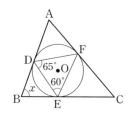

20 .ıl 신유형

다음 그림과 같이 크고 작은 두 개의 바퀴가 벨트로 연결되어 있다.
작은 바퀴 쪽의 벨트의 연장선이 이루는 각의 크기가 42°일 때, 큰
바퀴에서 벨트가 닿지 않는 부분인 호의 원주각의 크기를 구하시오.

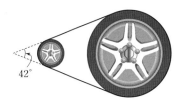

21 .ıl 신유형

오른쪽 그림과 같이 무대는 가로의 길이가
12 m인 직사각형 모양이고 관중석은 원의 일
부의 모양인 공연장이 있다. 관중석의 가장 자
리에서 무대 양 끝을 바라보는 각의 크기가 60°
일 때, 이 관중석의 지름의 길이를 구하시오.

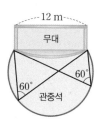

05
·
대푯값과 산포도

01 대푯값

1 대푯값

자료 전체의 중심 경향이나 특징을 대표적으로 나타내는 값을 **대푯값**이라 한다.

참고 대푯값에는 평균, 중앙값, 최빈값 등이 있다.

2 평균

변량의 총합을 변량의 개수로 나눈 값 └─ 자료를 수량으로 나타낸 값

$$\Rightarrow (\text{평균}) = \frac{(\text{변량의 총합})}{(\text{변량의 개수})}$$

예 2, 3, 4, 5, 6의 평균

$$\Rightarrow \frac{2+3+4+5+6}{5} = \frac{20}{5} = 4$$

참고 일반적으로 평균이 대푯값으로 가장 많이 사용되지만 자료의 값 중에서 극단적인 값, 즉 매우 크거나 매우 작은 값이 있는 경우에는 평균이 대푯값으로 적절하지 않다.

3 중앙값

(1) **중앙값**: 자료를 작은 값부터 크기순으로 나열할 때, 한 가운데 있는 값

(2) 중앙값은 자료를 작은 값부터 크기순으로 나열할 때

① 자료의 개수가 홀수이면
   $\Rightarrow$ 한가운데 있는 값 ── $\frac{n+1}{2}$번째 자료의 값

② 자료의 개수가 짝수이면
   $\Rightarrow$ 한가운데 있는 두 값의 평균 ── $\frac{n}{2}$번째와 $\left(\frac{n}{2}+1\right)$번째 자료의 값의 평균

예 ① 1, 2, 5, 6, 7의 중앙값은 세 번째 값인 5이다.
   ② 2, 4, 6, 7의 중앙값은 두 번째와 세 번째 값의 평균인
   $\frac{4+6}{2} = 5$이다.

4 최빈값

(1) **최빈값**: 자료의 값 중에서 가장 많이 나타나는 값

(2) 자료의 값의 개수가 가장 큰 값이 한 개 이상 있으면 그 값이 모두 최빈값이다.

예 1, 2, 3, 2, 5의 최빈값은 2가 가장 많이 나타나므로 2이다.

참고 일반적으로 자료에 매우 크거나 매우 작은 값이 있는 경우에는 중앙값이, 수로 나타낼 수 없는 자료나 변량의 개수가 많고 변량에 같은 값이 많은 자료는 최빈값이 대푯값으로 유용하다.

평균

▶ 다음 자료의 평균을 구하시오.

1

| 8 | 12 | 6 | 9 | 15 |

2

| 59 | 63 | 34 | 45 | 51 | 72 |

3

| 27 | 31 | 43 | 58 | 63 | 79 | 84 |

▶ 다음 자료의 평균이 [ ] 안의 수와 같을 때, x의 값을 구하시오.

4

| 8 | x | 5 | 9 | 6 | [7]

5

| 15 | x | 26 | 31 | 19 | [24]

6

| 56 | x | 48 | 72 | 64 | 53 | [60]

중앙값

다음 자료의 중앙값을 구하시오.

7
| 8 | 5 | 6 | 3 | 6 | 9 | 7 |

8
| 30 | 14 | 19 | 26 | 12 | 23 | 15 |

9
| 1 | 4 | 3 | 9 | 3 | 5 | 7 | 8 | 2 |

10
| 18 | 11 | 9 | 5 | 11 | 20 |

11
| 1 | 57 | 58 | 42 | 35 | 48 | 42 | 54 |

12
| 6 | 7 | 5 | 9 | 7 | 8 | 4 | 2 | 5 | 3 |

최빈값

다음 자료의 최빈값을 구하시오.

13
| 13 | 6 | 18 | 7 | 6 | 9 | 11 |

14
| 55 | 60 | 55 | 75 | 60 | 70 | 80 | 65 |

15
| 6 | 8 | 2 | 4 | 8 | 7 | 6 | 9 | 8 | 5 |

16
| 탁구 | 족구 | 농구 | 야구 | 배구 | 축구 | 야구 |

다음 중에서 옳은 것은 ○표, 옳지 않은 것은 ✕표를 ( ) 안에 써넣으시오.

17 대푯값에는 평균, 중앙값, 최빈값 등이 있다. (   )

18 최빈값은 여러 개일 수 있다.　　　　 (   )

19 중앙값은 항상 주어진 자료 안에 있는 값이다. (   )

20 최빈값은 항상 주어진 자료 안에 있는 값이다. (   )

21 주어진 자료의 변량 중에서 매우 크거나 매우 작은 값이 있는 경우 대푯값으로는 최빈값이 가장 적절하다.

　　　　　　　　　　　　　　　 (   )

유형 **1** 평균

$$(\text{평균}) = \frac{(\text{변량의 총합})}{(\text{변량의 개수})}$$

1. 대표

다음은 수지네 모둠 학생 6명의 1분 동안의 윗몸일으키기 횟수를 조사하여 나타낸 자료이다. 이 자료의 평균은?

(단위: 회)

22	10	32	18	25	7

① 16회 ② 17회 ③ 18회
④ 19회 ⑤ 20회

2.

다음 줄기와 잎 그림은 헬스클럽 회원 10명의 턱걸이 횟수를 조사하여 나타낸 것이다. 이 자료의 평균을 구하시오.

(0|5는 5회)

줄기	잎
0	5 6 6
1	0 1 2 7
2	1 2
3	0

3. 서술형

다음은 A 농장에서 수확한 감 5개와 B 농장에서 수확한 감 7개의 당도를 조사하여 나타낸 자료이다. 감의 당도의 평균이 더 높은 농장은 어디인지 구하시오.

(단위: Brix)

[A 농장]	19	16	12	16	18		
[B 농장]	13	19	11	16	21	15	17

4.

자료 a, b, c의 평균이 3일 때, $a+3$, $b+2$, $c+4$의 평균은?

① 4 ② 5 ③ 6
④ 7 ⑤ 8

유형 **2** 중앙값

중앙값은 자료를 작은 값부터 크기순으로 나열할 때
(1) 자료의 개수가 홀수 ➡ 한가운데 있는 값
(2) 자료의 개수가 짝수 ➡ $\dfrac{(\text{한가운데 있는 두 값의 합})}{2}$

5. 대표

다음은 세찬이네 반 학생 8명의 1분 동안의 맥박수를 조사하여 나타낸 자료이다. 이 자료의 중앙값을 구하시오.

(단위: 회)

88	91	94	92	80	91	89	85

6.

다음 줄기와 잎 그림은 은샘이네 반 학생 20명이 자원 순환 가게에 가져간 폐건전지의 개수를 조사하여 나타낸 것이다. 이 자료의 중앙값을 구하시오.

(0|6은 6개)

줄기	잎
0	6 7 8 8 9
1	0 0 2 4 5 7 8
2	2 3 6 6 7 9
3	0
4	7

7 📊

다음 중에서 중앙값이 가장 큰 것은?

① 15, 22, 7, 19, 14

② 11, 21, 9, 17, 24

③ 1, 16, 10, 5, 18, 14,

④ 10, 18, 14, 34, 42, 8

⑤ 14, 51, 16, 8, 14, 12, 19

유형 3 최빈값

최빈값: 자료의 값 중에서 가장 많이 나타나는 값

참고 최빈값은 두 개 이상일 수도 있다.

예 2, 4, 3, 2, 4, 5의 최빈값은 2와 4이다.

---

8 📊 대표

오른쪽 표는 학생 25명이 좋아하는 간식을 조사하여 나타낸 것이다. 이 자료의 최빈값은?

간식	학생 수
떡볶이	5
치킨	9
햄버거	3
피자	2
라면	6

① 떡볶이 　　② 치킨

③ 햄버거 　　④ 피자

⑤ 라면

---

9 📊 신유형

다음은 독일 민요에 아름다운 우리 말 가사가 붙여져 알려진 동요 「나비야」의 악보의 일부이다. 이 악보에서 계이름의 최빈값을 구하시오.

솔 미 미 　 파 레 레 　 도 레 미 파 　 솔 솔 솔

---

10 📊

오른쪽 막대그래프는 학생 22명의 영어 형성 평가 점수를 조사하여 나타낸 것이다. 이 자료의 최빈값을 구하시오.

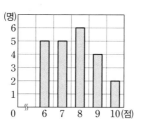

---

11 📊 서술형

다음 줄기와 잎 그림은 어느 아동복 매장에서 하루 동안 판매한 내복의 호수를 조사하여 나타낸 것이다. 이 자료의 중앙값을 a호, 최빈값을 b호라 할 때, $a+b$의 값을 구하시오.

(7 | 0은 70호)

줄기	잎
7	0 0 5 5
8	0 0 0 0 5
9	0 0 5 5
10	0 0 0 5 5 5

---

12 📊

다음은 어느 아파트에서 임의로 선정한 8가구의 가구별 수도 사용량을 조사하여 나타낸 자료이다. 이 자료의 평균을 $a \, \mathrm{m}^3$, 중앙값을 $b \, \mathrm{m}^3$, 최빈값을 $c \, \mathrm{m}^3$라 할 때, a, b, c의 대소를 비교하시오.

(단위: m^3)

16	20	11	33	42	20	26	32

유형 4 적절한 대푯값 찾기

(1) 대푯값에는 평균, 중앙값, 최빈값 등이 있다.
(2) 일반적으로 평균이 가장 많이 사용된다.
(3) 자료에 극단적인 값이 있을 때는 평균보다 중앙값이 대푯값으로 더 적절하다.
(4) 수로 나타낼 수 없는 자료, 변량의 개수가 많거나 변량에 같은 값이 많은 자료는 최빈값이 대푯값으로 유용하다.

유형 5 대푯값이 주어질 때 변량 구하기

(1) 평균이 주어질 때
➡ $(평균) = \dfrac{(변량의\ 총합)}{(변량의\ 개수)}$ 을 이용한다.
(2) 중앙값이 주어질 때
➡ ① 자료를 작은 값부터 크기순으로 나열한다.
② 자료의 개수가 홀수인지 짝수인지 판단한다.
③ 문제의 조건에 맞게 식을 세운다.
(3) 최빈값이 주어질 때
➡ 미지수인 자료의 값이 최빈값이 되는 경우를 모두 확인한다.

13

다음 보기 의 자료 중에서 평균보다 중앙값을 대푯값으로 정하기에 가장 적절한 것을 고르시오.

보기
ㄱ. 3, 3, 4, 4, 4, 5
ㄴ. 17, 12, 21, 30, 26, 100, 28, 24
ㄷ. 10, 10, 10, 10, 10, 10, 10
ㄹ. 0.1, 1.2, 1.5, 0.9, 0.3, 0.5, 1.0

16

다음은 6개의 수를 작은 값부터 크기순으로 나열한 것이다. 이 자료의 중앙값이 6일 때, x의 값을 구하시오.

| 1 | 3 | x | 7 | 8 | 9 |

14 대표

다음은 어느 신발 가게에서 하루 동안 판매한 여성화의 크기를 조사하여 나타낸 자료이다. 이 가게에서 가장 많이 준비해 두어야 할 여성화의 크기를 알아보려고 할 때, 평균, 중앙값, 최빈값 중에서 가장 적절한 대푯값을 말하고, 그 값을 구하시오.

(단위: mm)

230	240	225	235	230
245	240	235	240	250

17 서술형

다음은 어느 야구팀의 9명의 타자들이 10경기에서 친 안타 수를 조사하여 나타낸 자료이다. 이 자료의 최빈값이 7개일 때, 중앙값을 구하시오.

(단위: 개)

| 7 | 5 | 9 | x | 10 | 9 | 7 | 6 | 8 |

15

다음 표는 어느 상점의 6개월 동안의 월 매출액을 조사하여 나타낸 것이다. 물음에 답하시오.

월	2	3	4	5	6	7
매출액 (만 원)	180	95	105	170	120	980

(1) 평균을 구하시오.
(2) 중앙값을 구하시오.
(3) 평균과 중앙값 중에서 대푯값으로 더 적절한 것을 말하시오.

18 대표

다음은 학생 8명의 일주일 동안의 TV 시청 시간을 조사하여 나타낸 자료이다. 이 자료의 평균과 최빈값이 같을 때, x의 값은?

(단위: 시간)

| 8 | 7 | x | 5 | 13 | 8 | 9 | 8 |

① 5   ② 6   ③ 7
④ 8   ⑤ 9

02 산포도

정답과 풀이 ★ 48쪽

❶ 산포도

(1) **산포도**: 자료의 변량이 흩어져 있는 정도를 하나의 수로 나타낸 값

(2) 자료의 변량이 대푯값을 중심으로 모여 있을수록 산포도는 작아지고, 대푯값으로부터 멀리 흩어져 있을수록 산포도는 커진다.

❷ 편차

(1) **편차**: 각 변량에서 평균을 뺀 값

➡ (편차)＝(변량)－(평균) ── 편차를 구하려면 평균을 먼저 알아야 한다.

(2) 편차의 성질

① 편차의 합은 항상 0이다.

② 변량이 평균보다 크면 그 편차는 양수이고, 변량이 평균보다 작으면 그 편차는 음수이다.

③ 편차의 절댓값이 클수록 그 변량은 평균에서 멀리 떨어져 있고, 편차의 절댓값이 작을수록 그 변량은 평균 가까이에 있다.

❸ 분산과 표준편차

(1) **분산**: 각 편차의 제곱의 평균

➡ (분산)＝$\dfrac{\{(편차)^2의 \ 총합\}}{(변량의 \ 개수)}$

(2) **표준편차**: 분산의 음이 아닌 제곱근

➡ (표준편차)＝$\sqrt{(분산)}$

참고 ① 분산과 표준편차는 평균을 중심으로 변량이 흩어져 있는 정도를 나타내는 산포도이다.

② 분산은 단위가 없고, 편차와 표준편차는 주어진 변량과 단위가 같다.

❹ 산포도와 자료의 분포 상태

(1) 분산 또는 표준편차가 작다.

➡ 변량들이 평균을 중심으로 가까이 모여 있다.

➡ 자료의 분포 상태가 고르다.

(2) 분산 또는 표준편차가 크다.

➡ 변량들이 평균을 중심으로 넓게 흩어져 있다.

➡ 자료의 분포 상태가 고르지 않다.

편차

◆ 다음 자료의 평균이 [ ] 안의 수와 같을 때, 표를 완성하시오.

1

변량	7	6	2	9	[6]
편차					

2

변량	21	23	15	14	17	[18]
편차						

◆ 다음 자료의 평균을 구하고, 표를 완성하시오.

3

변량	7	6	9	5	8
편차					

4

변량	33	31	34	28	39
편차					

5

변량	18	26	25	17	22	24
편차						

◆ 어떤 자료의 편차가 다음과 같을 때, x의 값을 구하시오.

6

| -1 | 5 | -6 | 4 | x |

7

| 4 | 1 | x | -7 | 5 | -3 |

분산과 표준편차

주어진 자료에 대하여 다음을 구하시오.

8

4 9 6 5

(1) 평균	
(2) 각 변량의 편차	
(3) (편차)²의 총합	
(4) 분산	
(5) 표준편차	

9

10 12 8 14 11

(1) 평균	
(2) 각 변량의 편차	
(3) (편차)²의 총합	
(4) 분산	
(5) 표준편차	

주어진 자료에 대하여 다음을 구하시오.

10

1 9 10 7 13

(1) 분산
(2) 표준편차

11

7 18 16 24 5

(1) 분산
(2) 표준편차

12

3 9 7 10 6 7

(1) 분산
(2) 표준편차

산포도와 자료의 분포 상태

다음 표는 A, B 두 반 학생들의 국어 성적의 평균과 표준편차를 나타낸 것이다. 옳은 것은 ○표, 옳지 않은 것은 ×표를 ( ) 안에 써넣으시오.

반	A	B
평균(점)	72	75
표준편차(점)	4.1	5

13 국어 성적이 가장 낮은 학생은 A 반에 있다. ( )

14 B 반의 국어 성적이 A 반의 국어 성적보다 우수하다.
( )

15 B 반의 국어 성적이 A 반의 국어 성적보다 고르다.
( )

16 A 반의 국어 성적의 산포도가 B 반의 국어 성적의 산포도보다 작다. ( )

다음 중에서 옳은 것은 ○표, 옳지 않은 것은 ×표를 ( ) 안에 써넣으시오.

17 평균, 분산, 표준편차는 산포도이다. ( )

18 표준편차가 작을수록 자료의 분포 상태는 평균을 중심으로 모여 있다고 할 수 있다. ( )

19 분산이 클수록 자료의 분포 상태가 고르다고 할 수 있다.
( )

소단원 유형 익히기

정답과 풀이 ★ 49쪽

유형 6 편차

(1) (편차) = (변량) − (평균)
(2) 변량의 합은 항상 0이다.

1. 대표

다음은 6명의 학생의 필통 안에 들어 있는 필기도구 수의 편차를 나타낸 자료이다. x의 값을 구하시오.

(단위: 개)

6	−3	−7	x	−1	2

2.

다음 표는 학생 5명의 몸무게의 편차를 나타낸 것이다. $a+b$의 값을 구하시오.

학생	A	B	C	D	E
편차(kg)	−1	a	5	−3	b

3.

다음 자료에서 변량 44의 편차는?

44	36	45	53	46	60	38

① −3   ② −2   ③ 0
④ 2   ⑤ 3

4.

다음은 성수가 7경기의 야구 경기에서 친 안타 수를 조사하여 나타낸 자료이다. 이 자료의 편차가 아닌 것은?

(단위: 개)

6	5	2	9	7	5	1

① −3개   ② 0개   ③ 1개
④ 2개   ⑤ 3개

유형 7 편차를 이용하여 변량 구하기

① 편차의 합이 0임을 이용하여 제시되지 않은 변량의 편차를 구한다.
② (변량) = (편차) + (평균)임을 이용하여 변량을 구한다.

5.

지유네 반 학생들의 영어 점수의 평균은 76점이다. 지유의 영어 점수의 편차가 −3점일 때, 지유의 영어 점수를 구하시오.

6.

다음 표는 어느 고속버스 회사에서 운행하는 고속버스 5개 노선의 배차 간격의 편차를 나타낸 것이다. 배차 간격의 평균이 50분일 때, 표를 완성하시오.

노선	A	B	C	D	E
편차(분)	−30	40	10	−20	0
배차 간격(분)					

7 〓〓〓 대표

다음 표는 5가지 종류의 우산의 무게의 편차를 나타낸 것이다. 우산의 무게의 평균이 148 g일 때, 우산 C의 무게는?

우산	A	B	C	D	E
편차(g)	5	−13		10	2

① 144 g   ② 146 g   ③ 148 g
④ 150 g   ⑤ 152 g

8 〓〓〓

다음 표는 4명의 학생의 제기차기 횟수의 편차를 나타낸 것이다. 보기 에서 옳은 것을 모두 고른 것은?

학생	규빈	하진	유나	성민
편차(회)	−3	−4	5	2

보기
ㄱ. 규빈이와 하진이의 제기차기 횟수의 차는 1이다.
ㄴ. 유나의 기록이 가장 나쁘다.
ㄷ. 평균보다 기록이 좋은 학생은 2명이다.

① ㄱ   ② ㄴ   ③ ㄱ, ㄴ
④ ㄱ, ㄷ   ⑤ ㄱ, ㄴ, ㄷ

9 〓〓〓 서술형

다음 표는 상우가 6월부터 10월까지 읽은 책의 수와 편차를 나타낸 것이다. 이때 $a+b$의 값을 구하시오.

월	6	7	8	9	10
책(권)	4	10	8	6	b
편차(권)	−2	a	2	0	−4

유형 8 분산과 표준편차

(1) $(분산) = \dfrac{\{(편차)^2의 총합\}}{(변량의 개수)}$

(2) $(표준편차) = \sqrt{(분산)}$

(3) 표준편차를 구하는 순서
평균 ➡ 편차 ➡ $(편차)^2$의 총합 ➡ 분산 ➡ 표준편차

10 〓〓〓

다음은 학생 6명의 미술 실기 점수의 편차를 나타낸 자료이다. 이 자료의 표준편차를 구하시오.

(단위: 점)

2	−1	0	−3	2	0

11 〓〓〓 대표

다음 표는 유진이가 5차례 볼링을 쳐서 쓰러트린 볼링핀의 수를 조사하여 나타낸 것이다. 유진이가 쓰러트린 볼링핀의 수의 분산과 표준편차를 각각 구하시오.

차시	1차	2차	3차	4차	5차
볼링핀(개)	6	3	5	7	9

12 〓〓〓 서술형

효원이가 과녁에 6개의 다트를 던져 오른쪽 그림과 같은 결과를 얻었을 때, 효원이의 점수의 분산을 구하시오.

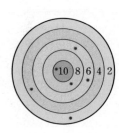

13

오른쪽 줄기와 잎 그림은 어느 지역의 소방대원 6명의 현장 출동 시간을 일주일 동안 조사하여 나타낸 것이다. 이 자료의 표준편차는?

줄기	잎
0	4 7 9 9
1	2 3

(0|4는 4시간)

① 2시간 ② $\sqrt{6}$시간

③ $2\sqrt{2}$시간 ④ 3시간

⑤ $\sqrt{10}$시간

14 신유형

다음은 학생 6명의 가족 수를 조사하여 나타낸 자료이다. 바르게 설명한 학생을 모두 고르시오.

(단위: 명)

6	5	3	4	2	4

지선: 가족 수의 평균은 5명이야.
동현: (편차)^{2}의 총합은 10이야.
준호: 분산은 $\frac{5}{3}$야.
라애: 표준편차는 $\sqrt{15}$명이야.

15 서술형

다음 5개의 변량의 평균이 7일 때, 이 자료의 분산을 구하시오.

9	4	7	6	x

유형 9 평균과 분산을 이용하여 식의 값 구하기

x, y를 포함한 변량과 평균, 분산이 주어질 때, x^2+y^2의 값 구하기

① 평균을 이용하여 $x+y$의 값을 구한다.
② 분산을 이용하여 세운 식에 ①에서 구한 $x+y$의 값을 대입하여 x^2+y^2의 값을 구한다.

예 변량 4, x, y의 평균이 3, 분산이 2일 때

평균이 3이므로 $\frac{4+x+y}{3}=3$, $x+y=5$ ······ ㉠

분산이 2이므로 $\frac{1^2+(x-3)^2+(y-3)^2}{3}=2$

$(x-3)^2+(y-3)^2=5$, $x^2+y^2-6(x+y)+18=5$

$x^2+y^2=6(x+y)-13$

위의 식에 ㉠을 대입하면 $x^2+y^2=6\times5-13=17$

16

다음은 4개의 변량 2, 5, x, y의 평균이 5, 분산이 3.5일 때, x^2+y^2의 값을 구하는 과정이다. ①~⑤에 들어갈 수로 알맞지 <u>않은</u> 것은?

평균이 5이므로
$\frac{2+5+x+y}{4}=5$, $x+y=\boxed{①}$ ······ ㉠

분산이 3.5이므로
$\frac{(-3)^2+0^2+(x-5)^2+(y-5)^2}{4}=3.5$

$(x-5)^2+(y-5)^2=\boxed{②}$

$x^2+y^2-10(x+y)+50=\boxed{③}$

$x^2+y^2=10(x+y)-\boxed{④}$

위의 식에 ㉠을 대입하면
$x^2+y^2=10\times\boxed{①}-\boxed{④}=\boxed{⑤}$

① 20 ② 5 ③ 5

④ 45 ⑤ 85

17

3개의 변량 a, b, c의 평균이 4, 표준편차가 2일 때, $(a-4)^2+(b-4)^2+(c-4)^2$의 값은?

① 8 ② 12 ③ 16

④ 20 ⑤ 24

18 대표

5개의 변량 3, 6, x, y, 9의 평균이 6, 분산이 4일 때, x^2+y^2의 값을 구하시오.

유형 **10** 변화된 변량의 평균과 표준편차

n개의 변량 x_1, x_2, $\cdots$, x_n의 평균이 m, 표준편차가 s이면
➡ 변량 $\blacktriangle x_1+\bullet$, $\blacktriangle x_2+\bullet$, $\cdots$, $\blacktriangle x_n+\bullet$의 평균은 $\blacktriangle m+\bullet$, 표준편차는 $|\blacktriangle|s$이다.

예

변량	평균	표준편차
x_1, x_2, $\cdots$, x_n	3	4
$2x_1+1$, $2x_2+1$, $\cdots$, $2x_n+1$	$2\times3+1$ $=7$	$\lvert2\rvert\times4$ $=8$

---

19 대표

3개의 변량 a, b, c의 평균이 5이고 표준편차가 $\sqrt{2}$일 때, $2a$, $2b$, $2c$에 대하여 다음을 구하시오.

(1) 평균

(2) 분산

---

20 서술형

4개의 변량 a, b, c, d의 평균이 4이고 분산이 3일 때, $a-2$, $b-2$, $c-2$, $d-2$의 평균이 m, 분산이 n이다. 이때 m, n의 값을 각각 구하시오.

21

다음은 3개의 변량 a, b, c의 평균이 6, 표준편차가 4일 때, $a+1$, $b+1$, $c+1$의 평균과 표준편차를 각각 구하는 과정이다. 이때 ①~⑤ 중에서 처음으로 틀린 부분을 찾고, $a+1$, $b+1$, $c+1$의 평균과 표준편차를 각각 구하시오.

a, b, c의 평균이 6이므로

$$\underbrace{\frac{a+b+c}{3}=6, a+b+c=18}_{①}$$

따라서 $a+1$, $b+1$, $c+1$의 평균은

$$\underbrace{\frac{(a+1)+(b+1)+(c+1)}{3}=7}_{②}$$

a, b, c의 표준편차가 4이므로

$$\underbrace{\frac{(a-6)^2+(b-6)^2+(c-6)^2}{3}=4}_{③}$$

$$\underbrace{(a-6)^2+(b-6)^2+(c-6)^2=12}_{④}$$

$a+1$, $b+1$, $c+1$의 분산은

$$\frac{(a+1-7)^2+(b+1-7)^2+(c+1-7)^2}{3}$$

$$=\frac{(a-6)^2+(b-6)^2+(c-6)^2}{3}=4$$

따라서 $a+1$, $b+1$, $c+1$의 표준편차는 $\underset{⑤}{2}$이다.

---

22 신유형

학생 10명의 미술 수행 평가 점수를 각각 2점씩 올려줄 때, 학생 10명의 점수의 평균과 표준편차의 변화에 대하여 다음 중에서 바르게 설명한 학생을 고르시오.

주미: 평균과 표준편차는 모두 변함이 없어.

호준: 평균과 표준편차는 모두 2점씩 올라가지.

상석: 평균은 2점 올라가고, 표준편차는 변함이 없어.

유형 11 자료의 분석

(1) 분산 또는 표준편차가 작다.
  ➡ 변량들이 평균을 중심으로 가까이 모여 있다.
  ➡ 자료의 분포 상태가 고르다.
(2) 분산 또는 표준편차가 크다.
  ➡ 변량들이 평균을 중심으로 넓게 흩어져 있다.
  ➡ 자료의 분포 상태가 고르지 않다.

23

다음 표는 학생 5명의 일주일 동안의 수면 시간의 평균과 표준편차를 나타낸 것이다. 수면 시간이 가장 불규칙한 학생은?

학생	은혜	재정	규진	태우	예은
평균(시간)	6	7	7.5	8	6.5
표준편차(시간)	1.5	3	2	2.2	1

① 은혜   ② 재정   ③ 규진
④ 태우   ⑤ 예은

24

다음 자료 중에서 표준편차가 가장 작은 것은?

① 2, 4, 6, 6, 8, 10   ② 6, 6, 6, 6, 6, 6
③ 5, 6, 7, 7, 6, 5   ④ 4, 8, 4, 8, 4, 8
⑤ 3, 3, 3, 9, 9, 9

25 대표

오른쪽 표는 A, B 두 반 학생들의 중간고사 성적의 평균과 표준편차를 나타낸 것이다. 다음 중에서 옳은 것을 모두 고르면? (정답 2개)

반	A	B
평균(점)	72	72
표준편차(점)	3	$2\sqrt{3}$

① B 반의 성적이 A 반의 성적보다 우수하다.
② B 반의 성적이 A 반의 성적보다 고르다.
③ A 반의 분산이 B 반의 분산보다 작다.
④ 두 반의 중간고사 성적의 분포는 같다.
⑤ 두 반 전체의 평균은 72점이다.

26

다음 표는 5명의 학생들의 일주일 동안의 통학 시간의 평균과 표준편차를 나타낸 것이다. 옳지 않은 것은?

학생	A	B	C	D	E
평균(분)	12	8	15	11	20
표준편차(분)	2	3.2	5	4	2.4

① 통학 시간이 가장 긴 학생은 E이다.
② 통학 시간이 가장 짧은 학생은 B이다.
③ 통학 시간이 가장 불규칙한 학생은 E이다.
④ 통학 시간이 가장 규칙적인 학생은 A이다.
⑤ 통학 시간의 분산이 가장 큰 학생은 C이다.

27

다음 꺾은선그래프는 A, B 두 반 학생들의 하루 동안의 휴대폰 문자메시지 수신 횟수를 조사하여 나타낸 것이다. 보기 에서 옳은 것을 모두 고르시오.

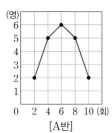
[A반]

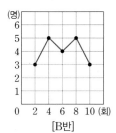
[B반]

보기
ㄱ. 두 반의 학생 수는 같다.
ㄴ. 문자메시지 총 수신 횟수는 A 반보다 B 반이 더 많다.
ㄷ. 두 반의 문자메시지 수신 횟수의 평균은 같다.
ㄹ. 문자메시지 수신 횟수는 B 반이 A 반보다 더 고르다.

1. ▁▅▇

오른쪽 표는 학생 21명이 키우는 반려동물을 조사하여 나타낸 것이다. 이 자료의 최빈값은?

① 햄스터   ② 개
③ 고양이   ④ 새
⑤ 거북이

반려동물	학생 수
햄스터	5
개	5
고양이	6
새	3
거북이	2

2. ▁▅▇

다음 표는 태준이가 일주일 동안 발송한 문자메시지 횟수를 조사하여 나타낸 것이다. 이 자료의 평균은?

요일	월	화	수	목	금	토	일
문자메시지(회)	11	9	8	5	12	15	3

① 8회   ② 9회   ③ 10회
④ 11회   ⑤ 12회

3. ▁▅▇

다음은 어느 날 같은 시각 우리나라 8개 지역의 평균 기온을 조사하여 작은 값부터 크기순으로 나열한 자료이다. 이 자료의 중앙값이 22 ℃일 때, x의 값을 구하시오.

(단위: ℃)

| 17 | 19 | 19 | 20 | x | 25 | 26 | 27 |

4. ▁▅▇

다음 중 옳지 않은 것을 모두 고르면? (정답 2개)

① 분산, 표준편차는 대푯값이다.
② 평균은 극단적인 값의 영향을 받는다.
③ 최빈값은 항상 주어진 변량 중에 존재한다.
④ 산포도가 작을수록 변량들이 평균 가까이에 모여 있다.
⑤ 두 집단의 표준편차가 다르면 평균도 다르다.

5. ▁▅▇

다음 표는 학생 5명의 사회 성적을 조사하여 나타낸 것인데 종이에 얼룩이 져서 학생 B의 성적이 보이지 않는다. 5명의 사회 성적의 평균이 85점일 때, 학생 B의 사회 성적을 구하시오.

학생	A	B	C	D	E
성적(점)	75	●	96	84	82

6. ▁▅▇

다음은 은율이네 반 학생 16명이 태어난 달을 조사하여 나타낸 자료이다. 이 자료의 중앙값을 a월, 최빈값을 b월이라 할 때, $a+b$의 값을 구하시오.

(단위: 월)

| 9 | 11 | 1 | 9 | 2 | 12 | 3 | 9 |
| 4 | 6 | 10 | 7 | 10 | 9 | 5 | 7 |

7. ▁▅▇

다음은 7개의 변량을 작은 값부터 크기순으로 나열한 자료이다. 이 자료의 평균이 9이고 중앙값이 10일 때, a, b의 값을 각각 구하시오.

| a | 6 | 7 | b | 12 | 13 | 13 |

8. ▁▅▇

다음 표는 5명의 학생이 일주일 동안 받은 용돈의 편차를 나타낸 것이다. 용돈의 평균이 4만 원일 때, 이 자료에 대한 설명으로 옳지 않은 것은?

학생	민수	진영	유리	효주	세은
편차(만 원)	1	-2	3		-1

① 효주의 용돈은 평균과 같다.
② 세은이와 효주의 용돈은 같다.
③ 용돈이 가장 많은 학생은 유리이다.
④ 민수와 유리의 용돈의 차는 2만 원이다.
⑤ 세은이의 용돈은 3만 원이다.

9 .ıl

다음은 학생 5명이 가족 칭찬 캠페인 기간 중 가족을 칭찬한 횟수를 조사하여 나타낸 자료이다. 이 자료에 대한 설명으로 옳은 것은?

(단위: 회)

6	5	8	7	14

① 중앙값은 7.5회이다.
② 평균은 7회이다.
③ 분산은 20이다.
④ 편차의 제곱의 합은 0이다.
⑤ 표준편차는 $\sqrt{10}$회이다.

10 .ıl

다음 표는 5개 반의 수학 성적의 평균과 표준편차를 나타낸 것이다. 옳은 것을 모두 고르면? (정답 2개)

반	A	B	C	D	E
평균(점)	68	71	66	73	69
표준편차(점)	3.8	5	4.1	4.4	3

① 수학 성적이 가장 우수한 반은 D 반이다.
② B 반의 학생 수가 C 반의 학생 수보다 많다.
③ C 반의 수학 성적이 A 반의 수학 성적보다 고르다.
④ 수학 성적이 가장 고른 반은 E 반이다.
⑤ 수학 성적이 60점 미만인 학생은 C 반에 가장 많다.

11 .ıl

5개의 변량 $a+2$, $a-1$, $a+4$, $a-3$, $a+3$의 분산을 구하시오.

12 .ıl

5개의 변량 5, x, y, 8, 6의 평균이 5, 분산이 4일 때, x^2+y^2의 값을 구하시오.

13 .ıl

오른쪽 꺾은선그래프는 어느 신발 매장에서 하루 동안 판매한 운동화 20켤레의 치수를 조사하여 나타낸 것이다. 이 자료에 대하여 바르게 설명한 학생을 모두 고르시오.

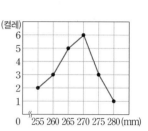

하진: 중앙값은 6켤레야.
지원: 최빈값은 270 mm야.
다솜: 이 자료의 대푯값으로는 중앙값이 가장 적절해.
용재: 판매자는 다음 판매를 위하여 치수가 270 mm인 운동화를 가장 많이 준비하는 게 좋겠어.

14 .ıl 서술형💬

다음 막대그래프는 연수네 반 학생 15명의 A, B 두 영화에 대한 평점을 조사하여 나타낸 것이다. 물음에 답하시오.

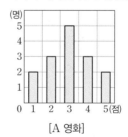
[A 영화]

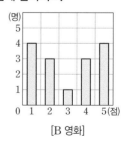
[B 영화]

(1) A, B 두 영화의 평점의 평균을 각각 구하시오.
(2) A, B 두 영화의 평점의 분산을 각각 구하시오.
(3) A, B 두 영화 중에서 평점이 더 고른 영화를 말하시오.

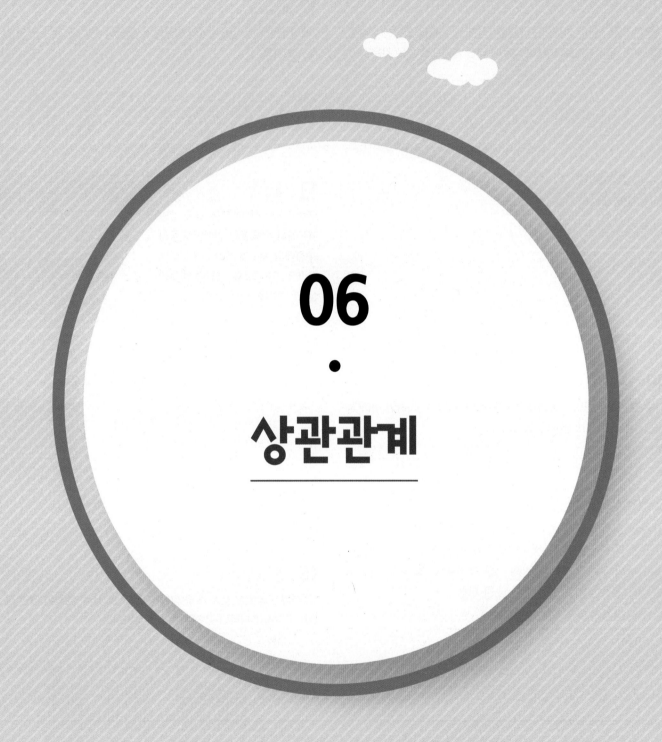

06

·

상관관계

01 산점도와 상관관계

01 산점도와 상관관계

1 산점도

두 변량 x와 y 사이의 관계를 알아보기 위하여 순서쌍 (x, y)를 좌표로 하는 점을 좌표평면 위에 나타낸 그래프를 **산점도**라 한다.

> [참고] 산점도를 이용하면 두 변량 사이의 관계를 한눈에 쉽게 알 수 있으며, 관계성을 벗어나는 특이한 자료를 찾기에도 용이하다.

2 상관관계

두 변량 x와 y 사이에 어떤 관계가 있을 때, 이 관계를 **상관관계**라 하고 두 변량 x와 y 사이에 상관관계가 있다고 한다.

(1) **양의 상관관계**: x의 값이 커짐에 따라 y의 값도 대체로 커지는 관계

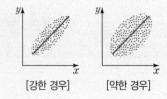

[강한 경우]   [약한 경우]

> [예] 키와 발의 길이

(2) **음의 상관관계**: x의 값이 커짐에 따라 y의 값이 대체로 작아지는 관계

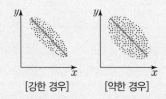

[강한 경우]   [약한 경우]

> [예] 쌀의 생산량과 쌀의 수입량

(3) **상관관계가 없다.**: x의 값이 커짐에 따라 y의 값이 커지는지 작아지는지 분명하지 않은 관계

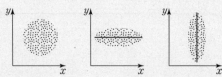

> [예] 시력과 혈압

> [참고] 양 또는 음의 상관관계가 있는 산점도에서
> ① 점들이 한 직선 가까이에 모여 있을수록
> ➡ 상관관계가 강하다.
> ② 점들이 한 직선에서 멀리 흩어져 있을수록
> ➡ 상관관계가 약하다.

산점도

1 다음 표는 10명의 학생들의 영어 듣기 점수와 말하기 점수를 조사하여 나타낸 것이다. 듣기 점수를 x점, 말하기 점수를 y점이라 할 때, x, y의 산점도를 그리시오.

듣기(점)	6	7	9	4	8
말하기(점)	4	6	7	5	8

듣기(점)	9	6	8	7	10
말하기(점)	9	6	5	9	7

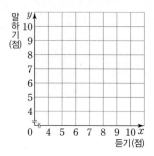

[● 도형] 오른쪽 그림은 **10명의 학생**들의 하루 평균 게임 시간과 수면 시간에 대한 산점도이다. 다음을 구하시오.

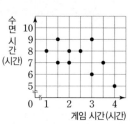

2 수면 시간이 8시간인 학생 수

3 수면 시간이 7시간 미만인 학생 수

4 게임 시간이 3시간 이하이고 수면 시간이 7시간 이하인 학생 수

5 게임 시간이 2시간 초과인 학생 수

6 게임 시간이 2시간 초과인 학생의 백분율

오른쪽 그림은 한승이네 반 학생 10명의 사회 성적과 과학 성적에 대한 산점도이다. 다음을 구하시오.

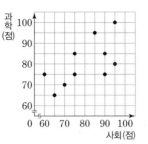

7 사회 성적과 과학 성적이 같은 학생 수

8 과학 성적보다 사회 성적이 우수한 학생 수

9 사회 성적보다 과학 성적이 우수한 학생 수

상관관계

다음 중 두 변량 사이에 양의 상관관계가 있으면 '양', 음의 상관관계가 있으면 '음', 상관관계가 없으면 '무'를 (　) 안에 써넣으시오.

10 하루 중 낮의 길이와 밤의 길이　　　　(　　　)

11 가방의 무게와 성적　　　　(　　　)

12 흡연량과 폐암 발생률　　　　(　　　)

13 미세먼지 농도와 공기청정기 판매량　　(　　　)

보기의 산점도에 대하여 다음을 모두 고르시오.

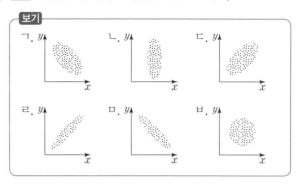

14 양의 상관관계를 나타내는 것

15 음의 상관관계를 나타내는 것

16 상관관계가 없는 것

17 가장 강한 양의 상관관계를 나타내는 것

18 가장 강한 음의 상관관계를 나타내는 것

다음 두 변량 사이의 관계를 나타내는 것을 보기에서 고르시오.

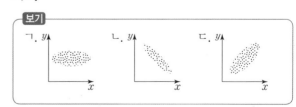

19 여름철 낮의 최고 기온과 아이스크림의 판매량

20 겨울철 최저 기온과 핫팩 판매량

소단원 유형 익히기

유형 1 산점도의 이해 (1) - 이상, 이하, 초과, 미만

이상, 이하, 초과, 미만 등의 조건이 주어질 때
① 조건에 따라 좌표축에 평행한 기준선을 긋는다.
② 조건에 맞는 영역에 해당하는 점의 개수를 구하여 답을
구한다.

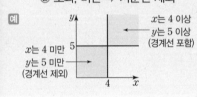

[참고] ① 이상, 이하 ➡ 기준선 포함
② 초과, 미만 ➡ 기준선 제외

[예] x는 4 이상
y는 5 이상
(경계선 포함)
x는 4 미만
y는 5 미만
(경계선 제외)

[1~3] 오른쪽 그림은 우진이네 반 학
생 10명의 작년과 올해의 봉사 활동
시간에 대한 산점도이다. 다음 물음에
답하시오.

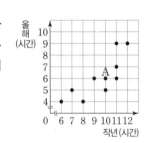

1. ▪◻◻

작년에 봉사 활동을 9시간 한 학생이 올해에 봉사 활동을 한 시간을
구하시오.

2. ▪◻◻

올해에 봉사 활동을 한 시간이 A와 같은 학생 수를 구하시오.

3. ▪◻◻ 서술형

작년에 봉사 활동을 8시간 이상 한 학생 수를 a, 올해에 봉사 활동
을 7시간 이상 한 학생 수를 b라 할 때, $a+b$의 값을 구하시오.

4. ▪▪◻ 대표

오른쪽 그림은 포유류에 속하는 10종
의 동물의 임신 기간과 한 번에 출산하
는 평균 새끼 수에 대한 산점도이다. 임
신 기간이 200일 이상 300일 이하인
동물은 몇 종인지 구하시오.

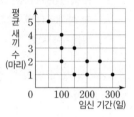

5. ▪▪◻

오른쪽 그림은 미도네 반 학생 20명
의 몸무게와 키에 대한 산점도이다.
몸무게가 65 kg 초과이고 키가
170 cm 초과인 학생은 전체의 몇 %
인가?

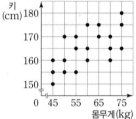

① 10 %   ② 15 %
③ 20 %   ④ 25 %
⑤ 30 %

6. ▪▪◻

오른쪽 그림은 학생 15명의 국어 점수
와 사회 점수에 대한 산점도이다. 다음
중에서 옳지 <u>않은</u> 것은?

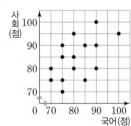

① 국어 점수가 90점 이상인 학생은
   4명이다.
② 사회 점수가 90점 미만인 학생은
   전체의 40 %이다.
③ 국어 점수가 70점 초과이고 85점 미만인 학생은 7명이다.
④ 사회 점수가 80점 이상인 학생은 11명이다.
⑤ 국어와 사회 점수가 모두 75점 이하인 학생은 3명이다.

7 서술형

오른쪽 그림은 수영 대회 예선에 참가한 학생 15명의 다이빙 1차 성적과 2차 성적에 대한 산점도이다. 1차 성적이 7점인 학생들의 2차 성적의 평균을 구하시오.

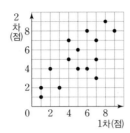

10 대표

오른쪽 그림은 어느 보건소에서 진행한 건강관리 프로그램에서 체중 감량을 권유받은 참가자 20명의 프로그램 시작 전과 종료 후의 몸무게에 대한 산점도이다. 프로그램 종료 후 체중이 감소한 참가자의 수를 구하시오.

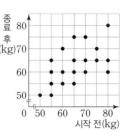

유형 2 산점도의 이해 (2) – 두 변량의 비교

'같다. / ~보다 작다. / ~보다 크다.' 등 두 변량을 비교할 때
① 대각선을 긋는다.
② 조건에 맞는 영역에 해당하는 점의 개수를 구하여 답을 구한다.

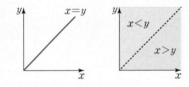

11

오른쪽 그림은 사진 동호회 회원 16명이 지난해 사진 전시회와 그림 전시회를 관람한 횟수에 대한 산점도이다. 사진 전시회와 그림 전시회 관람 횟수가 같은 회원은 전체의 몇 %인가?

① 10 %   ② 15 %

③ 20 %   ④ 25 %

⑤ 30 %

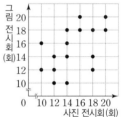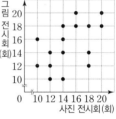

[8~9] 오른쪽 그림은 12명의 미술 실기 점수와 음악 실기 점수에 대한 산점도이다. 다음 물음에 답하시오.

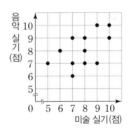

8

미술 실기 점수가 가장 낮은 학생의 음악 실기 점수를 구하시오.

12

오른쪽 그림은 학생 12명의 2차에 걸친 쪽지시험 점수에 대한 산점도이다. 다음 중에서 옳은 것을 모두 고르면?

(정답 2개)

① 1차 점수와 2차 점수가 같은 학생은 4명이다.

② 1차보다 2차 시험을 더 잘 본 학생은 3명이다.

③ 2차보다 1차 점수가 더 높은 학생은 전체의 30 %이다.

④ A의 1차와 2차 점수의 합은 17점이다.

⑤ C는 B보다 2차 점수가 더 높다.

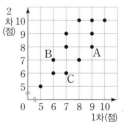

9

미술 실기 점수가 음악 실기 점수보다 높은 학생은 몇 명인가?

① 3명   ② 4명   ③ 5명

④ 6명   ⑤ 7명

유형 3 산점도의 이해 (3) – 차

차에 대한 조건이 주어질 때
① 차를 만족시키는 두 점을 지나는 직선을 두 개 긋는다.
② 조건에 맞는 영역에 해당하는 점의 개수를 구하여 답을 구한다.

예
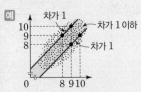

[13~14] 오른쪽 그림은 학생 16명이 음악 실기 평가에서 받은 가창 점수와 악기 연주 점수에 대한 산점도이다. 다음 물음에 답하시오.

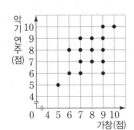

13 📶
가창 점수와 악기 연주 점수의 차가 2점인 학생 수를 구하시오.

14 📶 대표
가창 점수와 악기 연주 점수의 차가 1점 이하인 학생은 몇 명인가?

① 8명   ② 9명   ③ 10명
④ 11명   ⑤ 12명

15 📶 서술형
오른쪽 그림은 민율이네 반 학생 20명의 영어 점수와 수학 점수에 대한 산점도이다. 영어 점수와 수학 점수의 차가 20점 이상인 학생은 전체의 몇 %인지 구하시오.

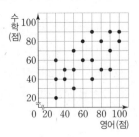

유형 4 상관관계

(1) 한 변량이 증가하면 다른 변량도 대체로 증가하는 관계
  ➡ 양의 상관관계
(2) 한 변량이 증가하면 다른 변량은 대체로 감소하는 관계
  ➡ 음의 상관관계
(3) 양의 상관관계도 아니고 음의 상관관계도 아닌 관계
  ➡ 상관관계가 없다.

16 📶
다음 산점도 중에서 가장 강한 양의 상관관계를 나타내는 것은?

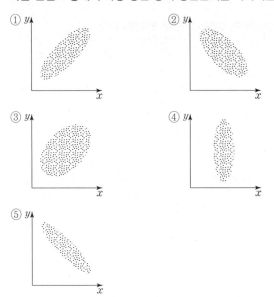

17 📶
다음 보기 의 그림은 4개의 집단을 대상으로 조사한 텐트의 가격과 만족도에 대한 산점도이다. 텐트의 가격을 x, 만족도를 y라 할 때, 텐트의 가격이 높을수록 만족도가 낮은 집단을 고르시오.

보기
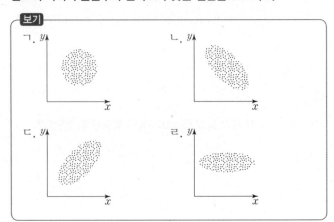

18 대표

다음 중에서 오른쪽 그림과 같은 산점도로 나타낼 수 있는 것은?

① 초등학생의 나이와 키
② 등교 시간과 음악 점수
③ 가족 수와 전기 사용량
④ 도로 위 자동차 수와 공기 오염도
⑤ 배추의 생산량과 배추의 가격

19

다음 중에서 두 변량 사이의 관계가 나머지 셋과 <u>다른</u> 하나를 고르시오.

> 보기
> ㄱ. 예금액과 이자
> ㄴ. 운행 중인 차량 수와 평균 속력
> ㄷ. 운동량과 소모한 열량
> ㄹ. 물건의 판매량과 매출액

20 신유형

오른쪽 그림은 어느 정거장에서 정차하는 버스 10대의 배차 시간과 각 버스를 기다리는 승객 수에 대한 산점도이다. 다음 중에서 옳은 것을 모두 고르면? (정답 2개)

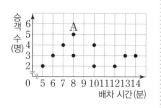

① 배차 시간과 승객 수는 양의 상관관계가 있다.
② 배차 시간이 길면 대체로 승객 수가 증가하는 경향이 있다.
③ 배차 시간과 승객 수는 상관관계가 없다.
④ 버스 A의 승객 수는 8이다.
⑤ 배차 시간이 가장 짧은 버스를 기다리는 승객 수와 가장 긴 버스를 기다리는 승객 수의 차는 1이다.

유형 5 산점도의 분석

(1) 대각선의 위쪽에 있는 A
→ A는 x의 값에 비하여 y의 값이 크다.
(2) 대각선의 아래쪽에 있는 B
→ B는 x의 값에 비하여 y의 값이 작다.

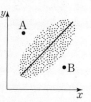

21

오른쪽 그림은 민주네 학교 학생들의 키와 앉은키에 대한 산점도이다. 민주, 지현, 유정, 승미 중에서 키에 비하여 앉은키가 가장 큰 학생을 구하시오.

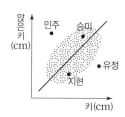

22 대표

오른쪽 그림은 어느 회사 직원들의 월급과 월 저축액에 대한 산점도이다. A, B, C, D, E 중에서 월급에 비하여 월 저축액이 가장 적은 직원을 구하시오.

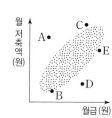

23 서술형

오른쪽 그림은 어느 중학교 학생들의 오른쪽 눈과 왼쪽 눈의 시력에 대한 산점도이다. 다음 중에서 <u>틀린</u> 설명을 한 학생을 찾고 바르게 고치시오.

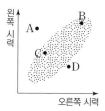

> 정우: 오른쪽 눈과 왼쪽 눈의 시력 사이에는 양의 상관관계가 있어.
> 주희: A는 왼쪽 눈의 시력에 비하여 오른쪽 눈의 시력이 좋은 편이야.
> 은성: B는 양쪽 눈의 시력이 모두 좋은 편이야.
> 재은: D는 C보다 왼쪽 눈의 시력이 나빠.

중단원 핵심유형 테스트

1. 📶

다음 중에서 오른쪽 그림과 같은 산점도로 나타낼 수 있는 것은?

① 국어 점수와 노래 실력
② 겨울철 실외 기온과 난방비
③ 지구의 기온과 빙하의 크기
④ 인구 수와 쌀 소비량
⑤ 출석 번호와 성적

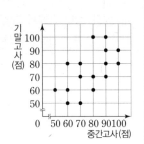

[2~4] 오른쪽 그림은 세린이네 반 학생 16명의 과학 중간고사 성적과 기말고사 성적에 대한 산점도이다. 다음 물음에 답하시오.

2. 📶

중간고사 성적은 70점 이상이고 기말고사 성적은 80점 이상인 학생은 몇 명인가?

① 4명   ② 5명   ③ 6명
④ 7명   ⑤ 8명

3. 📶

중간고사와 기말고사 성적의 차가 10점인 학생 수를 구하시오.

4. 📶

중간고사보다 기말고사 성적이 떨어진 학생에게 과제를 주려고 할 때, 과제를 받는 학생은 전체의 몇 %인가?

① 10 %   ② 20 %   ③ 30 %
④ 40 %   ⑤ 50 %

5. 📶

오른쪽 그림은 어느 산부인과에서 태어난 신생아 18명의 몸무게와 머리둘레에 대한 산점도이다. 머리둘레가 34 cm인 신생아들의 몸무게의 평균을 구하시오.

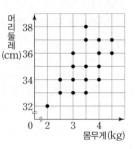

6. 📶 서술형 💬

오른쪽 그림은 어느 동호회 회원 15명이 2차에 걸쳐 자유투를 10개씩 던졌을 때, 성공한 자유투의 개수에 대한 산점도이다. 1차에서 성공한 개수와 2차에서 성공한 개수가 같은 회원 수를 a, 1차보다 2차에서 성공한 개수가 더 많은 회원 수를 b라 할 때, $a+b$의 값을 구하시오.

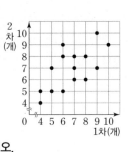

7. 📶

다음 중에서 석유 생산량과 석유 가격에 대한 상관관계와 같은 상관관계를 가지는 것을 모두 고르면? (정답 2개)

① 눈의 크기와 턱걸이 횟수
② 나무의 나이와 둘레의 길이
③ 통학 거리와 통학 시간
④ 지면에서의 높이와 산소량
⑤ 온도와 얼음이 녹는 데 걸리는 시간

8. 📶

오른쪽 그림은 어느 회사 직원들의 월급과 카드 사용액에 대한 산점도이다. A, B, C, D, E 중에서 월급에 비하여 카드 사용액이 가장 많은 직원은?

① A   ② B
③ C   ④ D
⑤ E

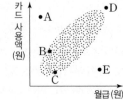

9 ⦿

다음은 특정 도로 20개 지점에서 A, B 두 자동차의 제동 거리와 그 때의 속력 사이의 관계를 나타낸 산점도를 보고 학생들이 나눈 대화 이다. 바르게 설명한 학생을 모두 고르시오.

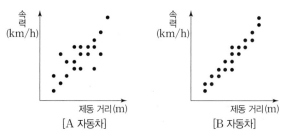

[A 자동차]   [B 자동차]

정민: 자동차의 제동 거리가 길수록 속력이 대체로 큰 경향이 있구나.

주희: 자동차의 제동 거리와 그때의 속력 사이에는 상관관계 가 없어.

리안: A 자동차보다 B 자동차가 더 무거워.

도윤: A 자동차가 B 자동차보다 제동 거리와 속력 사이에 더 약한 상관관계를 보여.

10 ⦿

오른쪽 그림은 승욱이네 학교 학생들의 독서 시간과 운동 시간에 대한 산점도이 다. 다음 중 옳지 <u>않은</u> 것을 모두 고른 것은? (정답 2개)

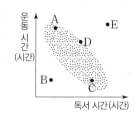

① A는 운동 시간이 많은 편이다.

② 두 변량 사이의 상관관계를 알 수 없다.

③ B는 독서 시간과 운동 시간이 모두 적다.

④ D는 C보다 독서 시간은 적고 운동 시간은 많다.

⑤ C는 E보다 독서 시간이 많다.

11 ⦿

오른쪽 그림은 영지네 반 학생 24명이 체육 실기 평가에서 받은 높이뛰기 점수 와 멀리뛰기 점수에 대한 산점도이다. 높이뛰기와 멀리뛰기 점수의 차가 2점 이상인 학생 수를 구하시오.

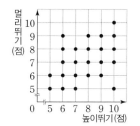

12 ⦿

오른쪽 그림은 학생 20명의 하루 평균 스마트폰 사용 시간과 수학 성적에 대 한 산점도이다. 하루 평균 스마트폰 사 용 시간이 4시간 이상이면 스마트폰 중독 위험군에 속한다고 할 때, 스마트 폰 중독 위험군에 속하는 학생들의 수 학 성적의 평균을 구하시오.

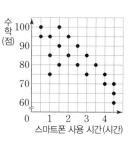

13 ⦿

오른쪽 그림은 학생 20명이 작년과 올 해에 관람한 영화 수에 대한 산점도이 다. 다음 중에서 옳지 <u>않은</u> 것을 모두 고 르면? (정답 2개)

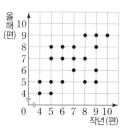

① 작년과 올해에 관람한 영화가 모두 7 편 미만인 학생은 전체의 25 %이다.

② 작년보다 올해에 관람한 영화 수가 많은 학생은 7명이다.

③ 작년과 올해에 관람한 영화 수의 차가 3인 학생은 2명이다.

④ 작년에 관람한 영화 수가 가장 많은 학생이 올해에 관람한 영화는 8편이다.

⑤ 작년과 올해 중 적어도 한 번은 9편 이상 영화를 관람한 학 생은 6명이다.

14 ⦿

오른쪽 그림은 컴퓨터 자격 시험에 응 시한 학생 20명의 필기 점수와 실기 점수에 대한 산점도이다. 필기 점수와 실기 점수의 평균이 규한이와 같은 학 생은 전체의 몇 %인지 구하시오.

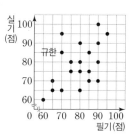

삼각비의 표

각도	사인(sin)	코사인(cos)	탄젠트(tan)	각도	사인(sin)	코사인(cos)	탄젠트(tan)
0°	0.0000	1.0000	0.0000	45°	0.7071	0.7071	1.0000
1°	0.0175	0.9998	0.0175	46°	0.7193	0.6947	1.0355
2°	0.0349	0.9994	0.0349	47°	0.7314	0.6820	1.0724
3°	0.0523	0.9986	0.0524	48°	0.7431	0.6691	1.1106
4°	0.0698	0.9976	0.0699	49°	0.7547	0.6561	1.1504
5°	0.0872	0.9962	0.0875	50°	0.7660	0.6428	1.1918
6°	0.1045	0.9945	0.1051	51°	0.7771	0.6293	1.2349
7°	0.1219	0.9925	0.1228	52°	0.7880	0.6157	1.2799
8°	0.1392	0.9903	0.1405	53°	0.7986	0.6018	1.3270
9°	0.1564	0.9877	0.1584	54°	0.8090	0.5878	1.3764
10°	0.1736	0.9848	0.1763	55°	0.8192	0.5736	1.4281
11°	0.1908	0.9816	0.1944	56°	0.8290	0.5592	1.4826
12°	0.2079	0.9781	0.2126	57°	0.8387	0.5446	1.5399
13°	0.2250	0.9744	0.2309	58°	0.8480	0.5299	1.6003
14°	0.2419	0.9703	0.2493	59°	0.8572	0.5150	1.6643
15°	0.2588	0.9659	0.2679	60°	0.8660	0.5000	1.7321
16°	0.2756	0.9613	0.2867	61°	0.8746	0.4848	1.8040
17°	0.2924	0.9563	0.3057	62°	0.8829	0.4695	1.8807
18°	0.3090	0.9511	0.3249	63°	0.8910	0.4540	1.9626
19°	0.3256	0.9455	0.3443	64°	0.8988	0.4384	2.0503
20°	0.3420	0.9397	0.3640	65°	0.9063	0.4226	2.1445
21°	0.3584	0.9336	0.3839	66°	0.9135	0.4067	2.2460
22°	0.3746	0.9272	0.4040	67°	0.9205	0.3907	2.3559
23°	0.3907	0.9205	0.4245	68°	0.9272	0.3746	2.4751
24°	0.4067	0.9135	0.4452	69°	0.9336	0.3584	2.6051
25°	0.4226	0.9063	0.4663	70°	0.9397	0.3420	2.7475
26°	0.4384	0.8988	0.4877	71°	0.9455	0.3256	2.9042
27°	0.4540	0.8910	0.5095	72°	0.9511	0.3090	3.0777
28°	0.4695	0.8829	0.5317	73°	0.9563	0.2924	3.2709
29°	0.4848	0.8746	0.5543	74°	0.9613	0.2756	3.4874
30°	0.5000	0.8660	0.5774	75°	0.9659	0.2588	3.7321
31°	0.5150	0.8572	0.6009	76°	0.9703	0.2419	4.0108
32°	0.5299	0.8480	0.6249	77°	0.9744	0.2250	4.3315
33°	0.5446	0.8387	0.6494	78°	0.9781	0.2079	4.7046
34°	0.5592	0.8290	0.6745	79°	0.9816	0.1908	5.1446
35°	0.5736	0.8192	0.7002	80°	0.9848	0.1736	5.6713
36°	0.5878	0.8090	0.7265	81°	0.9877	0.1564	6.3138
37°	0.6018	0.7986	0.7536	82°	0.9903	0.1392	7.1154
38°	0.6157	0.7880	0.7813	83°	0.9925	0.1219	8.1443
39°	0.6293	0.7771	0.8098	84°	0.9945	0.1045	9.5144
40°	0.6428	0.7660	0.8391	85°	0.9962	0.0872	11.4301
41°	0.6561	0.7547	0.8693	86°	0.9976	0.0698	14.3007
42°	0.6691	0.7431	0.9004	87°	0.9986	0.0523	19.0811
43°	0.6820	0.7314	0.9325	88°	0.9994	0.0349	28.6363
44°	0.6947	0.7193	0.9657	89°	0.9998	0.0175	57.2900
45°	0.7071	0.7071	1.0000	90°	1.0000	0.0000	-

사뿐

중학 사회
중학 역사

사회를 한 권으로
가뿐하게!

중학 사회

①-1 ②-1 ①-2 ②-2

중학 역사

①-1 ②-1 ①-2 ②-2

중학 수학의 첫 유형 학습

유형 β
베타

정답과 풀이

중학 수학

3 · 2

Contents / 이 책의 차례

1 빠른 정답

2 정답과 풀이

빠른 정답

1. 삼각비

01. 삼각비 | 8~9쪽 |

삼각비의 뜻

1 $\dfrac{\sqrt{3}}{2}$ 2 $\dfrac{1}{2}$ 3 $\sqrt{3}$ 4 $\dfrac{1}{2}$ 5 $\dfrac{\sqrt{3}}{2}$

6 $\dfrac{\sqrt{3}}{3}$ 7 $\sqrt{7}$ 8 $\dfrac{\sqrt{7}}{4}$ 9 $\dfrac{3}{4}$ 10 $\dfrac{\sqrt{7}}{3}$

삼각비를 이용하여 변의 길이 구하기

11 5, 2 12 2, $\sqrt{21}$ 13 8 14 $2\sqrt{7}$ 15 12

16 $4\sqrt{13}$

직각삼각형의 닮음과 삼각비의 값

17 △BAC, △BDA 18 ∠ABC 19 $\sqrt{6}$ 20 $\dfrac{\sqrt{15}}{5}$

21 $\dfrac{\sqrt{10}}{5}$ 22 $\dfrac{\sqrt{6}}{2}$ 23 ○ 24 × 25 ○

소단원 유형 익히기 | 10~13쪽 |

1 ③ 2 ⑤ 3 $\dfrac{ac}{b^2}$ 4 ④ 5 $\dfrac{2\sqrt{6}}{5}$

6 $\dfrac{7}{5}$ 7 $2\sqrt{10}$

8 (1) $\overline{AB}=8$ cm, $\overline{BC}=4\sqrt{5}$ cm (2) $\dfrac{\sqrt{5}}{2}$

9 ② 10 ② 11 $4\sqrt{5}$ 12 ④ 13 $\dfrac{8}{17}$

14 $\dfrac{\sqrt{7}}{3}$ 15 ④ 16 ④ 17 $\dfrac{3}{35}$ 18 $\dfrac{5\sqrt{13}}{13}$

19 ② 20 서진 21 ① 22 ② 23 $\dfrac{10}{13}$

24 ③ 25 ④ 26 $\dfrac{1}{5}$

02. 삼각비의 값 | 14~15쪽 |

30°, 45°, 60°의 삼각비의 값

1 $\dfrac{3}{2}$ 2 0 3 $\dfrac{3}{2}$ 4 $\dfrac{\sqrt{3}}{4}$ 5 $\dfrac{2}{3}$

6 $\dfrac{\sqrt{2}}{4}$ 7 3 ($\dfrac{1}{2}$, 3) 8 2 9 $3\sqrt{3}$

예각의 삼각비의 값

10 $\overline{AB}$ 11 $\overline{OB}$ 12 $\overline{CD}$ 13 $\overline{OB}$ 14 $\overline{AB}$

0°, 90°의 삼각비의 값

15 0 16 1 17 3 18 0 19 0

20 3 21 $\dfrac{1}{2}$

삼각비의 표

22 0.4384 23 0.8746 24 0.5095 25 0.4695 26 52°

27 50° 28 53° 29 51°

소단원 유형 익히기 | 16~21쪽 |

1 1 2 ② 3 ② 4 9 5 ②

6 132 7 $\dfrac{3}{4}$ 8 ② 9 ③ 10 $\sqrt{3}$

11 ② 12 ① 13 $2\sqrt{6}$ 14 ③ 15 ③

16 8 17 ② 18 $\overline{AB}$ 19 ④ 20 ③

21 0.53 22 ① 23 ②, ④ 24 2 25 ①, ⑤

26 ④ 27 ㄴ, ㄱ, ㄹ, ㄷ 28 ③ 29 ㉣

30 ② 31 1.8672 32 63° 33 4.54 34 ④

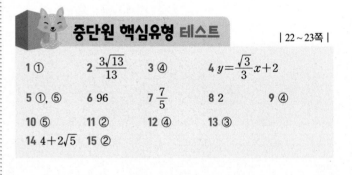

중단원 핵심유형 테스트 | 22~23쪽 |

1 ① 2 $\dfrac{3\sqrt{13}}{13}$ 3 ④ 4 $y=\dfrac{\sqrt{3}}{3}x+2$

5 ①, ⑤ 6 96 7 $\dfrac{7}{5}$ 8 2 9 ④

10 ⑤ 11 ② 12 ④ 13 ③

14 $4+2\sqrt{5}$ 15 ②

2. 삼각비의 활용

01. 길이 구하기 | 26~27쪽 |

직각삼각형의 변의 길이

1 sin B 2 a, a 3 $\dfrac{b}{c}$, b 4 6.4 5 4.92

6 4.95

일반 삼각형의 변의 길이

7 4, 2, 4, $2\sqrt{3}$, $\sqrt{3}$, 2, $\sqrt{3}$, $\sqrt{7}$ 8 $6\sqrt{2}$, 6, 60, 6, $4\sqrt{3}$

9 5   10 $6\sqrt{2}$

삼각형의 높이

11 30, $\dfrac{\sqrt{3}}{3}$, 45, $\dfrac{\sqrt{3}}{3}$, $\sqrt{3}$ 12 60, $\sqrt{3}$, 45, $\sqrt{3}$, 1

13 $4(\sqrt{3}-1)$ 14 $5(3+\sqrt{3})$

소단원 유형 익히기 | 28 ~ 32쪽 |

1 ④   2 ③   3 2.7   4 ③   5 ①

6 $18\sqrt{2}\pi$ cm³   7 1.02 km   8 7.8 m

9 $(30-10\sqrt{3})$ m   10 ②   11 ②

12 $100\sqrt{7}$ m   13 $2\sqrt{61}$ 14 ②   15 ④   16 ④

17 ④   18 $20(3+\sqrt{2}+\sqrt{3})$ m   19 $3(3-\sqrt{3})$

20 ④   21 $8(\sqrt{3}-1)$ 22 ②   23 41.6 m

24 ③   25 $3(\sqrt{3}+1)$ 26 ①

27 $4(3+\sqrt{3})$ 28 $\dfrac{10\sqrt{3}}{3}$ 29 20 m   30 ②

31 99

소단원 유형 익히기 | 35 ~ 39쪽 |

1 ④   2 22 cm²   3 ①   4 5 cm   5 45°

6 ⑤   7 $6\sqrt{3}$ cm²   8 ②   9 27 cm²

10 $4\sqrt{2}$ cm²   11 ⑤   12 ①   13 150°

14 $(8\pi-4\sqrt{3})$ cm²   15 $28\sqrt{3}$ cm²   16 ①

17 $(8\sqrt{3}+16)$ cm²   18 ④   19 $150\sqrt{3}$ cm²

20 ⑤   21 ⑤   22 $15\sqrt{2}$ cm²   23 ②

24 ⑤   25 135°   26 $10\sqrt{3}$ cm²   27 ②

28 ①   29 $6\sqrt{3}$ cm² 30 45°   31 $7\sqrt{3}$ cm   32 ②

33 1 cm²

🦊 중단원 핵심유형 테스트 | 40 ~ 41쪽 |

1 ②, ⑤   2 $15\sqrt{2}$ cm² 3 ②   4 $(12+4\sqrt{3})$ cm

5 ⑤   6 $200\sqrt{3}$ m   7 $4\sqrt{58}$ m   8 $8\sqrt{2}$

9 $6(3-\sqrt{3})$ 10 $100\sqrt{3}$ m   11 ①

12 $4\sqrt{3}$ cm² 13 $50\sqrt{2}$ cm²   14 60°   15 ④

16 6 cm

02. 넓이 구하기 | 33 ~ 34쪽 |

삼각형의 넓이

1 $14\sqrt{3}$ ($\diagup$ 8, 60, 8, $\dfrac{\sqrt{3}}{2}$, $14\sqrt{3}$)   2 6   3 10

4 $20\sqrt{2}$ ($\diagup$ 10, 135, 10, $\dfrac{\sqrt{2}}{2}$, $20\sqrt{2}$)   5 $27\sqrt{3}$

평행사변형의 넓이

6 14 ($\diagup$ 7, 30, 7, $\dfrac{1}{2}$, 14)   7 $3\sqrt{3}$ 8 $6\sqrt{2}$ 9 44

10 45

사각형의 넓이

11 $5\sqrt{3}$ ($\diagup$ 4, 60, 4, $\dfrac{\sqrt{3}}{2}$, $5\sqrt{3}$)   12 $\dfrac{77\sqrt{2}}{2}$ 13 18

14 $30\sqrt{3}$ 15 $9\sqrt{2}$

3. 원과 직선

01. 원의 현 | 44 ~ 45쪽 |

현의 수직이등분선

1 7   2 18   3 5   4 3   5 $2\sqrt{7}$

현의 수직이등분선의 활용

6 5 ($\diagup$ 4, 5, 5)   7 $\dfrac{15}{2}$

8 $4\sqrt{3}$ ($\diagup$ 2, 2, $2\sqrt{3}$, $4\sqrt{3}$)   9 6

원의 중심과 현의 길이

10 4   11 3   12 5   13 12   14 5

소단원 유형 익히기 | 46~49쪽 |

1 ①	2 ④	3 ②	4 ④	5 ②
6 ④	7 ②	8 ②	9 $6\sqrt{3}$ cm	10 ②
11 10 cm	12 $4\sqrt{6}$ cm^2	13 $8\sqrt{3}$ cm	14 18 cm	15 ②
16 10 cm	17 ③	18 ①	19 ③	20 ④
21 $4\sqrt{5}$ cm	22 ④	23 100°	24 4π cm^2	

02. 원의 접선 | 50~51쪽 |

원의 접선의 성질

| 1 4 | 2 7 | 3 8 cm | 4 6 cm | 5 65° |
| 6 75° | | | | |

삼각형의 내접원

| 7 5 | 8 9 | 9 2 | 10 32 (✐ 2, 2, 32) |
| 11 3 | 12 2 | 13 10 | |

원에 외접하는 사각형의 성질

| 14 14 | 15 10 | 16 5 (✐ $\overline{BC}$, 13, 5) | 17 2 |

소단원 유형 익히기 | 52~57쪽 |

1 ④	2 ③	3 $2\sqrt{3}$ cm	4 ①	5 ②
6 25 cm^2	7 ⑤	8 $\frac{9}{2}\pi$ cm	9 $2\sqrt{13}$ cm	10 ①
11 ②	12 60 cm^2	13 $\frac{16}{3}\pi$ cm^2	14 ④	15 ②, ③
16 10 cm	17 ③	18 ③	19 $22\sqrt{7}$ cm^2	20 ②
21 ②	22 12 cm	23 ③	24 4	25 3 cm
26 ①	27 $\frac{10}{3}$ cm	28 ④	29 6π cm	30 ③
31 ④	32 ⑤	33 ③	34 6 cm	35 ②
36 12 cm	37 ③	38 7 cm	39 6 cm	

중단원 핵심유형 테스트 | 58~59쪽 |

1 ⑤	2 $x=4, y=8$	3 ⑤	4 ②
5 ②	6 ②	7 $10\sqrt{3}$ cm	8 ④	9 24π cm^2
10 ③	11 $(28+4\sqrt{10})$ cm	12 $\frac{9}{2}$ cm	13 3 cm
14 2 cm	15 ④	16 ①	

4. 원주각

01. 원주각 | 62~63쪽 |

원주각과 중심각의 크기

| 1 60° | 2 44° | 3 152° | 4 80° |
| 5 $\angle x=35°, \angle y=40°$ | | 6 $\angle x=60°, \angle y=40°$ | |

원주각의 성질

| 7 43° | 8 54° | 9 $\angle x=40°, \angle y=60°$ |
| 10 $\angle x=35°, \angle y=110°$ | 11 49° | 12 35° |

원주각의 크기와 호의 길이

| 13 50 | 14 7 | 15 25 | 16 10 |
| 17 2, 60, 6, 90, 6, 30 | | | |

소단원 유형 익히기 | 64~69쪽 |

1 60°	2 ⑤	3 ④	4 ③	5 60°
6 100°	7 (1) 60° (2) 30°		8 180°	9 64°
10 ③	11 83°	12 ①	13 ①	14 60°
15 ①	16 60°	17 20°	18 55°	19 ②
20 ①	21 25°	22 55°		
23 (1) 90° (2) 25° (3) 50°			24 70°	25 42°
26 ③	27 8 cm	28 58°	29 ②	30 30°
31 125°	32 ④	33 6 cm	34 15	35 4 cm
36 10 cm	37 (1) 2 : 1 (2) 20°		38 40°	39 80°
40 ④	41 (1) 30° (2) 20° (3) 50°			

02. 원주각의 활용 | 70~71쪽 |

네 점이 한 원 위에 있을 조건

| 1 ○ | 2 × | 3 × | 4 28° | 5 105° |
| 6 75° | | | | |

원에 내접하는 사각형의 성질

| 7 $\angle x=120°, \angle y=105°$ | | 8 $\angle x=80°, \angle y=100°$ | |
| 9 $\angle x=115°, \angle y=65°$ | 10 109° | 11 55° | 12 70° |

사각형이 원에 내접하기 위한 조건

13 ×   14 ○   15 ×   16 ○
17 $\angle x=75°$, $\angle y=95°$ 18 $\angle x=70°$, $\angle y=70°$

소단원 유형 익히기 | 72~76쪽 |

1 55°   2 30°   3 ⑤   4 ⑤
5 $\angle x=45°$, $\angle y=40°$ 6 10°   7 50°   8 ③
9 110°   10 80°   11 125°   12 ②   13 50°
14 ③   15 50°   16 65°   17 115°
18 (1) 40° (2) 70° (3) 110°   19 135°   20 ②
21 (1) 105° (2) 75°   22 ①   23 95°
24 (1) $\angle x$ (2) 25°$+\angle x$ (3) 60°   25 50, 50, 50, 40
26 55°   27 ②, ④   28 ②, ⑤   29 ①   30 ②
31 130°   32 60°

03. 접선과 현이 이루는 각 | 77~78쪽 |

접선과 현이 이루는 각

1 60°   2 105°   3 $\angle x=70°$, $\angle y=65°$
4 $\angle x=35°$, $\angle y=100°$ 5 $\angle x=70°$, $\angle y=40°$ 6 80°
7 55°   8 35°   9 23°

두 원에서 접선과 현이 이루는 각

10 45°   11 45°   12 45°   13 50°   14 30°
15 55°   16 80°   17 70°   18 45°

소단원 유형 익히기 | 79~82쪽 |

1 24°   2 ②   3 75°   4 ⑤   5 ⑤
6 100°   7 ⑤   8 ③   9 75°   10 ②
11 ③   12 110°   13 ④   14 40°   15 30°
16 35°   17 ④   18 $\angle x=50°$, $\angle y=80°$ 19 (1) 60° (2) 55° (3) 65°   20 50°   21 110°   22 ②
23 상민, 서우   24 70°

중단원 핵심유형 테스트 | 83~85쪽 |

1 ②   2 ④   3 25°   4 60°   5 ③
6 ②   7 63°   8 $\angle x=52°$, $y=52°$ 9 150°
10 34°   11 65°   12 ④   13 120°
14 ㄱ, ㄴ, ㄷ   15 210°   16 170°   17 ④   18 15°
19 ②   20 69°   21 $8\sqrt{3}$ m

5. 대푯값과 산포도

01. 대푯값 | 88~89쪽 |

평균

1 10   2 54   3 55   4 7   5 29
6 67

중앙값

7 6   8 19   9 4   10 11   11 45
12 5.5

최빈값

13 6   14 55, 60   15 8   16 야구   17 ○
18 ○   19 ×   20 ○   21 ×

소단원 유형 익히기 | 90~92쪽 |

1 ④   2 14회   3 A 농장   4 ③   5 90회
6 16개   7 ②   8 ②   9 솔   10 8점
11 170   12 $a>b>c$ 13 ㄴ   14 최빈값, 240 mm
15 (1) 275만 원 (2) 145만 원 (3) 중앙값   16 5
17 7개   18 ②

02. 산포도 | 93~94쪽 |

편차

1	변량	7	6	2	9
	편차	1	0	−4	3

2	변량	21	23	15	14	17
	편차	3	5	−3	−4	−1

3 평균: 7

변량	7	6	9	5	8
편차	0	−1	2	−2	1

4 평균: 33

변량	33	31	34	28	39
편차	0	−2	1	−5	6

5 평균: 22

변량	18	26	25	17	22	24
편차	−4	4	3	−5	0	2

6 −2   7 0

분산과 표준편차

8 (1) 6 (2) −2, 3, 0, −1 (3) 14 (4) 3.5 (5) $\sqrt{3.5}$
9 (1) 11 (2) −1, 1, −3, 3, 0 (3) 20 (4) 4 (5) 2
10 (1) 16 (2) 4 11 (1) 50 (2) $5\sqrt{2}$
12 (1) 5 (2) $\sqrt{5}$

산포도와 자료의 분포 상태

13 × 14 ○ 15 × 16 ○ 17 ×
18 ○ 19 ×

소단원 유형 익히기 | 95~99쪽 |

1 3 2 −1 3 ② 4 ⑤ 5 73점

6
노선	A	B	C	D	E
편차(분)	−30	40	10	−20	0
배차 간격(분)	20	90	60	30	50

7 ① 8 ④ 9 6 10 $\sqrt{3}$점
11 분산: 4, 표준편차: 2개 12 $\frac{20}{3}$ 13 ④
14 동현, 준호 15 3.6 16 ① 17 ②
18 74 19 (1) 10 (2) 8 20 $m=2, n=3$
21 ③, 평균: 7, 표준편차: 4 22 상석 23 ②
24 ② 25 ③, ⑤ 26 ③ 27 ㄱ, ㄷ

중단원 핵심유형 테스트 | 100~101쪽 |

1 ③ 2 ② 3 24 4 ①, ⑤ 5 88점
6 17 7 $a=2, b=10$ 8 ① 9 ⑤
10 ①, ④ 11 6.8 12 20 13 지원, 용재
14 (1) A 영화의 평균: 3점, B 영화의 평균: 3점
  (2) A 영화의 분산: $\frac{22}{15}$, B 영화의 분산: $\frac{38}{15}$ (3) A 영화

상관관계

10 음 11 무 12 양 13 양 14 ㄷ, ㄹ
15 ㄱ, ㅁ 16 ㄴ, ㅂ 17 ㄹ 18 ㅁ 19 ㄷ
20 ㄴ

소단원 유형 익히기 | 106~109쪽 |

1 6시간 2 2 3 11 4 4종 5 ①
6 ② 7 5점 8 7점 9 ② 10 10
11 ④ 12 ①, ④ 13 3 14 ⑤ 15 50 %
16 ① 17 ㄴ 18 ⑤ 19 ㄴ 20 ③, ⑤
21 민주 22 D
23 주희, A는 오른쪽 눈의 시력에 비하여 왼쪽 눈의 시력이 좋은
편이다.

중단원 핵심유형 테스트 | 110~111쪽 |

1 ④ 2 ④ 3 7 4 ⑤ 5 3.25 kg
6 10 7 ④, ⑤ 8 ① 9 정민, 도윤 10 ②, ⑤
11 9 12 68점 13 ③, ④ 14 20 %

6. 상관관계

01. 산점도와 상관관계 | 104~105쪽 |

산점도

1 풀이 53쪽 참조 2 3 3 2 4 3
5 5 6 50 % 7 3 8 3 9 4

정답과 풀이

1. 삼각비

01. 삼각비 | 8~9쪽 |

삼각비의 뜻

1 $\dfrac{\sqrt{3}}{2}$	2 $\dfrac{1}{2}$	3 $\sqrt{3}$	4 $\dfrac{1}{2}$	5 $\dfrac{\sqrt{3}}{2}$
6 $\dfrac{\sqrt{3}}{3}$	7 $\sqrt{7}$	8 $\dfrac{\sqrt{7}}{4}$	9 $\dfrac{3}{4}$	10 $\dfrac{\sqrt{7}}{3}$

1 $\sin A = \dfrac{\overline{BC}}{\overline{AC}} = \dfrac{\sqrt{3}}{2}$

2 $\cos A = \dfrac{\overline{AB}}{\overline{AC}} = \dfrac{1}{2}$

3 $\tan A = \dfrac{\overline{BC}}{\overline{AB}} = \sqrt{3}$

4 $\sin C = \dfrac{\overline{AB}}{\overline{AC}} = \dfrac{1}{2}$

5 $\cos C = \dfrac{\overline{BC}}{\overline{AC}} = \dfrac{\sqrt{3}}{2}$

6 $\tan C = \dfrac{\overline{AB}}{\overline{BC}} = \dfrac{1}{\sqrt{3}} = \dfrac{\sqrt{3}}{3}$

7 $\overline{AC} = \sqrt{4^2 - 3^2} = \sqrt{7}$

8 $\sin B = \dfrac{\overline{AC}}{\overline{BC}} = \dfrac{\sqrt{7}}{4}$

9 $\cos B = \dfrac{\overline{AB}}{\overline{BC}} = \dfrac{3}{4}$

10 $\tan B = \dfrac{\overline{AC}}{\overline{AB}} = \dfrac{\sqrt{7}}{3}$

삼각비를 이용하여 변의 길이 구하기

11 5, 2	12 2, $\sqrt{21}$	13 8	14 $2\sqrt{7}$	15 12
16 $4\sqrt{13}$				

13 $\cos A = \dfrac{6}{\overline{AB}} = \dfrac{3}{4}$이므로 $\overline{AB} = 8$

14 $\overline{BC} = \sqrt{8^2 - 6^2} = \sqrt{28} = 2\sqrt{7}$

15 $\tan C = \dfrac{8}{\overline{AC}} = \dfrac{2}{3}$이므로 $\overline{AC} = 12$

16 $\overline{BC} = \sqrt{8^2 + 12^2} = \sqrt{208} = 4\sqrt{13}$

직각삼각형의 닮음과 삼각비의 값

17 △BAC, △BDA	18 ∠ABC	19 $\sqrt{6}$	20 $\dfrac{\sqrt{15}}{5}$
21 $\dfrac{\sqrt{10}}{5}$	22 $\dfrac{\sqrt{6}}{2}$	23 ○	24 ×	25 ○

19 $\overline{AC} = \sqrt{(\sqrt{10})^2 - 2^2} = \sqrt{6}$

20 ∠ABC = ∠DAC = x이므로
$\sin x = \dfrac{\overline{AC}}{\overline{BC}} = \dfrac{\sqrt{6}}{\sqrt{10}} = \dfrac{\sqrt{15}}{5}$

21 $\cos x = \dfrac{\overline{AB}}{\overline{BC}} = \dfrac{2}{\sqrt{10}} = \dfrac{\sqrt{10}}{5}$

22 $\tan x = \dfrac{\overline{AC}}{\overline{AB}} = \dfrac{\sqrt{6}}{2}$

23 △ABC와 △EBD에서
∠B는 공통, ∠BAC = ∠BED = 90°이므로
△ABC∽△EBD (AA 닮음)

24 △ABC∽△EBD (AA 닮음)이므로
∠BDE = ∠BCA

25 ∠BDE = ∠BCA = x이므로 직각삼각형 ABC에서
$\sin x = \dfrac{\overline{AB}}{\overline{BC}}$

소단원 유형 익히기

유형 1 삼각비의 값 | 10쪽 |

1 ③	2 ⑤	3 $\dfrac{ac}{b^2}$

1 $\sin A = \dfrac{8}{17}$, $\cos A = \dfrac{15}{17}$이므로
$\sin A + \cos A = \dfrac{8}{17} + \dfrac{15}{17} = \dfrac{23}{17}$

2 ① $\sin A = \dfrac{a}{c}$

② $\tan A = \dfrac{a}{b}$

③ $\sin B = \dfrac{b}{c}$

④ $\cos B = \dfrac{a}{c}$

⑤ $\tan B = \dfrac{b}{a}$

따라서 옳은 것은 ⑤이다.

3 $\sin A = \dfrac{a}{b}$, $\cos C = \dfrac{a}{b}$, $\tan A = \dfrac{a}{c}$이므로

$\sin A \times \cos C \div \tan A = \dfrac{a}{b} \times \dfrac{a}{b} \div \dfrac{a}{c} = \dfrac{a}{b} \times \dfrac{a}{b} \times \dfrac{c}{a} = \dfrac{ac}{b^2}$

유형 2 변의 길이가 주어질 때 삼각비의 값 | 10쪽 |

4 ④   5 $\dfrac{2\sqrt{6}}{5}$ 6 $\dfrac{7}{5}$

---

4 $\overline{AC} = \sqrt{6^2 + 4^2} = 2\sqrt{13}$

① $\sin A = \dfrac{\overline{BC}}{\overline{AC}} = \dfrac{6}{2\sqrt{13}} = \dfrac{3\sqrt{13}}{13}$

② $\cos A = \dfrac{\overline{AB}}{\overline{AC}} = \dfrac{4}{2\sqrt{13}} = \dfrac{2\sqrt{13}}{13}$

③ $\sin C = \dfrac{\overline{AB}}{\overline{AC}} = \dfrac{4}{2\sqrt{13}} = \dfrac{2\sqrt{13}}{13}$

④ $\cos C = \dfrac{\overline{BC}}{\overline{AC}} = \dfrac{6}{2\sqrt{13}} = \dfrac{3\sqrt{13}}{13}$

⑤ $\tan C = \dfrac{\overline{AB}}{\overline{BC}} = \dfrac{4}{6} = \dfrac{2}{3}$

따라서 옳은 것은 ④이다.

5 $\overline{AB} : \overline{AC} = 5 : 7$이므로 $\overline{AB} = 5k$, $\overline{AC} = 7k(k \neq 0)$이라 하면

$\overline{BC} = \sqrt{(7k)^2 - (5k)^2} = \sqrt{24k^2} = 2k\sqrt{6}$이므로

$\tan A = \dfrac{\overline{BC}}{\overline{AB}} = \dfrac{2k\sqrt{6}}{5k} = \dfrac{2\sqrt{6}}{5}$

6 $\overline{AC} = \sqrt{5^2 - 3^2} = 4$이므로 ······ ❶

$\sin B = \dfrac{\overline{AC}}{\overline{BC}} = \dfrac{4}{5}$, $\cos B = \dfrac{\overline{AB}}{\overline{BC}} = \dfrac{3}{5}$ ······ ❷

따라서 $\sin B + \cos B = \dfrac{4}{5} + \dfrac{3}{5} = \dfrac{7}{5}$ ······ ❸

채점 기준	비율
❶ $\overline{AC}$의 길이 구하기	30 %
❷ $\sin B$, $\cos B$의 값 각각 구하기	50 %
❸ $\sin B + \cos B$의 값 구하기	20 %

유형 3 삼각비를 이용하여 변의 길이 구하기 | 11쪽 |

7 $2\sqrt{10}$ 8 (1) $\overline{AB} = 8$ cm, $\overline{BC} = 4\sqrt{5}$ cm (2) $\dfrac{\sqrt{5}}{2}$

9 ②   10 ②   11 $4\sqrt{5}$ 12 ④   13 $\dfrac{8}{17}$

---

7 $\cos A = \dfrac{6}{\overline{AC}} = \dfrac{3\sqrt{10}}{10}$이므로 $\overline{AC} = 2\sqrt{10}$

8 (1) $\sin C = \dfrac{\overline{AB}}{12} = \dfrac{2}{3}$이므로 $\overline{AB} = 8$ (cm)

따라서 $\overline{BC} = \sqrt{12^2 - 8^2} = \sqrt{80} = 4\sqrt{5}$ (cm)

(2) $\tan A = \dfrac{\overline{BC}}{\overline{AB}} = \dfrac{4\sqrt{5}}{8} = \dfrac{\sqrt{5}}{2}$

9 $\tan B = \dfrac{\overline{AC}}{2} = 2$이므로 $\overline{AC} = 4$

따라서 $\overline{BC} = \sqrt{2^2 + 4^2} = \sqrt{20} = 2\sqrt{5}$

10 $\cos A = \dfrac{2\sqrt{3}}{x} = \dfrac{\sqrt{3}}{2}$에서 $x = 4$

$y = \sqrt{4^2 - (2\sqrt{3})^2} = 2$

따라서 $x + y = 4 + 2 = 6$

11 $\sin A = \dfrac{\overline{BC}}{6} = \dfrac{\sqrt{5}}{3}$에서 $\overline{BC} = 2\sqrt{5}$

$\overline{AC} = \sqrt{6^2 - (2\sqrt{5})^2} = 4$

따라서 $\triangle ABC = \dfrac{1}{2} \times 2\sqrt{5} \times 4 = 4\sqrt{5}$

12 $\tan A = \dfrac{3}{\overline{AC}} = \dfrac{1}{3}$에서 $\overline{AC} = 9$

$\overline{AB} = \sqrt{3^2 + 9^2} = \sqrt{90} = 3\sqrt{10}$

따라서 $\triangle ABC$의 둘레의 길이는

$\overline{AB} + \overline{BC} + \overline{CA} = 3\sqrt{10} + 3 + 9 = 12 + 3\sqrt{10}$

13 직각삼각형 ABH에서 $\sin B = \dfrac{\overline{AH}}{20} = \dfrac{3}{4}$이므로

$\overline{AH} = 15$ ······ ❶

직각삼각형 AHC에서 $\overline{HC} = \sqrt{17^2 - 15^2} = 8$ ······ ❷

따라서 $\cos C = \dfrac{\overline{HC}}{17} = \dfrac{8}{17}$ ······ ❸

채점 기준	비율
❶ $\overline{AH}$의 길이 구하기	40 %
❷ $\overline{HC}$의 길이 구하기	30 %
❸ $\cos C$의 값 구하기	30 %

유형 4 삼각비를 이용하여 다른 삼각비의 값 구하기 | 12쪽 |

14 $\dfrac{\sqrt{7}}{3}$ 15 ④   16 ④   17 $\dfrac{3}{35}$ 18 $\dfrac{5\sqrt{13}}{13}$

19 ②   20 서진

---

14 $\sin A = \dfrac{\sqrt{7}}{4}$인 직각삼각형 ABC를 그리면 오른쪽 그림과 같다.

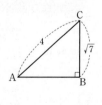

$\overline{AB} = \sqrt{4^2 - (\sqrt{7})^2} = 3$이므로

$\tan A = \dfrac{\sqrt{7}}{3}$

15 $\sin B = \dfrac{5}{7}$인 직각삼각형 ABC를 그리면 오른쪽 그림과 같다.

$\overline{BC} = \sqrt{7^2 - 5^2} = \sqrt{24} = 2\sqrt{6}$이므로

① $\sin A = \dfrac{2\sqrt{6}}{7}$

---

② $\cos A = \dfrac{5}{7}$

③ $\tan A = \dfrac{2\sqrt{6}}{5}$

⑤ $\tan B = \dfrac{5}{2\sqrt{6}} = \dfrac{5\sqrt{6}}{12}$

16 $\cos A = \dfrac{1}{3}$인 직각삼각형 ABC를 그리면 오른쪽

그림과 같다.

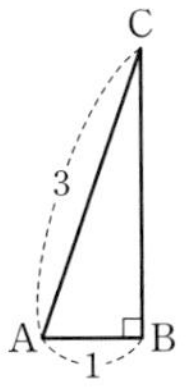

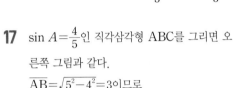

$\overline{BC} = \sqrt{3^2 - 1^2} = \sqrt{8} = 2\sqrt{2}$이므로

$\sin A = \dfrac{2\sqrt{2}}{3}$, $\tan A = 2\sqrt{2}$

따라서 $\sin A \times \tan A = \dfrac{2\sqrt{2}}{3} \times 2\sqrt{2} = \dfrac{8}{3}$

17 $\sin A = \dfrac{4}{5}$인 직각삼각형 ABC를 그리면 오

른쪽 그림과 같다.

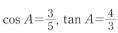

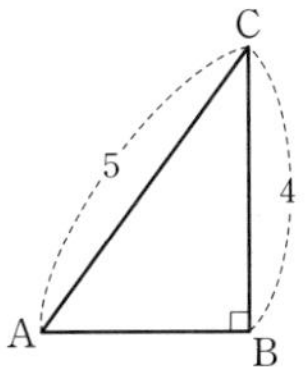

$\overline{AB} = \sqrt{5^2 - 4^2} = 3$이므로

$\cos A = \dfrac{3}{5}$, $\tan A = \dfrac{4}{3}$

따라서

$\dfrac{\cos A}{5 \cos A + 3 \tan A} = \dfrac{3}{5} \div \left(5 \times \dfrac{3}{5} + 3 \times \dfrac{4}{3}\right) = \dfrac{3}{5} \div 7 = \dfrac{3}{35}$

18 $3 \tan A - 2 = 0$에서 $\tan A = \dfrac{2}{3}$

$\tan A = \dfrac{2}{3}$인 직각삼각형 ABC를 그리면

오른쪽 그림과 같다. ······ ❶

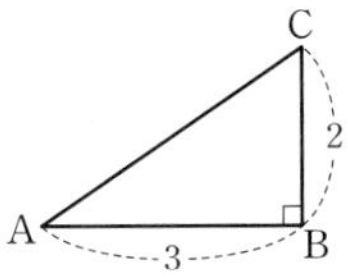

$\overline{AC} = \sqrt{3^2 + 2^2} = \sqrt{13}$이므로

$\sin A = \dfrac{2}{\sqrt{13}} = \dfrac{2\sqrt{13}}{13}$

$\cos A = \dfrac{3}{\sqrt{13}} = \dfrac{3\sqrt{13}}{13}$ ······ ❷

따라서

$\sin A + \cos A = \dfrac{2\sqrt{13}}{13} + \dfrac{3\sqrt{13}}{13} = \dfrac{5\sqrt{13}}{13}$ ······ ❸

채점 기준	비율
❶ 주어진 삼각비의 값을 갖는 직각삼각형 그리기	30 %
❷ $\sin A$, $\cos A$의 값 각각 구하기	50 %
❸ $\sin A + \cos A$의 값 구하기	20 %

19 $\angle C = 90°$인 직각삼각형 ABC에서

$\angle A + \angle B = 90°$이므로

$\sin(90° - A) = \sin B = \dfrac{12}{13}$

따라서 $\sin B = \dfrac{12}{13}$인 직각삼각형 ABC를 그리

면 오른쪽 그림과 같다.

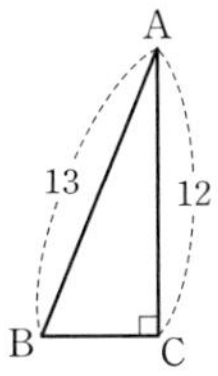

$\overline{BC} = \sqrt{13^2 - 12^2} = 5$이므로

$\tan A = \dfrac{5}{12}$

20 $\tan A = \dfrac{4}{3}$인 직각삼각형 ABC를 그리면 오

른쪽 그림과 같다.

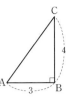

$\overline{AC} = \sqrt{3^2 + 4^2} = 5$이므로

$\sin A = \dfrac{4}{5}$, $\cos A = \dfrac{3}{5}$

서진: $\sin A + 3 \cos A = \dfrac{4}{5} + 3 \times \dfrac{3}{5} = \dfrac{13}{5}$

주호: $3 \sin A \times \cos A = 3 \times \dfrac{4}{5} \times \dfrac{3}{5} = \dfrac{36}{25}$

$\dfrac{13}{5} > \dfrac{36}{25}$이므로 계산한 값이 더 큰 학생은 서진이다.

유형 **5** **직각삼각형의 닮음과 삼각비의 값**(1) | 13쪽 |

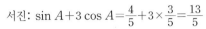

21 ①　　　22 ②　　　23 $\dfrac{10}{13}$

21 $\triangle ABC \backsim \triangle DAC$ (AA 닮음)이므로

$\angle ABC = \angle DAC = x$

직각삼각형 ABC에서

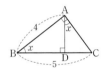

$\overline{AC} = \sqrt{5^2 - 4^2} = 3$

따라서 $\sin x = \dfrac{\overline{AC}}{\overline{BC}} = \dfrac{3}{5}$

22 $\triangle ABC \backsim \triangle DBA \backsim \triangle DAC$ (AA 닮음)이므로

$\angle ACB = \angle DAB = \angle DCA$

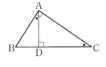

따라서 $\cos C = \dfrac{\overline{AC}}{\overline{BC}} = \dfrac{\overline{DA}}{\overline{BA}} = \dfrac{\overline{DC}}{\overline{AC}}$

23 $\triangle ABC \backsim \triangle HBA$ (AA 닮음)이므로

$\angle ACB = \angle HAB = x$

$\triangle ABC \backsim \triangle HAC$ (AA 닮음)이므

로

$\angle ABC = \angle HAC = y$ ······ ❶

직각삼각형 ABC에서 $\overline{BC} = \sqrt{5^2 + 12^2} = 13$이므로 ······ ❷

$\sin x = \dfrac{\overline{AB}}{\overline{BC}} = \dfrac{5}{13}$

$\cos y = \dfrac{\overline{AB}}{\overline{BC}} = \dfrac{5}{13}$ ······ ❸

따라서 $\sin x + \cos y = \dfrac{5}{13} + \dfrac{5}{13} = \dfrac{10}{13}$ ······ ❹

채점 기준	비율
❶ x, y와 크기가 같은 각 찾기	30 %
❷ $\overline{BC}$의 길이 구하기	20 %
❸ $\sin x$, $\cos y$의 값 각각 구하기	30 %
❹ $\sin x + \cos y$의 값 구하기	20 %

유형 6 직각삼각형의 닮음과 삼각비의 값(2) | 13쪽 |

| 24 ③ | 25 ④ | 26 $\frac{1}{5}$ |

24 △ABC∽△EBD (AA 닮음)이므로

$\tan B = \dfrac{\overline{AC}}{\overline{AB}} = \dfrac{\overline{ED}}{\overline{EB}} = \dfrac{\overline{DE}}{\overline{BE}}$

25 △ABC∽△EDC (AA 닮음)이므로

$\angle ABC = \angle EDC = x$

직각삼각형 ABC에서

$\overline{AB} = \sqrt{6^2 - 4^2} = \sqrt{20} = 2\sqrt{5}$

따라서 $\cos x = \dfrac{\overline{AB}}{\overline{BC}} = \dfrac{2\sqrt{5}}{6} = \dfrac{\sqrt{5}}{3}$

26 △ABC∽△DBE (AA 닮음)이므로

$\angle ACB = \angle DEB = x$

직각삼각형 ABC에서

$\overline{AB} = \sqrt{10^2 - 6^2} = 8$이므로

$\sin x = \dfrac{\overline{AB}}{\overline{BC}} = \dfrac{8}{10} = \dfrac{4}{5}$

$\sin y = \dfrac{\overline{AC}}{\overline{BC}} = \dfrac{6}{10} = \dfrac{3}{5}$

따라서 $\sin x - \sin y = \dfrac{4}{5} - \dfrac{3}{5} = \dfrac{1}{5}$

02. 삼각비의 값 | 14~15쪽 |

30°, 45°, 60°의 삼각비의 값

1 $\frac{3}{2}$	2 0	3 $\frac{3}{2}$	4 $\frac{\sqrt{3}}{4}$	5 $\frac{2}{3}$
6 $\frac{\sqrt{2}}{4}$	7 3 ($\frac{1}{2}$, 3)	8 2	9 $3\sqrt{3}$	

1 $\tan 45° + \cos 60° = 1 + \dfrac{1}{2} = \dfrac{3}{2}$

2 $\sin 45° - \cos 45° = \dfrac{\sqrt{2}}{2} - \dfrac{\sqrt{2}}{2} = 0$

3 $\sin 60° \times \tan 60° = \dfrac{\sqrt{3}}{2} \times \sqrt{3} = \dfrac{3}{2}$

4 $\sin 30° \times \cos 30° = \dfrac{1}{2} \times \dfrac{\sqrt{3}}{2} = \dfrac{\sqrt{3}}{4}$

5 $\tan 30° \div \sin 60° = \dfrac{\sqrt{3}}{3} \div \dfrac{\sqrt{3}}{2} = \dfrac{\sqrt{3}}{3} \times \dfrac{2}{\sqrt{3}} = \dfrac{2}{3}$

6 $\sin 45° \times \cos 60° \div \tan 45° = \dfrac{\sqrt{2}}{2} \times \dfrac{1}{2} \div 1 = \dfrac{\sqrt{2}}{4}$

8 $\cos 45° = \dfrac{x}{2\sqrt{2}} = \dfrac{\sqrt{2}}{2}$이므로 $x = 2$

9 $\tan 60° = \dfrac{x}{3} = \sqrt{3}$이므로 $x = 3\sqrt{3}$

예각의 삼각비의 값

10 $\overline{AB}$	11 $\overline{OB}$	12 $\overline{CD}$	13 $\overline{OB}$	14 $\overline{AB}$

10 직각삼각형 AOB에서

$\sin x = \dfrac{\overline{AB}}{\overline{OA}} = \dfrac{\overline{AB}}{1} = \overline{AB}$

11 직각삼각형 AOB에서

$\cos x = \dfrac{\overline{OB}}{\overline{OA}} = \dfrac{\overline{OB}}{1} = \overline{OB}$

12 직각삼각형 COD에서

$\tan x = \dfrac{\overline{CD}}{\overline{OD}} = \dfrac{\overline{CD}}{1} = \overline{CD}$

13 직각삼각형 AOB에서

$\sin y = \dfrac{\overline{OB}}{\overline{OA}} = \dfrac{\overline{OB}}{1} = \overline{OB}$

14 직각삼각형 AOB에서

$\cos y = \dfrac{\overline{AB}}{\overline{OA}} = \dfrac{\overline{AB}}{1} = \overline{AB}$

0°, 90°의 삼각비의 값

15 0	16 1	17 3	18 0	19 0
20 3	21 $\frac{1}{2}$			

15 $\sin 0° + \tan 0° = 0 + 0 = 0$

16 $\sin 90° - \cos 90° = 1 - 0 = 1$

17 $3 \cos 0° + \tan 0° = 3 \times 1 + 0 = 3$

18 $\sin 0° \times \cos 90° = 0 \times 0 = 0$

19 $\cos 90° \div 2 \sin 30° = 0 \div 2 \times \dfrac{1}{2} = 0$

20 $\cos 0°+\tan 45°+\sin 90°=1+1+1=3$

21 $\tan 0°\times\sin 30°+\cos 60°=0\times\dfrac{1}{2}+\dfrac{1}{2}=\dfrac{1}{2}$

삼각비의 표

22 0.4384	**23** 0.8746	**24** 0.5095	**25** 0.4695	**26** 52°
27 50°	**28** 53°	**29** 51°		

26 $\sin 52°=0.7880$이므로 $x=52°$

27 $\cos 50°=0.6428$이므로 $x=50°$

28 $\tan 53°=1.3270$이므로 $x=53°$

29 $\cos 51°=0.6293$이므로 $x=51°$

소단원 유형 익히기

유형 **7** 30°, 45°, 60°의 삼각비의 값　|16쪽|

1 1	**2** ②	**3** ②	**4** 9	**5** ②
6 132	**7** $\dfrac{3}{4}$			

1 $\cos 30°\times\tan 60°-\sin 30°\times\tan 45°$
$=\dfrac{\sqrt{3}}{2}\times\sqrt{3}-\dfrac{1}{2}\times1$
$=\dfrac{3}{2}-\dfrac{1}{2}=1$

2 ① $\sin 30°+\cos 45°=\dfrac{1}{2}+\dfrac{\sqrt{2}}{2}$

② $\cos 30°\times\tan 30°=\dfrac{\sqrt{3}}{2}\times\dfrac{\sqrt{3}}{3}=\dfrac{1}{2}$

③ $\tan 45°-2\cos 60°=1-2\times\dfrac{1}{2}=0$

④ $\sin 60°\div\tan 60°=\dfrac{\sqrt{3}}{2}\div\sqrt{3}=\dfrac{1}{2}$

⑤ $2\sin 45°\times\cos 60°=2\times\dfrac{\sqrt{2}}{2}\times\dfrac{1}{2}=\dfrac{\sqrt{2}}{2}$

따라서 옳은 것은 ②이다.

3 $\dfrac{2\sin 60°}{3\tan 30°+\tan 45°}=\left(2\times\dfrac{\sqrt{3}}{2}\right)\div\left(3\times\dfrac{\sqrt{3}}{3}+1\right)$
$=\sqrt{3}\div(\sqrt{3}+1)=\dfrac{\sqrt{3}}{\sqrt{3}+1}$
$=\dfrac{\sqrt{3}(\sqrt{3}-1)}{(\sqrt{3}+1)(\sqrt{3}-1)}=\dfrac{3-\sqrt{3}}{2}$

---

4 $\cos 60°=\dfrac{1}{2}$이므로　　　　　…… ❶

$2x^2+ax-5=0$에 $x=\dfrac{1}{2}$을 대입하면

$2\times\left(\dfrac{1}{2}\right)^2+a\times\dfrac{1}{2}-5=0,\ \dfrac{1}{2}a=\dfrac{9}{2}$

따라서 $a=9$　　　　　…… ❷

채점 기준	비율
❶ $\cos 60°$의 값 구하기	30 %
❷ a의 값 구하기	70 %

5 $(\sin A+\tan A)\times\cos A$
$=(\sin 60°+\tan 60°)\times\cos 60°$
$=\left(\dfrac{\sqrt{3}}{2}+\sqrt{3}\right)\times\dfrac{1}{2}$
$=\dfrac{3\sqrt{3}}{2}\times\dfrac{1}{2}=\dfrac{3\sqrt{3}}{4}$

6 ㉠ $\sin 30°+\cos 60°=\dfrac{1}{2}+\dfrac{1}{2}=1$

㉡ $2\sin 60°\times\tan 60°=2\times\dfrac{\sqrt{3}}{2}\times\sqrt{3}=3$

㉢ $\tan 45°+\sqrt{2}\cos 45°=1+\sqrt{2}\times\dfrac{\sqrt{2}}{2}=2$

따라서 비밀번호는 132이다.

7 $A=180°\times\dfrac{2}{1+2+3}=60°$이므로

$\sin A\times\cos A\times\tan A=\sin 60°\times\cos 60°\times\tan 60°$
$=\dfrac{\sqrt{3}}{2}\times\dfrac{1}{2}\times\sqrt{3}=\dfrac{3}{4}$

유형 **8** 30°, 45°, 60°의 삼각비를 이용하여 각의 크기 구하기　|17쪽|

8 ②	**9** ③	**10** $\sqrt{3}$

8 $0°<x<75°$이므로 $15°<x+15°<90°$
이때 $\tan 60°=\sqrt{3}$이므로
$x+15°=60°,\ x=45°$
따라서
$\sin x+\cos x=\sin 45°+\cos 45°$
$=\dfrac{\sqrt{2}}{2}+\dfrac{\sqrt{2}}{2}=\sqrt{2}$

9 $10°<x<50°$에서 $20°<2x<100°$이므로
$10°<2x-10°<90°$

이때 $\sin 60°=\dfrac{\sqrt{3}}{2}$이므로

$2x-10°=60°,\ 2x=70°$
따라서 $x=35°$

10 $0°<x<55°$이므로 $35°<x+35°<90°$

$\cos(x+35°)=\sin 30°=\dfrac{1}{2}$

이때 $\cos 60°=\dfrac{1}{2}$이므로

$x+35°=60°$, $x=25°$

따라서 $\tan(2x+10°)=\tan 60°=\sqrt{3}$

유형 **9** 30°, 45°, 60°의 삼각비를 이용하여 변의 길이 구하기 | 17쪽 |

| 11 ② | 12 ① | 13 $2\sqrt{6}$ |

11 $\cos 30°=\dfrac{6}{x}=\dfrac{\sqrt{3}}{2}$이므로 $x=4\sqrt{3}$

$\tan 30°=\dfrac{y}{6}=\dfrac{\sqrt{3}}{3}$이므로 $y=2\sqrt{3}$

따라서 $x+y=4\sqrt{3}+2\sqrt{3}=6\sqrt{3}$

12 직각삼각형 ABC에서 $\tan 30°=\dfrac{3}{\overline{BC}}=\dfrac{\sqrt{3}}{3}$이므로 $\overline{BC}=3\sqrt{3}$

직각삼각형 ADC에서 $\tan 45°=\dfrac{3}{\overline{DC}}=1$이므로 $\overline{DC}=3$

따라서 $\overline{BD}=\overline{BC}-\overline{DC}=3\sqrt{3}-3$

13 직각삼각형 ABC에서 $\tan 60°=\dfrac{\overline{BC}}{2}=\sqrt{3}$이므로

$\overline{BC}=2\sqrt{3}$ ······ ❶

직각삼각형 DBC에서 $\sin 45°=\dfrac{2\sqrt{3}}{\overline{BD}}=\dfrac{\sqrt{2}}{2}$이므로

$\overline{BD}=2\sqrt{6}$ ······ ❷

채점 기준	비율
❶ $\overline{BC}$의 길이 구하기	50 %
❷ $\overline{BD}$의 길이 구하기	50 %

유형 **10** 직선의 기울기와 삼각비 | 18쪽 |

| 14 ③ | 15 ③ | 16 8 |

14 $x-y+\sqrt{3}=0$에서 $y=x+\sqrt{3}$

즉, $\tan a=1$이고 $\tan 45°=1$이므로

$a=45°$

따라서 $\sin a=\sin 45°=\dfrac{\sqrt{2}}{2}$

15 구하는 직선의 방정식을 $y=ax+b$라 하면

$a=\tan 60°=\sqrt{3}$

직선 $y=\sqrt{3}x+b$가 점 $(1,\sqrt{3})$을 지나므로

$\sqrt{3}=\sqrt{3}+b$에서 $b=0$

따라서 구하는 직선의 방정식은 $y=\sqrt{3}x$

---

16 직선의 방정식이 $y=ax+b$이므로

$a=\tan 45°=1$ ······ ❶

y절편이 8이므로 $b=8$ ······ ❷

따라서 $ab=1\times 8=8$ ······ ❸

채점 기준	비율
❶ a의 값 구하기	40 %
❷ b의 값 구하기	40 %
❸ ab의 값 구하기	20 %

유형 **11** 사분원에서 예각에 대한 삼각비의 값 | 18~19쪽 |

| 17 ② | 18 $\overline{AB}$ | 19 ④ | 20 ③ | 21 0.53 |

17 $\sin 32°=\dfrac{\overline{AB}}{\overline{OA}}=\dfrac{0.53}{1}=0.53$

18 $\cos 50°=\dfrac{\overline{AB}}{\overline{AC}}=\dfrac{\overline{AB}}{1}=\overline{AB}$

19 ① $\sin x=\dfrac{\overline{BC}}{\overline{AC}}=\dfrac{\overline{BC}}{1}=\overline{BC}$

② $\cos x=\dfrac{\overline{AB}}{\overline{AC}}=\dfrac{\overline{AB}}{1}=\overline{AB}$

③ $\tan x=\dfrac{\overline{DE}}{\overline{AD}}=\dfrac{\overline{DE}}{1}=\overline{DE}$

④ $\sin y=\dfrac{\overline{AB}}{\overline{AC}}=\dfrac{\overline{AB}}{1}=\overline{AB}$

⑤ $\cos y=\dfrac{\overline{BC}}{\overline{AC}}=\dfrac{\overline{BC}}{1}=\overline{BC}$

따라서 옳은 것은 ④이다.

20 ㄱ. $\sin x=\dfrac{\overline{AB}}{\overline{OA}}=\dfrac{\overline{AB}}{1}=\overline{AB}$

ㄴ. $\cos x=\dfrac{\overline{OB}}{\overline{OA}}=\dfrac{\overline{OB}}{1}=\overline{OB}$

$\sin y=\sin(\angle OAB)=\dfrac{\overline{OB}}{\overline{OA}}=\dfrac{\overline{OB}}{1}=\overline{OB}$

이므로 $\cos x=\sin y$

ㄷ. $\tan x=\dfrac{\overline{CD}}{\overline{OD}}=\dfrac{\overline{CD}}{1}=\overline{CD}$이므로 x의 크기가 작아지면 $\tan x$의 값은 작아진다.

따라서 옳은 것은 ㄱ, ㄴ이다.

21 $\tan 53°=\dfrac{\overline{CD}}{\overline{OD}}=\dfrac{1.33}{1}=1.33$ ······ ❶

직각삼각형 AOB에서

$\angle OAB=180°-(53°+90°)=37°$이므로

$\cos 37°=\dfrac{\overline{AB}}{\overline{OA}}=\dfrac{0.80}{1}=0.80$ ······ ❷

따라서 $\tan 53°-\cos 37°=1.33-0.80=0.53$ ······ ❸

채점 기준	비율
❶ $\tan 53°$의 값 구하기	40 %
❷ $\cos 37°$의 값 구하기	40 %
❸ $\tan 53° - \cos 37°$의 값 구하기	20 %

유형 12 0°, 90°의 삼각비의 값 | 19쪽 |

22 ①　　**23** ②, ④　　**24** 2

22 ① $\sin 0°=0$이고 $\tan 90°$의 값은 정할 수 없다.

23 ① $\sin 90° \times \cos 0° = 1 \times 1 = 1$
② $\cos 90° + \tan 0° = 0 + 0 = 0$
③ $\cos 0° - \tan 0° + \sin 90° = 1 - 0 + 1 = 2$
④ $\cos 0° \times \tan 45° + \sin 0° = 1 \times 1 + 0 = 1$
⑤ $\sin 90° - \cos 60° \times \tan 0° = 1 - \dfrac{1}{2} \times 0 = 1$
따라서 옳은 것은 ②, ④이다.

24 $\cos 0° + \tan 30° \times \sin 0° \times \cos 45° + \sin 90°$
$= 1 + \dfrac{\sqrt{3}}{3} \times 0 \times \dfrac{\sqrt{2}}{2} + 1$
$= 1 + 0 + 1 = 2$

유형 13 삼각비의 값의 대소 관계 | 20쪽 |

25 ①, ⑤　　**26** ④　　**27** ㄴ, ㄱ, ㄹ, ㄷ　　**28** ③
29 ㄹ　　**30** ②

25 ① $0° \leq x \leq 90°$인 범위에서 x의 크기가 커지면 $\sin x$의 값은 증가하므로
$\sin 40° < \sin 50°$
② $0° \leq x \leq 90°$인 범위에서 x의 크기가 커지면 $\cos x$의 값은 감소하므로
$\cos 70° > \cos 80°$
③ $0° \leq x < 90°$인 범위에서 x의 크기가 커지면 $\tan x$의 값은 증가하므로
$\tan 10° < \tan 20°$
④ $\sin 30° = \dfrac{1}{2}$, $\tan 65° > \tan 45° = 1$이므로
$\sin 30° < \tan 65°$
⑤ $\sin 75° > \sin 45° = \dfrac{\sqrt{2}}{2}$, $\cos 75° < \cos 45° = \dfrac{\sqrt{2}}{2}$이므로
$\sin 75° > \cos 75°$
따라서 옳은 것은 ①, ⑤이다.

26 ① $\cos 0° = 1$
② $\sin 10° < \sin 30° = \dfrac{1}{2}$
③ $\tan 40° < \tan 45° = 1$
④ $\tan 50° > \tan 45° = 1$
⑤ $\cos 60° = \dfrac{1}{2}$
따라서 삼각비의 값이 가장 큰 것은 ④이다.

27 $\cos 90° = 0$이고　　　　　　　　　…… ❶
$\tan 45° < \tan 55°$에서 $1 < \tan 55°$　　…… ❷
$\sin 0° < \sin 25° < \sin 75° < \sin 90°$이므로
$0 < \sin 25° < \sin 75° < 1$　　　　　…… ❸
따라서 $\cos 90° < \sin 25° < \sin 75° < \tan 55°$이므로 삼각비의 값을 작은 것부터 차례로 나열하면 ㄴ, ㄱ, ㄹ, ㄷ이다.　…… ❹

채점 기준	비율
❶ $\cos 90°$의 값 구하기	20 %
❷ $\tan 55°$의 값의 범위 구하기	20 %
❸ $\sin 25°$와 $\sin 75°$의 값의 크기 비교하기	20 %
❹ 주어진 삼각비의 값을 작은 것부터 차례로 나열하기	40 %

28 $a = \sin 85° > \sin 60° = \dfrac{\sqrt{3}}{2}$
$b = \cos 35° < \cos 30° = \dfrac{\sqrt{3}}{2}$
$c = \tan 55° > \tan 45° = 1$
따라서 $\cos 35° < \sin 85° < \tan 55°$이므로
$b < a < c$

29 $\cos 20° > \cos 50°$이므로 ㉠을 지나고,
$\sin 50° < \sin 80°$이므로 마지막에 도착하는 곳은 ㉣이다.

30 ② $45° < x < 90°$일 때, $\sin x > \cos x$

유형 14 삼각비의 표를 이용하여 삼각비의 값 구하기 | 21쪽 |

31 1.8672　　**32** 63°

31 $\sin 59° = 0.8572$, $\cos 58° = 0.5299$, $\tan 57° = 1.5399$이므로
$\sin 59° - \cos 58° + \tan 57°$
$= 0.8572 - 0.5299 + 1.5399$
$= 1.8672$

32 $\sin 32° = 0.5299$이므로 $x = 32$　…… ❶
$\tan 31° = 0.6009$이므로 $y = 31$　…… ❷
따라서 $x + y = 32 + 31 = 63$　　…… ❸

채점 기준	비율
❶ x의 크기 구하기	40 %
❷ y의 크기 구하기	40 %
❸ $x+y$의 크기 구하기	20 %

 15 삼각비의 표를 이용하여 변의 길이 구하기 | 21쪽 |

33 4.54   **34** ④

33 $\sin 27° = \dfrac{x}{10} = 0.4540$

따라서 $x = 4.54$

34 $\angle B = 180° - (90° + 62°) = 28°$이므로

$\tan 28° = \dfrac{\overline{AC}}{10} = 0.5317$

따라서 $\overline{AC} = 5.317$

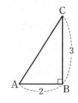 **중단원 핵심유형 테스트** | 22~23쪽 |

1 ①	**2** $\dfrac{3\sqrt{13}}{13}$	**3** ④	**4** $y=\dfrac{\sqrt{3}}{3}x+2$
5 ①, ⑤	**6** 96	**7** $\dfrac{7}{5}$	**8** 2	**9** ④
10 ⑤	**11** ②	**12** ④	**13** ③
14 $4+2\sqrt{5}$	**15** ②		

1 $\sin A = \dfrac{a}{c}$, $\cos A = \dfrac{b}{c}$, $\tan A = \dfrac{a}{b}$,

$\sin B = \dfrac{b}{c}$, $\cos B = \dfrac{a}{c}$, $\tan B = \dfrac{b}{a}$

따라서 옳은 것은 ①이다.

2 $\tan A = \dfrac{3}{2}$인 직각삼각형 ABC를 그리면 오른쪽 그림과 같다.

$\overline{AC} = \sqrt{2^2 + 3^2} = \sqrt{13}$이므로

$\sin A = \dfrac{3}{\sqrt{13}} = \dfrac{3\sqrt{13}}{13}$

3 $\triangle ABC \backsim \triangle EDC$ (AA 닮음)이므로

$\angle EDC = \angle ABC = x$

직각삼각형 EDC에서

$\tan x = \dfrac{\overline{EC}}{\overline{DE}} = \dfrac{4}{3}$

4 구하는 직선의 방정식을 $y = ax + b$라 하면

$a = \tan 30° = \dfrac{\sqrt{3}}{3}$

y절편이 2이므로 $b = 2$

따라서 구하는 직선의 방정식은 $y = \dfrac{\sqrt{3}}{3}x + 2$

5 $\overline{BC} = \sqrt{(\sqrt{5})^2 - 1^2} = 2$이므로

① $\sin A = \dfrac{2}{\sqrt{5}} = \dfrac{2\sqrt{5}}{5}$

② $\tan A = \dfrac{2}{1} = 2$

③ $\sin C = \dfrac{1}{\sqrt{5}} = \dfrac{\sqrt{5}}{5}$

④ $\cos C = \dfrac{2}{\sqrt{5}} = \dfrac{2\sqrt{5}}{5}$

⑤ $\tan C = \dfrac{1}{2}$

따라서 옳지 않은 것은 ①, ⑤이다.

6 $\cos A = \dfrac{\overline{AC}}{20} = \dfrac{3}{5}$이므로 $\overline{AC} = 12$ ······ ❶

$\overline{BC} = \sqrt{20^2 - 12^2} = \sqrt{256} = 16$ ······ ❷

따라서 $\triangle ABC = \dfrac{1}{2} \times 16 \times 12 = 96$ ······ ❸

채점 기준	비율
❶ $\overline{AC}$의 길이 구하기	40 %
❷ $\overline{BC}$의 길이 구하기	30 %
❸ $\triangle ABC$의 넓이 구하기	30 %

7 $\triangle ABD \backsim \triangle HAD$ (AA 닮음)이므로

$\angle DBA = \angle DAH = x$

직각삼각형 ABD에서 $\overline{BD} = \sqrt{6^2 + 8^2} = 10$이므로

$\sin x = \dfrac{\overline{AD}}{\overline{BD}} = \dfrac{8}{10} = \dfrac{4}{5}$

$\cos x = \dfrac{\overline{AB}}{\overline{BD}} = \dfrac{6}{10} = \dfrac{3}{5}$

따라서 $\sin x + \cos x = \dfrac{4}{5} + \dfrac{3}{5} = \dfrac{7}{5}$

8 $3 \sin 60° \times \tan 30° + \sin 45° \times \cos 45°$

$= 3 \times \dfrac{\sqrt{3}}{2} \times \dfrac{\sqrt{3}}{3} + \dfrac{\sqrt{2}}{2} \times \dfrac{\sqrt{2}}{2}$

$= \dfrac{3}{2} + \dfrac{1}{2} = 2$

9 $\sin 60° = \dfrac{4\sqrt{3}}{x} = \dfrac{\sqrt{3}}{2}$이므로 $x = 8$

$\tan 60° = \dfrac{4\sqrt{3}}{y} = \sqrt{3}$이므로 $y = 4$

따라서 $x - y = 8 - 4 = 4$

10 ① $\sin 48° = 0.7431$ ② $\cos 48° = 0.6691$

③ $\tan 48° = 1.1106$ ④ $\sin 42° = 0.6691$

11 ① $\sin 0° + \cos 90° = 0 + 0 = 0$

② $\cos 0° - \tan 45° = 1 - 1 = 0$

③ $\cos 30° \times \tan 60° \times \sin 90° = \dfrac{\sqrt{3}}{2} \times \sqrt{3} \times 1 = \dfrac{3}{2}$

④ $\sin 0° + \cos 0° - \sin 30° = 0 + 1 - \dfrac{1}{2} = \dfrac{1}{2}$

⑤ $\sin 45° \div \cos 45° \times \tan 0° = \dfrac{\sqrt{2}}{2} \div \dfrac{\sqrt{2}}{2} \times 0 = 0$

따라서 옳지 않은 것은 ②이다.

12 $\cos 0° > \cos 10° > \cos 40° > \cos 45°$이므로

$1 > \cos 10° > \cos 40° > \dfrac{\sqrt{2}}{2}$

$\sin 35° < \sin 45°$이므로

$\sin 35° < \dfrac{\sqrt{2}}{2}$

$\tan 50° > \tan 45°$이므로

$\tan 50° > 1$

따라서 $\sin 35° < \cos 40° < \cos 10° < \tan 50°$이므로 삼각비의 값을 작은 것부터 차례로 나열하면 ㄴ, ㄷ, ㄱ, ㄹ이다.

13 ③ tan의 값이 0.8098인 각도는 39°이다.

④ $\sin 42° + \cos 39° = 0.6691 + 0.7771 = 1.4462$

⑤ $\tan 40° - \sin 41° = 0.8391 - 0.6561 = 0.183$

따라서 옳지 않은 것은 ③이다.

14 $\sin A = \dfrac{\overline{BC}}{6}$, $\sin B = \dfrac{\overline{AC}}{6}$이므로

$\sin A + \sin B = \dfrac{\overline{BC} + \overline{AC}}{6}$

이때 $\sin A + \sin B = \dfrac{2 + \sqrt{5}}{3}$이므로

$\dfrac{\overline{BC} + \overline{AC}}{6} = \dfrac{2 + \sqrt{5}}{3}$

따라서 $\overline{BC} + \overline{AC} = 4 + 2\sqrt{5}$

15 직각삼각형 ADC에서

$\tan 60° = \dfrac{\overline{AC}}{6} = \sqrt{3}$이므로

$\overline{AC} = 6\sqrt{3}$ (cm)

직각삼각형 ABC에서

$\tan 30° = \dfrac{6\sqrt{3}}{\overline{BC}} = \dfrac{\sqrt{3}}{3}$이므로

$\overline{BC} = 18$ (cm)

따라서

$\triangle ABC = \dfrac{1}{2} \times \overline{BC} \times \overline{AC}$

$= \dfrac{1}{2} \times 18 \times 6\sqrt{3}$

$= 54\sqrt{3}$ (cm²)

2. 삼각비의 활용

01. 길이 구하기
| 26 ~ 27쪽 |

직각삼각형의 변의 길이

> **1** $\sin B$ **2** a, a **3** $\dfrac{b}{c}$, b **4** 6.4   **5** 4.92
>
> **6** 4.95

4 $x = 10 \sin 40° = 10 \times 0.64 = 6.4$

5 $x = 6 \cos 35° = 6 \times 0.82 = 4.92$

6 $x = 9 \tan 29° = 9 \times 0.55 = 4.95$

일반 삼각형의 변의 길이

> **7** $4, 2, 4, 2\sqrt{3}, \sqrt{3}, 2, \sqrt{3}, \sqrt{7}$ **8** $6\sqrt{2}, 6, 60, 6, 4\sqrt{3}$
>
> **9** 5   **10** $6\sqrt{2}$

9 오른쪽 그림과 같이 꼭짓점 A에서 $\overline{BC}$에 내린 수선의 발을 H라 하면 직각삼각형 ABH에서

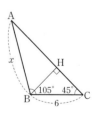

$\overline{AH} = 4\sqrt{2} \times \sin 45° = 4\sqrt{2} \times \dfrac{\sqrt{2}}{2} = 4$

$\overline{BH} = 4\sqrt{2} \times \cos 45° = 4\sqrt{2} \times \dfrac{\sqrt{2}}{2} = 4$

이때 $\overline{CH} = \overline{BC} - \overline{BH} = 7 - 4 = 3$

따라서 직각삼각형 AHC에서

$x = \sqrt{4^2 + 3^2} = 5$

10 오른쪽 그림과 같이 꼭짓점 B에서 $\overline{AC}$에 내린 수선의 발을 H라 하면 직각삼각형 BCH에서

$\overline{BH} = 6 \sin 45° = 6 \times \dfrac{\sqrt{2}}{2} = 3\sqrt{2}$

이때 $\angle A = 180° - (105° + 45°) = 30°$

따라서 직각삼각형 ABH에서

$x = \dfrac{3\sqrt{2}}{\sin 30°} = 3\sqrt{2} \div \dfrac{1}{2} = 6\sqrt{2}$

삼각형의 높이

> **11** $30, \dfrac{\sqrt{3}}{3}, 45, \dfrac{\sqrt{3}}{3}, \sqrt{3}$ **12** $60, \sqrt{3}, 45, \sqrt{3}, 1$
>
> **13** $4(\sqrt{3} - 1)$ **14** $5(3 + \sqrt{3})$

13 직각삼각형 ABH에서
$\overline{BH}=h\tan 60°=\sqrt{3}h$
직각삼각형 AHC에서
$\overline{CH}=h\tan 45°=h$
이때 $\overline{BC}=\overline{BH}+\overline{CH}$이므로
$8=\sqrt{3}h+h,\ (\sqrt{3}+1)h=8$
따라서 $h=\dfrac{8}{\sqrt{3}+1}=4(\sqrt{3}-1)$

14 직각삼각형 AHC에서
$\overline{HC}=h\tan 45°=h$
직각삼각형 AHB에서
$\overline{HB}=h\tan 30°=\dfrac{\sqrt{3}}{3}h$
이때 $\overline{BC}=\overline{HC}-\overline{HB}$이므로
$10=h-\dfrac{\sqrt{3}}{3}h,\ \dfrac{3-\sqrt{3}}{3}h=10$
따라서 $h=10\times\dfrac{3}{3-\sqrt{3}}=5(3+\sqrt{3})$

소단원 유형 익히기

유형 1 직각삼각형의 변의 길이 | 28쪽 |

| **1** ④ | **2** ③ | **3** 2.7 |

1 $\sin 40°=\dfrac{3}{\overline{AB}}$이므로 $\overline{AB}=\dfrac{3}{\sin 40°}$

2 ㄱ. $\sin A=\dfrac{a}{c}$이므로 $a=c\sin A$
ㄴ. $\sin B=\dfrac{b}{c}$이므로 $b=c\sin B$
ㄷ. $\tan B=\dfrac{b}{a}$이므로 $b=a\tan B$
ㄹ. $\cos A=\dfrac{b}{c}$이므로 $c=\dfrac{b}{\cos A}$
따라서 옳은 것은 ㄷ이다.

3 $x=10\cos 34°=10\times 0.83=8.3$
$y=10\sin 34°=10\times 0.56=5.6$
따라서 $x-y=8.3-5.6=2.7$

유형 2 입체도형에서 직각삼각형의 변의 길이의 활용 | 28쪽 |

| **4** ③ | **5** ① | **6** $18\sqrt{2}\pi$ cm³ |

4 직각삼각형 AFB에서
$\overline{AB}=4\times\sin 60°=4\times\dfrac{\sqrt{3}}{2}=2\sqrt{3}\ (\text{cm})$
$\overline{BF}=4\times\cos 60°=4\times\dfrac{1}{2}=2\ (\text{cm})$
따라서 직육면체의 부피는
$2\sqrt{3}\times 3\sqrt{2}\times 2=12\sqrt{6}\ (\text{cm}^3)$

5 $\overline{BC}=\overline{EF}=4\sqrt{2}$ cm이므로
직각삼각형 ABC에서
$\overline{AB}=4\sqrt{2}\times\cos 45°=4\sqrt{2}\times\dfrac{\sqrt{2}}{2}=4\ (\text{cm})$
$\overline{AC}=4\sqrt{2}\times\sin 45°=4\sqrt{2}\times\dfrac{\sqrt{2}}{2}=4\ (\text{cm})$
따라서 삼각기둥의 한 밑면의 넓이는
$\dfrac{1}{2}\times 4\times 4=8\ (\text{cm}^2)$

6 직각삼각형 ABH에서
$\overline{AH}=6\times\sin 45°=6\times\dfrac{\sqrt{2}}{2}=3\sqrt{2}\ (\text{cm})$ ······ ❶
$\overline{BH}=6\times\cos 45°=6\times\dfrac{\sqrt{2}}{2}=3\sqrt{2}\ (\text{cm})$ ······ ❷
따라서 원뿔의 부피는
$\dfrac{1}{3}\times\pi\times(3\sqrt{2})^2\times 3\sqrt{2}=18\sqrt{2}\pi\ (\text{cm}^3)$ ······ ❸

채점 기준	비율
❶ $\overline{AH}$의 길이 구하기	35 %
❷ $\overline{BH}$의 길이 구하기	35 %
❸ 원뿔의 부피 구하기	30 %

유형 3 실생활에서 직각삼각형의 변의 길이의 활용 | 29쪽 |

| **7** 1.02 km | **8** 7.8 m | **9** $(30-10\sqrt{3})$ m |

7 $\overline{AB}=1.2\times\cos 32°=1.2\times 0.85=1.02\ (\text{km})$
따라서 A 매점과 B 매점 사이의 거리는 1.02 km이다.

8 직각삼각형 ABC에서
$\overline{BC}=15\times\tan 23°=15\times 0.42=6.3\ (\text{m})$
따라서 이 탑의 높이는
$6.3+1.5=7.8\ (\text{m})$

9 직각삼각형 ABC에서
$\overline{AC}=30\times\tan 45°=30\ (\text{m})$ ······ ❶
직각삼각형 DBC에서
$\overline{DC}=30\times\tan 30°=30\times\dfrac{\sqrt{3}}{3}=10\sqrt{3}\ (\text{m})$ ······ ❷
따라서 광고판의 세로의 길이는
$\overline{AD}=\overline{AC}-\overline{DC}=30-10\sqrt{3}\ (\text{m})$ ······ ❸

채점 기준	비율
❶ $\overline{AC}$의 길이 구하기	30 %
❷ $\overline{DC}$의 길이 구하기	30 %
❸ 광고판의 세로의 길이 구하기	40 %

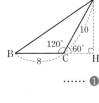

유형 4 일반 삼각형의 변의 길이(1) | 29 ~ 30쪽 |

10 ②　　**11** ②　　**12** $100\sqrt{7}$ m **13** $2\sqrt{61}$　　**14** ②

10 오른쪽 그림과 같이 꼭짓점 A에서 $\overline{BC}$에
내린 수선의 발을 H라 하면 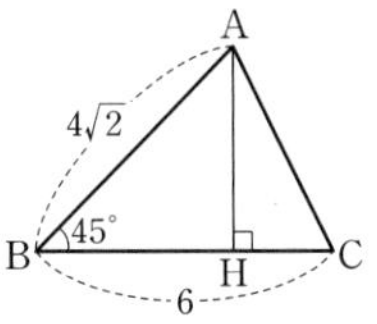
직각삼각형 ABH에서

$\overline{AH}=4\sqrt{2}\times\sin 45^\circ=4\sqrt{2}\times\dfrac{\sqrt{2}}{2}=4$

$\overline{BH}=4\sqrt{2}\times\cos 45^\circ=4\sqrt{2}\times\dfrac{\sqrt{2}}{2}=4$

이때 $\overline{CH}=\overline{BC}-\overline{BH}=6-4=2$
따라서 직각삼각형 AHC에서 $\overline{AC}=\sqrt{4^2+2^2}=2\sqrt{5}$

11 오른쪽 그림과 같이 꼭짓점 A에서
$\overline{BC}$에 내린 수선의 발을 H라 하면 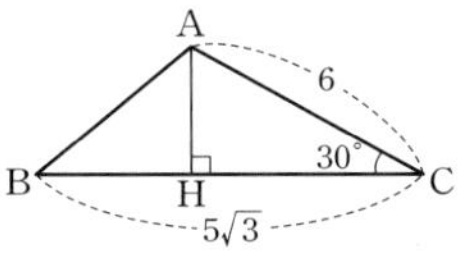
직각삼각형 AHC에서

$\overline{AH}=6\times\sin 30^\circ=6\times\dfrac{1}{2}=3$

$\overline{CH}=6\times\cos 30^\circ=6\times\dfrac{\sqrt{3}}{2}=3\sqrt{3}$

이때 $\overline{BH}=\overline{BC}-\overline{CH}=5\sqrt{3}-3\sqrt{3}=2\sqrt{3}$
따라서 직각삼각형 ABH에서
$\overline{AB}=\sqrt{3^2+(2\sqrt{3})^2}=\sqrt{21}$

12 오른쪽 그림과 같이 꼭짓점 A에서 $\overline{BC}$
에 내린 수선의 발을 H라 하면 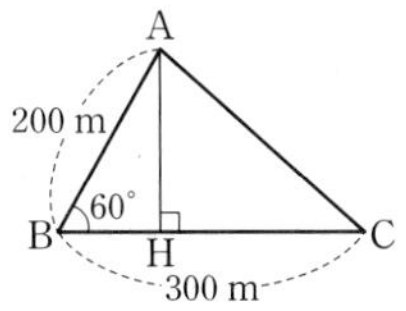
직각삼각형 ABH에서

$\overline{AH}=200\times\sin 60^\circ=200\times\dfrac{\sqrt{3}}{2}$
$\phantom{\overline{AH}}=100\sqrt{3}\ (m)$

$\overline{BH}=200\times\cos 60^\circ=200\times\dfrac{1}{2}=100\ (m)$

이때 $\overline{CH}=\overline{BC}-\overline{BH}=300-100=200\ (m)$
직각삼각형 AHC에서
$\overline{AC}=\sqrt{(100\sqrt{3})^2+200^2}=100\sqrt{7}\ (m)$
따라서 두 지점 A, C 사이의 거리는 $100\sqrt{7}$ m이다.

13 오른쪽 그림과 같이 꼭짓점 A에서 $\overline{BC}$
의 연장선에 내린 수선의 발을 H라 하면
$\angle ACH=180^\circ-120^\circ=60^\circ$
직각삼각형 ACH에서

$\overline{AH}=10\times\sin 60^\circ=10\times\dfrac{\sqrt{3}}{2}=5\sqrt{3}$ …… ❶

$\overline{CH}=10\times\cos 60^\circ=10\times\dfrac{1}{2}=5$ …… ❷

이때 $\overline{BH}=\overline{BC}+\overline{CH}=8+5=13$
따라서 직각삼각형 ABH에서
$\overline{AB}=\sqrt{13^2+(5\sqrt{3})^2}=2\sqrt{61}$ …… ❸

채점 기준	비율
❶ $\overline{AH}$의 길이 구하기	30 %
❷ $\overline{CH}$의 길이 구하기	30 %
❸ $\overline{AB}$의 길이 구하기	40 %

14 오른쪽 그림과 같이 꼭짓점 A에서 $\overline{BC}$
의 연장선에 내린 수선의 발을 H라 하면 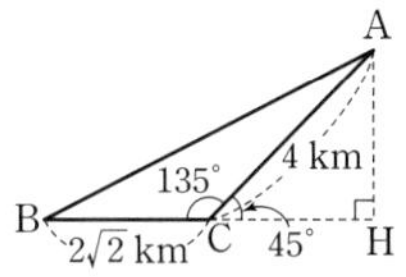
$\angle ACH=180^\circ-135^\circ=45^\circ$
직각삼각형 ACH에서

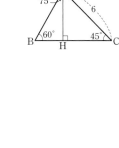

$\overline{AH}=4\times\sin 45^\circ=4\times\dfrac{\sqrt{2}}{2}=2\sqrt{2}\ (km)$

$\overline{CH}=4\times\cos 45^\circ=4\times\dfrac{\sqrt{2}}{2}=2\sqrt{2}\ (km)$

이때 $\overline{BH}=\overline{BC}+\overline{CH}=2\sqrt{2}+2\sqrt{2}=4\sqrt{2}\ (km)$
직각삼각형 ABH에서
$\overline{AB}=\sqrt{(4\sqrt{2})^2+(2\sqrt{2})^2}=2\sqrt{10}\ (km)$
따라서 두 지점 A, B 사이의 거리는 $2\sqrt{10}$ km이다.

유형 5 일반 삼각형의 변의 길이(2) | 30쪽 |

15 ④　　**16** ④　　**17** ④　　**18** $20(3+\sqrt{2}+\sqrt{3})$ m

15 오른쪽 그림과 같이 꼭짓점 A에서 $\overline{BC}$
에 내린 수선의 발을 H라 하면
직각삼각형 AHC에서

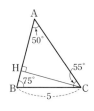

$\overline{AH}=6\sin 45^\circ=6\times\dfrac{\sqrt{2}}{2}=3\sqrt{2}$

이때 $\angle B=180^\circ-(75^\circ+45^\circ)=60^\circ$
따라서 직각삼각형 ABH에서

$\overline{AB}=\dfrac{3\sqrt{2}}{\sin 60^\circ}=3\sqrt{2}\div\dfrac{\sqrt{3}}{2}=2\sqrt{6}$

16 오른쪽 그림과 같이 꼭짓점 C에서 $\overline{AB}$에
내린 수선의 발을 H라 하면
직각삼각형 BCH에서

$\overline{CH}=5\sin 75^\circ$

이때 $\angle A=180^\circ-(75^\circ+55^\circ)=50^\circ$
따라서 직각삼각형 AHC에서

$\overline{AC}=\dfrac{\overline{CH}}{\sin 50^\circ}=\dfrac{5\sin 75^\circ}{\sin 50^\circ}$

17 오른쪽 그림과 같이 꼭짓점 A에서 $\overline{BC}$에
내린 수선의 발을 H라 하면
직각삼각형 ABH에서

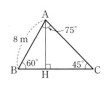

$\overline{AH}=8\sin 60^\circ=8\times\dfrac{\sqrt{3}}{2}=4\sqrt{3}\ (m)$

이때 $\angle C=180°-(75°+60°)=45°$

직각삼각형 AHC에서

$\overline{AC}=\dfrac{4\sqrt{3}}{\sin 45°}=4\sqrt{3}\div\dfrac{\sqrt{2}}{2}=4\sqrt{6}\ (\text{m})$

따라서 두 지점 A, C 사이의 거리는 $4\sqrt{6}$ m이다.

18 오른쪽 그림과 같이 꼭짓점 B에서 $\overline{AC}$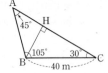
에 내린 수선의 발을 H라 하면
직각삼각형 BCH에서

$\overline{BH}=40\sin 30°=40\times\dfrac{1}{2}=20\ (\text{m})$

$\overline{CH}=40\cos 30°=40\times\dfrac{\sqrt{3}}{2}=20\sqrt{3}\ (\text{m})$

$\angle A=180°-(105°+30°)=45°$이므로

직각삼각형 ABH에서

$\overline{AB}=\dfrac{20}{\sin 45°}=20\div\dfrac{\sqrt{2}}{2}=20\sqrt{2}\ (\text{m})$

이때 직각삼각형 ABH는 이등변삼각형이므로

$\overline{AH}=\overline{BH}=20$ m

따라서 진우네 밭의 둘레의 길이는

$20\sqrt{2}+40+20+20\sqrt{3}=20(3+\sqrt{2}+\sqrt{3})\ (\text{m})$

유형 6 삼각형의 높이(1) | 31쪽 |

19 $3(3-\sqrt{3})$	**20** ④	**21** $8(\sqrt{3}-1)$
22 ②	**23** 41.6 m	**24** ③

19 $\overline{AH}=h$라 하면 $\angle BAH=30°$, $\angle CAH=45°$이므로

$\overline{BH}=h\tan 30°=\dfrac{\sqrt{3}}{3}h$

$\overline{CH}=h\tan 45°=h$

$\overline{BC}=\overline{BH}+\overline{CH}$이므로

$6=\dfrac{\sqrt{3}}{3}h+h$, $\dfrac{3+\sqrt{3}}{3}h=6$

따라서 $h=6\times\dfrac{3}{3+\sqrt{3}}=3(3-\sqrt{3})$

20 $\overline{AH}=h$라 하면 $\angle BAH=45°$, $\angle CAH=50°$이므로

$\overline{BH}=h\tan 45°=h$

$\overline{CH}=h\tan 50°$

$\overline{BC}=\overline{BH}+\overline{CH}$이므로

$7=h+h\tan 50°$, $(1+\tan 50°)h=7$

따라서 $h=\dfrac{7}{1+\tan 50°}$

21 $\angle BAH=180°-(30°+90°)=60°$

$\angle CAH=105°-60°=45°$ ...... ❶

$\overline{AH}=h$라 하면

$\overline{BH}=h\tan 60°=\sqrt{3}h$

$\overline{CH}=h\tan 45°=h$ ...... ❷

$\overline{BC}=\overline{BH}+\overline{CH}$이므로

$16=\sqrt{3}h+h$, $(\sqrt{3}+1)h=16$

따라서 $h=\dfrac{16}{\sqrt{3}+1}=8(\sqrt{3}-1)$ ...... ❸

채점 기준	비율
❶ $\angle BAH$, $\angle CAH$의 크기 각각 구하기	20 %
❷ $\overline{BH}$, $\overline{CH}$의 길이를 각각 h를 사용하여 나타내기	40 %
❸ $\overline{AH}$의 길이 구하기	40 %

22 오른쪽 그림과 같이 꼭짓점 A에서 $\overline{BC}$에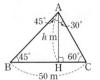
내린 수선의 발을 H라 하고 $\overline{AH}=h$ m라
하면

$\angle BAH=45°$, $\angle CAH=30°$이므로

$\overline{BH}=h\tan 45°=h\ (\text{m})$

$\overline{CH}=h\tan 30°=\dfrac{\sqrt{3}}{3}h\ (\text{m})$

$\overline{BC}=\overline{BH}+\overline{CH}$이므로

$50=h+\dfrac{\sqrt{3}}{3}h$, $\dfrac{3+\sqrt{3}}{3}h=50$

$h=50\times\dfrac{3}{3+\sqrt{3}}=25(3-\sqrt{3})$

따라서 도로의 폭은 $25(3-\sqrt{3})$ m이다.

23 오른쪽 그림과 같이 꼭짓점 A에서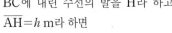
$\overline{BC}$에 내린 수선의 발을 H라 하고
$\overline{AH}=h$ m라 하면

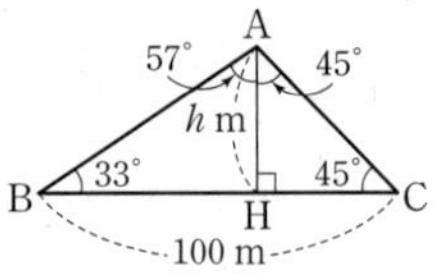

$\angle BAH=57°$, $\angle CAH=45°$이므로

$\overline{BH}=h\tan 57°=1.5h\ (\text{m})$

$\overline{CH}=h\tan 45°=h\ (\text{m})$

$\overline{BC}=\overline{BH}+\overline{CH}$이므로

$100=1.5h+h$, $2.5h=100$

$h=40$

따라서 지면에서 드론까지의 높이는

$40+1.6=41.6\ (\text{m})$

24 오른쪽 그림과 같이 꼭짓점 C에서 $\overline{AB}$
에 내린 수선의 발을 H라 하고
$\overline{CH}=h$ cm라 하면

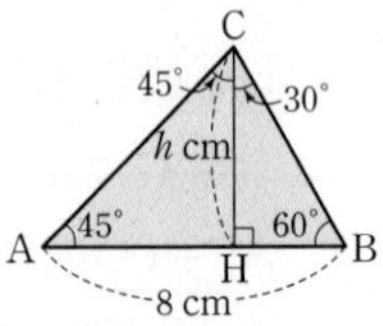

$\angle ACH=45°$, $\angle BCH=30°$이므로

$\overline{AH}=h\tan 45°=h\ (\text{cm})$

$\overline{BH}=h\tan 30°=\dfrac{\sqrt{3}}{3}h\ (\text{cm})$

$\overline{AB}=\overline{AH}+\overline{BH}$이므로

$8=h+\dfrac{\sqrt{3}}{3}h$, $\dfrac{3+\sqrt{3}}{3}h=8$

$h=8\times\dfrac{3}{3+\sqrt{3}}=4(3-\sqrt{3})$

따라서 $\triangle ABC=\dfrac{1}{2}\times 8\times 4(3-\sqrt{3})=16(3-\sqrt{3})\ (\text{cm}^2)$

유형 **7** 삼각형의 높이(2) | 32쪽 |

25 $3(\sqrt{3}+1)$	26 ①	27 $4(3+\sqrt{3})$
28 $\dfrac{10\sqrt{3}}{3}$	29 20 m	30 ②	31 99

25 오른쪽 그림에서 $\overline{\mathrm{AH}}=h$라 하면
$\angle\mathrm{BAH}=60°$, $\angle\mathrm{CAH}=45°$이므로
$\overline{\mathrm{BH}}=h\tan 60°=\sqrt{3}h$
$\overline{\mathrm{CH}}=h\tan 45°=h$
$\overline{\mathrm{BC}}=\overline{\mathrm{BH}}-\overline{\mathrm{CH}}$이므로
$6=\sqrt{3}h-h$, $(\sqrt{3}-1)h=6$
따라서 $h=\dfrac{6}{\sqrt{3}-1}=3(\sqrt{3}+1)$

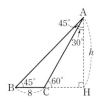

26 오른쪽 그림에서 $\overline{\mathrm{AH}}=h$라 하면
$\angle\mathrm{BAH}=50°$, $\angle\mathrm{CAH}=35°$이므로
$\overline{\mathrm{BH}}=h\tan 50°$
$\overline{\mathrm{CH}}=h\tan 35°$
$\overline{\mathrm{BC}}=\overline{\mathrm{BH}}-\overline{\mathrm{CH}}$이므로
$3=h\tan 50°-h\tan 35°$, $(\tan 50°-\tan 35°)h=3$
따라서 $h=\dfrac{3}{\tan 50°-\tan 35°}$

27 오른쪽 그림에서 $\overline{\mathrm{AH}}=h$라 하면
$\angle\mathrm{BAH}=45°$, $\angle\mathrm{CAH}=30°$이므로
$\overline{\mathrm{BH}}=h\tan 45°=h$
$\overline{\mathrm{CH}}=h\tan 30°=\dfrac{\sqrt{3}}{3}h$
$\overline{\mathrm{BC}}=\overline{\mathrm{BH}}-\overline{\mathrm{CH}}$이므로
$8=h-\dfrac{\sqrt{3}}{3}h$, $\dfrac{3-\sqrt{3}}{3}h=8$
따라서 $h=8\times\dfrac{3}{3-\sqrt{3}}=4(3+\sqrt{3})$

28 오른쪽 그림에서
$\angle\mathrm{BAH}=60°$, $\angle\mathrm{CAH}=30°$이므로
　　　　　　　　　　　　　　　　……❶
$\overline{\mathrm{BH}}=5\tan 60°=5\sqrt{3}$
$\overline{\mathrm{CH}}=5\tan 30°=\dfrac{5\sqrt{3}}{3}$　……❷
따라서 $\overline{\mathrm{BC}}=\overline{\mathrm{BH}}-\overline{\mathrm{CH}}=5\sqrt{3}-\dfrac{5\sqrt{3}}{3}=\dfrac{10\sqrt{3}}{3}$　……❸

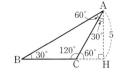

채점 기준	비율
❶ $\angle\mathrm{BAH}$, $\angle\mathrm{CAH}$의 크기 각각 구하기	20 %
❷ $\overline{\mathrm{BH}}$, $\overline{\mathrm{CH}}$의 길이 각각 구하기	40 %
❸ $\overline{\mathrm{BC}}$의 길이 구하기	40 %

29 오른쪽 그림에서 $\overline{\mathrm{AH}}=h$ m라 하면
$\angle\mathrm{BAH}=56°$, $\angle\mathrm{CAH}=45°$이므로
$\overline{\mathrm{BH}}=h\tan 56°=1.5h\,(\mathrm{m})$
$\overline{\mathrm{CH}}=h\tan 45°=h\,(\mathrm{m})$
$\overline{\mathrm{BC}}=\overline{\mathrm{BH}}-\overline{\mathrm{CH}}$이므로
$10=1.5h-h$, $0.5h=10$
$h=20$
따라서 건물의 높이는 20 m이다.

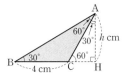

30 오른쪽 그림에서 $\overline{\mathrm{AH}}=h$ cm라 하면
$\angle\mathrm{BAH}=60°$, $\angle\mathrm{CAH}=30°$이므로
$\overline{\mathrm{BH}}=h\tan 60°=\sqrt{3}h\,(\mathrm{cm})$
$\overline{\mathrm{CH}}=h\tan 30°=\dfrac{\sqrt{3}}{3}h\,(\mathrm{cm})$
$\overline{\mathrm{BC}}=\overline{\mathrm{BH}}-\overline{\mathrm{CH}}$이므로
$4=\sqrt{3}h-\dfrac{\sqrt{3}}{3}h$, $\dfrac{2\sqrt{3}}{3}h=4$
$h=2\sqrt{3}$
따라서 $\triangle\mathrm{ABC}=\dfrac{1}{2}\times 4\times 2\sqrt{3}=4\sqrt{3}\,(\mathrm{cm}^2)$

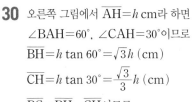

31 $\angle\mathrm{BAH}=55°$, $\angle\mathrm{CAH}=40°$이므로
$\overline{\mathrm{BH}}=\overline{\mathrm{AH}}\tan 55°$
$\overline{\mathrm{CH}}=\overline{\mathrm{AH}}\tan 40°$
$\overline{\mathrm{BC}}=\overline{\mathrm{BH}}-\overline{\mathrm{CH}}$이므로
$4=\overline{\mathrm{AH}}\tan 55°-\overline{\mathrm{AH}}\tan 40°$, $(\tan 55°-\tan 40°)\overline{\mathrm{AH}}=4$
$\overline{\mathrm{AH}}=\dfrac{4}{\tan 55°-\tan 40°}$
따라서 $a=4$, $b=55$, $c=40$이므로
$a+b+c=4+55+40=99$

02. 넓이 구하기 | 33~34쪽 |

삼각형의 넓이

1 $14\sqrt{3}$ (✎ 8, 60, 8, $\dfrac{\sqrt{3}}{2}$, $14\sqrt{3}$)	2 6	3 10
4 $20\sqrt{2}$ (✎ 10, 135, 10, $\dfrac{\sqrt{2}}{2}$, $20\sqrt{2}$)	5 $27\sqrt{3}$	

2　$\triangle\mathrm{ABC}=\dfrac{1}{2}\times 4\times 6\times\sin 30°$
　　　　$=\dfrac{1}{2}\times 4\times 6\times\dfrac{1}{2}$
　　　　$=6$

3 $\triangle ABC = \dfrac{1}{2} \times 5 \times 4\sqrt{2} \times \sin 45°$

$= \dfrac{1}{2} \times 5 \times 4\sqrt{2} \times \dfrac{\sqrt{2}}{2}$

$= 10$

5 $\triangle ABC = \dfrac{1}{2} \times 9 \times 12 \times \sin (180° - 120°)$

$= \dfrac{1}{2} \times 9 \times 12 \times \dfrac{\sqrt{3}}{2}$

$= 27\sqrt{3}$

평행사변형의 넓이

6 14 $\left(\mathbf{\mathscr{O}}\ 7,\ 30,\ 7,\ \dfrac{1}{2},\ 14 \right)$ 7 $3\sqrt{3}$ 8 $6\sqrt{2}$ 9 44
10 45

7 $\square ABCD = 2 \times 3 \times \sin 60°$

$= 2 \times 3 \times \dfrac{\sqrt{3}}{2}$

$= 3\sqrt{3}$

8 $\square ABCD = 4 \times 3 \times \sin 45°$

$= 4 \times 3 \times \dfrac{\sqrt{2}}{2}$

$= 6\sqrt{2}$

9 $\square ABCD = 8 \times 11 \times \sin (180° - 150°)$

$= 8 \times 11 \times \dfrac{1}{2}$

$= 44$

10 $\square ABCD = 5\sqrt{3} \times 6 \times \sin (180° - 120°)$

$= 5\sqrt{3} \times 6 \times \dfrac{\sqrt{3}}{2}$

$= 45$

사각형의 넓이

11 $5\sqrt{3}$ $\left(\mathbf{\mathscr{O}}\ 4,\ 60,\ 4,\ \dfrac{\sqrt{3}}{2},\ 5\sqrt{3} \right)$ 12 $\dfrac{77\sqrt{2}}{2}$ 13 18
14 $30\sqrt{3}$ 15 $9\sqrt{2}$

12 $\square ABCD = \dfrac{1}{2} \times 14 \times 11 \times \sin 45°$

$= \dfrac{1}{2} \times 14 \times 11 \times \dfrac{\sqrt{2}}{2}$

$= \dfrac{77\sqrt{2}}{2}$

13 $\square ABCD = \dfrac{1}{2} \times 9 \times 8 \times \sin 30°$

$= \dfrac{1}{2} \times 9 \times 8 \times \dfrac{1}{2}$

$= 18$

14 $\square ABCD = \dfrac{1}{2} \times 10 \times 12 \times \sin (180° - 120°)$

$= \dfrac{1}{2} \times 10 \times 12 \times \dfrac{\sqrt{3}}{2}$

$= 30\sqrt{3}$

15 $\square ABCD = \dfrac{1}{2} \times 6 \times 6 \times \sin (180° - 135°)$

$= \dfrac{1}{2} \times 6 \times 6 \times \dfrac{\sqrt{2}}{2}$

$= 9\sqrt{2}$

소단원 유형 익히기

유형 **8** **삼각형의 넓이(1)** | 35쪽 |

1 ④   2 22 cm²   3 ①   4 5 cm   5 45°
6 ⑤   7 $6\sqrt{3}$ cm²

1 $\triangle ABC = \dfrac{1}{2} \times 6 \times 12 \times \sin 60°$

$= \dfrac{1}{2} \times 6 \times 12 \times \dfrac{\sqrt{3}}{2}$

$= 18\sqrt{3}$ (cm²)

2 $\triangle ABC = \dfrac{1}{2} \times 11 \times 8 \times \sin 30°$

$= \dfrac{1}{2} \times 11 \times 8 \times \dfrac{1}{2}$

$= 22$ (cm²)

3 $\triangle ABC$는 $\overline{AB} = \overline{AC}$인 이등변삼각형이므로

$\angle A = 180° - (75° + 75°) = 30°$

따라서

$\triangle ABC = \dfrac{1}{2} \times 4 \times 4 \times \sin 30°$

$= \dfrac{1}{2} \times 4 \times 4 \times \dfrac{1}{2} = 4$ (cm²)

4 $\dfrac{1}{2} \times \overline{AC} \times 8 \times \sin 45° = 10\sqrt{2}$이므로

$\dfrac{1}{2} \times \overline{AC} \times 8 \times \dfrac{\sqrt{2}}{2} = 10\sqrt{2}$

$2\sqrt{2}\ \overline{AC} = 10\sqrt{2}$

따라서 $\overline{AC} = 5$ (cm)

5 $\dfrac{1}{2} \times 4 \times 7 \times \sin A = 7\sqrt{2}$이므로

$14 \sin A = 7\sqrt{2}$

따라서 $\sin A = \dfrac{\sqrt{2}}{2}$ ······ ❶

이때 $\sin 45° = \dfrac{\sqrt{2}}{2}$ 이므로

$\angle A = 45°$ ...... ❷

채점 기준	비율
❶ $\sin A$의 값 구하기	50 %
❷ $\angle A$의 크기 구하기	50 %

6 $0° < \angle B < 90°$에서 $\tan B = \sqrt{3}$이므로

$\angle B = 60°$

따라서

$\triangle ABC = \dfrac{1}{2} \times 12 \times 15 \times \sin 60°$

$\qquad = \dfrac{1}{2} \times 12 \times 15 \times \dfrac{\sqrt{3}}{2}$

$\qquad = 45\sqrt{3} \ (cm^2)$

7 점 G가 $\triangle ABC$의 무게중심이므로

$\triangle GBC = \dfrac{1}{3} \triangle ABC$

$\qquad = \dfrac{1}{3} \times \left(\dfrac{1}{2} \times 8 \times 9 \times \sin 60° \right)$

$\qquad = \dfrac{1}{3} \times \left(\dfrac{1}{2} \times 8 \times 9 \times \dfrac{\sqrt{3}}{2} \right)$

$\qquad = 6\sqrt{3} \ (cm^2)$

유형 9 삼각형의 넓이(2) | 36쪽 |

8 ②	9 27 cm²	10 $4\sqrt{2}$ cm²	11 ⑤	12 ①
13 150°	14 $(8\pi - 4\sqrt{3})$ cm²			

8 $\triangle ABC = \dfrac{1}{2} \times 6 \times 6\sqrt{3} \times \sin (180° - 120°)$

$\qquad = \dfrac{1}{2} \times 6 \times 6\sqrt{3} \times \dfrac{\sqrt{3}}{2}$

$\qquad = 27 \ (cm^2)$

9 $\triangle ABC = \dfrac{1}{2} \times 9 \times 12 \times \sin (180° - 150°)$

$\qquad = \dfrac{1}{2} \times 9 \times 12 \times \dfrac{1}{2}$

$\qquad = 27 \ (cm^2)$

10 $\angle C = 180° - (22.5° + 135°) = 22.5°$이므로

$\triangle ABC$는 이등변삼각형이다.

따라서 $\overline{AB} = \overline{BC} = 4$ cm이므로

$\triangle ABC = \dfrac{1}{2} \times 4 \times 4 \times \sin (180° - 135°)$

$\qquad = \dfrac{1}{2} \times 4 \times 4 \times \dfrac{\sqrt{2}}{2}$

$\qquad = 4\sqrt{2} \ (cm^2)$

11 $\angle B = \angle C$이므로 $\triangle ABC$는 $\overline{AB} = \overline{AC}$인 이등변삼각형이다.

따라서 $\overline{AC} = \overline{AB} = 10$ cm이고

$\angle A = 180° - (30° + 30°) = 120°$이므로

$\triangle ABC = \dfrac{1}{2} \times 10 \times 10 \times \sin (180° - 120°)$

$\qquad = \dfrac{1}{2} \times 10 \times 10 \times \dfrac{\sqrt{3}}{2}$

$\qquad = 25\sqrt{3} \ (cm^2)$

12 $\dfrac{1}{2} \times \overline{BC} \times 5 \times \sin (180° - 135°) = \dfrac{15\sqrt{2}}{2}$이므로

$\dfrac{1}{2} \times \overline{BC} \times 5 \times \dfrac{\sqrt{2}}{2} = \dfrac{15\sqrt{2}}{2}$

$\dfrac{5\sqrt{2}}{4} \overline{BC} = \dfrac{15\sqrt{2}}{2}$

따라서 $\overline{BC} = 6$ (cm)

13 $\dfrac{1}{2} \times 7 \times 8 \times \sin (180° - B) = 14$이므로

$28 \sin (180° - B) = 14$

따라서 $\sin (180° - B) = \dfrac{1}{2}$

이때 $\sin 30° = \dfrac{1}{2}$이므로

$180° - \angle B = 30°$

따라서 $\angle B = 150°$

14 (반원의 넓이) $= \dfrac{1}{2} \times \pi \times 4^2 = 8\pi \ (cm^2)$ ...... ❶

(삼각형의 넓이) $= \dfrac{1}{2} \times 4 \times 4 \times \sin (180° - 120°)$

$\qquad = \dfrac{1}{2} \times 4 \times 4 \times \dfrac{\sqrt{3}}{2}$

$\qquad = 4\sqrt{3} \ (cm^2)$ ...... ❷

따라서 색칠한 부분의 넓이는

(반원의 넓이) $-$ (삼각형의 넓이) $= 8\pi - 4\sqrt{3} \ (cm^2)$ ...... ❸

채점 기준	비율
❶ 반원의 넓이 구하기	40 %
❷ 삼각형의 넓이 구하기	40 %
❸ 색칠한 부분의 넓이 구하기	20 %

유형 10 다각형의 넓이 | 37쪽 |

15 $28\sqrt{3}$ cm²	16 ①	17 $(8\sqrt{3} + 16)$ cm²
18 ④	19 $150\sqrt{3}$ cm²	20 ⑤

15 오른쪽 그림과 같이 $\overline{BD}$를 그으면

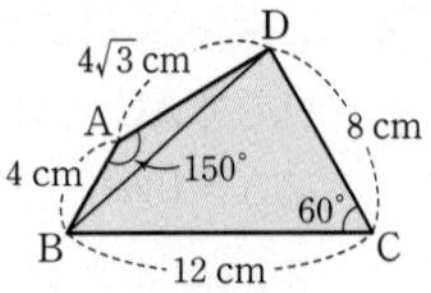

$\triangle ABD$

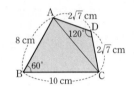

$=\dfrac{1}{2}\times 4\times 4\sqrt{3}\times \sin{(180°-150°)}$

$=\dfrac{1}{2}\times 4\times 4\sqrt{3}\times \dfrac{1}{2}=4\sqrt{3}\,(\text{cm}^2)$

$\triangle DBC=\dfrac{1}{2}\times 12\times 8\times \sin 60°$

$=\dfrac{1}{2}\times 12\times 8\times \dfrac{\sqrt{3}}{2}=24\sqrt{3}\,(\text{cm}^2)$

따라서

$\square ABCD=\triangle ABD+\triangle DBC$

$=4\sqrt{3}+24\sqrt{3}=28\sqrt{3}\,(\text{cm}^2)$

16 오른쪽 그림과 같이 $\overline{AC}$를 그으면

$\triangle ABC=\dfrac{1}{2}\times 8\times 10\times \sin 60°$

$=\dfrac{1}{2}\times 8\times 10\times \dfrac{\sqrt{3}}{2}$

$=20\sqrt{3}\,(\text{cm}^2)$

$\triangle ACD=\dfrac{1}{2}\times 2\sqrt{7}\times 2\sqrt{7}\times \sin{(180°-120°)}$

$=\dfrac{1}{2}\times 2\sqrt{7}\times 2\sqrt{7}\times \dfrac{\sqrt{3}}{2}=7\sqrt{3}\,(\text{cm}^2)$

따라서

$\square ABCD=\triangle ABC+\triangle ACD$

$=20\sqrt{3}+7\sqrt{3}=27\sqrt{3}\,(\text{cm}^2)$

17 직각삼각형 ABC에서

$\overline{AC}=\dfrac{4}{\cos 60°}=4\div\dfrac{1}{2}=8\,(\text{cm})$ ······ ❶

이므로

$\triangle ABC=\dfrac{1}{2}\times 4\times 8\times \sin 60°$

$=\dfrac{1}{2}\times 4\times 8\times \dfrac{\sqrt{3}}{2}=8\sqrt{3}\,(\text{cm}^2)$ ······ ❷

$\triangle ACD=\dfrac{1}{2}\times 8\times 4\sqrt{2}\times \sin 45°$

$=\dfrac{1}{2}\times 8\times 4\sqrt{2}\times \dfrac{\sqrt{2}}{2}=16\,(\text{cm}^2)$ ······ ❸

따라서

$\square ABCD=\triangle ABC+\triangle ACD$

$=8\sqrt{3}+16\,(\text{cm}^2)$ ······ ❹

채점 기준	비율
❶ $\overline{AC}$의 길이 구하기	20 %
❷ $\triangle ABC$의 넓이 구하기	30 %
❸ $\triangle ACD$의 넓이 구하기	30 %
❹ $\square ABCD$의 넓이 구하기	20 %

18 직각삼각형 ABD에서

$\overline{BD}=2\sqrt{3}\tan 60°=2\sqrt{3}\times\sqrt{3}=6\,(\text{cm})$

이므로

$\triangle ABD=\dfrac{1}{2}\times 2\sqrt{3}\times 6=6\sqrt{3}\,(\text{cm}^2)$

$\triangle BCD=\dfrac{1}{2}\times 6\times 3\sqrt{3}\times \sin 30°$

$=\dfrac{1}{2}\times 6\times 3\sqrt{3}\times \dfrac{1}{2}=\dfrac{9\sqrt{3}}{2}\,(\text{cm}^2)$

따라서

$\square ABCD=\triangle ABD+\triangle BCD$

$=6\sqrt{3}+\dfrac{9\sqrt{3}}{2}=\dfrac{21\sqrt{3}}{2}\,(\text{cm}^2)$

19 정육각형은 오른쪽 그림과 같이 6개의 합동인 정삼각형으로 나누어지므로 정육각형의 넓이는

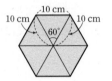

$6\times\left(\dfrac{1}{2}\times 10\times 10\times \sin 60°\right)$

$=6\times\left(\dfrac{1}{2}\times 10\times 10\times \dfrac{\sqrt{3}}{2}\right)$

$=150\sqrt{3}\,(\text{cm}^2)$

따라서 타일의 윗면의 넓이는 $150\sqrt{3}\,\text{cm}^2$이다.

20 정팔각형은 오른쪽 그림과 같이 8개의 합동 인 이등변삼각형으로 나누어지므로 정팔각형의 넓이는

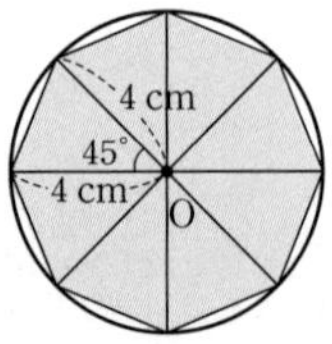

$8\times\left(\dfrac{1}{2}\times 4\times 4\times \sin 45°\right)$

$=8\times\left(\dfrac{1}{2}\times 4\times 4\times \dfrac{\sqrt{2}}{2}\right)$

$=32\sqrt{2}\,(\text{cm}^2)$

유형 **11** **평행사변형의 넓이** | 38쪽 |

21 ⑤	22 $15\sqrt{2}$ cm²	23 ②	24 ⑤
25 135°	26 $10\sqrt{3}$ cm²	27 ②	

21 $\square ABCD=9\times 10\times \sin{(180°-120°)}$

$=9\times 10\times \dfrac{\sqrt{3}}{2}$

$=45\sqrt{3}\,(\text{cm}^2)$

22 $\overline{AD}=\overline{BC}=6$ cm이므로

$\square ABCD=5\times 6\times \sin{(180°-135°)}$

$=5\times 6\times \dfrac{\sqrt{2}}{2}$

$=15\sqrt{2}\,(\text{cm}^2)$

23 마름모 ABCD는 $\overline{BC}=\overline{AB}=6$ cm인 평행사변형이므로

$\square ABCD=6\times 6\times \sin 45°$

$=6\times 6\times \dfrac{\sqrt{2}}{2}$

$=18\sqrt{2}\,(\text{cm}^2)$

24 $4 \times \overline{BC} \times \sin 60° = 30$이므로

$4 \times \overline{BC} \times \dfrac{\sqrt{3}}{2} = 30$

$2\sqrt{3}\,\overline{BC} = 30$

따라서 $\overline{BC} = \dfrac{30}{2\sqrt{3}} = 5\sqrt{3}\ (\text{cm})$

25 $5 \times 3\sqrt{2} \times \sin B = 15$이므로

$15\sqrt{2}\sin B = 15$

따라서 $\sin B = \dfrac{\sqrt{2}}{2}$ ······ ❶

이때 $\sin 45° = \dfrac{\sqrt{2}}{2}$이므로

$\angle B = 45°$ ······ ❷

따라서 $\angle C = 180° - 45° = 135°$ ······ ❸

채점 기준	비율
❶ $\sin B$의 값 구하기	50 %
❷ $\angle B$의 크기 구하기	30 %
❸ $\angle C$의 크기 구하기	20 %

26 한 꼭짓점에 크기가 같은 예각 6개가 모이므로 오른쪽 그림의 표시한 부분에서 한 각의 크기는 $\dfrac{360°}{6} = 60°$이다.

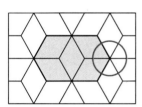

따라서 색칠한 부분의 넓이는 한 변의 길이가 2 cm인 마름모 5개의 넓이와 같으므로

$5 \times (2 \times 2 \times \sin 60°) = 5 \times \left(2 \times 2 \times \dfrac{\sqrt{3}}{2}\right) = 10\sqrt{3}\ (\text{cm}^2)$

27 $\triangle ACM = \dfrac{1}{2}\triangle ACD = \dfrac{1}{2} \times \dfrac{1}{2}\square ABCD$

$= \dfrac{1}{4}\square ABCD = \dfrac{1}{4} \times (9 \times 12 \times \sin 30°)$

$= \dfrac{1}{4} \times \left(9 \times 12 \times \dfrac{1}{2}\right)$

$= \dfrac{27}{2}\ (\text{cm}^2)$

유형 12 사각형의 넓이 | 39쪽 |

28 ①   **29** $6\sqrt{3}$ cm² **30** 45°   **31** $7\sqrt{3}$ cm **32** ②

33 1 cm²

28 $\square ABCD = \dfrac{1}{2} \times 8 \times 5 \times \sin 60°$

$= \dfrac{1}{2} \times 8 \times 5 \times \dfrac{\sqrt{3}}{2}$

$= 10\sqrt{3}\ (\text{cm}^2)$

29 $\angle BOC = 180° - (65° + 55°) = 60°$이므로

$\square ABCD = \dfrac{1}{2} \times 6 \times 4 \times \sin 60°$

$= \dfrac{1}{2} \times 6 \times 4 \times \dfrac{\sqrt{3}}{2}$

$= 6\sqrt{3}\ (\text{cm}^2)$

30 $\dfrac{1}{2} \times 6\sqrt{2} \times 5 \times \sin x = 15$이므로

$15\sqrt{2}\sin x = 15$

따라서 $\sin x = \dfrac{\sqrt{2}}{2}$ ······ ❶

이때 $\sin 45° = \dfrac{\sqrt{2}}{2}$이므로

$x = 45°$ ······ ❷

채점 기준	비율
❶ $\sin x$의 값 구하기	60 %
❷ x의 크기 구하기	40 %

31 $\overline{BD} = x$ cm라 하면

$\dfrac{1}{2} \times 12 \times x \times \sin(180° - 120°) = 63$이므로

$\dfrac{1}{2} \times 12 \times x \times \dfrac{\sqrt{3}}{2} = 63,\ 3\sqrt{3}x = 63$

$x = 7\sqrt{3}$

따라서 $\overline{BD} = 7\sqrt{3}$ cm

32 $\overline{AC} = x$ cm라 하면 $\square ABCD$가 등변사다리꼴이므로

$\overline{BD} = \overline{AC} = x$ cm

$\dfrac{1}{2} \times x \times x \times \sin(180° - 135°) = 25\sqrt{2}$이므로

$\dfrac{1}{2} \times x \times x \times \dfrac{\sqrt{2}}{2} = 25\sqrt{2},\ x^2 = 100$

그런데 $x > 0$이므로 $x = 10$

따라서 한 대각선의 길이는 10 cm이다.

33 윤서가 그린 정사각형의 넓이는

$1 \times 1 = 1\ (\text{cm}^2)$

태우가 그린 사각형에서

$\overline{AB} = \overline{BC} = 1$ cm이므로

$\overline{AC} = \sqrt{1^2 + 1^2} = \sqrt{2}\ (\text{cm})$

$\overline{BD} = 2\overline{AC} = 2\sqrt{2}\ (\text{cm})$

이때 $\angle AOB = 90°$이므로 태우가 그린 $\square ABCD$의 넓이는

$\dfrac{1}{2} \times \sqrt{2} \times 2\sqrt{2} \times \sin 90° = \dfrac{1}{2} \times \sqrt{2} \times 2\sqrt{2} \times 1 = 2\ (\text{cm}^2)$

따라서 $2 - 1 = 1\ (\text{cm}^2)$이므로 태우가 그린 사각형의 넓이는 윤서가 그린 정사각형의 넓이보다 1 cm² 더 넓다.

정답과 풀이

중단원 핵심유형 테스트

| 40~41쪽 |

1 ②, ⑤ 2 $15\sqrt{2}$ cm² 3 ②   4 $(12+4\sqrt{3})$ cm
5 ⑤   6 $200\sqrt{3}$ m   7 $4\sqrt{58}$ m 8 $8\sqrt{2}$
9 $6(3-\sqrt{3})$ 10 $100\sqrt{3}$ m   11 ①
12 $4\sqrt{3}$ cm² 13 $50\sqrt{2}$ cm²   14 $60°$ 15 ④
16 6 cm

1
① $\cos A=\dfrac{c}{b}$이므로 $c=b\cos A$

② $\tan A=\dfrac{a}{c}$이므로 $a=c\tan A$

③ $\sin C=\dfrac{c}{b}$이므로 $c=b\sin C$

④ $\sin A=\dfrac{a}{b}$이므로 $a=b\sin A$

⑤ $\tan C=\dfrac{c}{a}$이므로 $c=a\tan C$
따라서 옳은 것은 ②, ⑤이다.

2 $\triangle ABC=\dfrac{1}{2}\times6\times10\times\sin(180°-135°)$
$\qquad =\dfrac{1}{2}\times6\times10\times\dfrac{\sqrt{2}}{2}$
$\qquad =15\sqrt{2}\ (\text{cm}^2)$

3 $\square ABCD=7\times4\times\sin(180°-150°)$
$\qquad =7\times4\times\dfrac{1}{2}$
$\qquad =14\ (\text{cm}^2)$

4 $\overline{AB}=8\times\cos60°=8\times\dfrac{1}{2}=4\ (\text{cm})$
$\overline{BC}=8\times\sin60°=8\times\dfrac{\sqrt{3}}{2}=4\sqrt{3}\ (\text{cm})$
따라서 △ABC의 둘레의 길이는
$8+4+4\sqrt{3}=12+4\sqrt{3}\ (\text{cm})$

5 직각삼각형 CFG에서
$\overline{CG}=8\times\sin30°=8\times\dfrac{1}{2}=4\ (\text{cm})$
$\overline{FG}=8\times\cos30°=8\times\dfrac{\sqrt{3}}{2}=4\sqrt{3}\ (\text{cm})$
따라서 직육면체의 부피는
$4\sqrt{3}\times5\times4=80\sqrt{3}\ (\text{cm}^3)$

6 $\overline{BC}=200\times\tan60°=200\times\sqrt{3}=200\sqrt{3}\ (\text{m})$
따라서 건물의 높이는 $200\sqrt{3}$ m이다.

7 오른쪽 그림과 같이 점 B에서 $\overline{AC}$에 내린 수선의 발을 H라 하면 직각삼각형 BHC에서

$\overline{BH}=28\sqrt{2}\sin45°=28\sqrt{2}\times\dfrac{\sqrt{2}}{2}$
$\qquad =28\ (\text{m})$

$\overline{CH}=28\sqrt{2}\cos45°=28\sqrt{2}\times\dfrac{\sqrt{2}}{2}=28\ (\text{m})$ ⋯⋯ ❶
이때 $\overline{AH}=\overline{AC}-\overline{CH}=40-28=12\ (\text{m})$
직각삼각형 AHB에서
$\overline{AB}=\sqrt{12^2+28^2}=4\sqrt{58}\ (\text{m})$
따라서 두 의자 A, B 사이의 거리는 $4\sqrt{58}$ m이다. ⋯⋯ ❷

채점 기준	비율
❶ $\overline{BH}$, $\overline{CH}$의 길이 각각 구하기	50 %
❷ 두 의자 A, B 사이의 거리 구하기	50 %

8 오른쪽 그림과 같이 꼭짓점 A에서 $\overline{BC}$에 내린 수선의 발을 H라 하면 직각삼각형 ABH에서

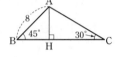

$\overline{AH}=8\times\sin45°=8\times\dfrac{\sqrt{2}}{2}=4\sqrt{2}$
직각삼각형 AHC에서
$\overline{AC}=\dfrac{\overline{AH}}{\sin30°}=\dfrac{4\sqrt{2}}{\sin30°}=4\sqrt{2}\div\dfrac{1}{2}=8\sqrt{2}$

9 오른쪽 그림에서 $\overline{AH}=h$라 하면
$\angle BAH=30°$, $\angle CAH=45°$이므로

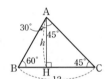

$\overline{BH}=h\tan30°=\dfrac{\sqrt{3}}{3}h$
$\overline{CH}=h\tan45°=h$
$\overline{BC}=\overline{BH}+\overline{CH}$이므로
$12=\dfrac{\sqrt{3}}{3}h+h$, $\dfrac{3+\sqrt{3}}{3}h=12$
따라서 $h=12\times\dfrac{3}{3+\sqrt{3}}=6(3-\sqrt{3})$

10 오른쪽 그림에서 $\overline{AH}=h$ m라 하면
$\angle BAH=60°$, $\angle CAH=30°$이므로

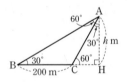

$\overline{BH}=h\tan60°=\sqrt{3}h\ (\text{m})$
$\overline{CH}=h\tan30°=\dfrac{\sqrt{3}}{3}h\ (\text{m})$
$\overline{BC}=\overline{BH}-\overline{CH}$이므로
$200=\sqrt{3}h-\dfrac{\sqrt{3}}{3}h$, $\dfrac{2\sqrt{3}}{3}h=200$
$h=200\times\dfrac{3}{2\sqrt{3}}=100\sqrt{3}$
따라서 산의 높이는 $100\sqrt{3}$ m이다.

11 $\dfrac{1}{2}\times\overline{AB}\times6\times\sin60°=6\sqrt{3}$이므로
$\dfrac{1}{2}\times\overline{AB}\times6\times\dfrac{\sqrt{3}}{2}=6\sqrt{3}$
$\dfrac{3\sqrt{3}}{2}\overline{AB}=6\sqrt{3}$
따라서 $\overline{AB}=4\ (\text{cm})$

12 오른쪽 그림과 같이 $\overline{\text{AC}}$를 그으면

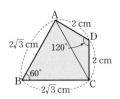

$$\triangle\text{ABC}=\frac{1}{2}\times2\sqrt{3}\times2\sqrt{3}\times\sin60°$$
$$=\frac{1}{2}\times2\sqrt{3}\times2\sqrt{3}\times\frac{\sqrt{3}}{2}$$
$$=3\sqrt{3}\,(\text{cm}^2) \quad\cdots\cdots\text{❶}$$
$$\triangle\text{ACD}=\frac{1}{2}\times2\times2\times\sin(180°-120°)$$
$$=\frac{1}{2}\times2\times2\times\frac{\sqrt{3}}{2}$$
$$=\sqrt{3}\,(\text{cm}^2) \quad\cdots\cdots\text{❷}$$

따라서

$$\square\text{ABCD}=\triangle\text{ABC}+\triangle\text{ACD}$$
$$=3\sqrt{3}+\sqrt{3}=4\sqrt{3}\,(\text{cm}^2) \quad\cdots\cdots\text{❸}$$

채점 기준	비율
❶ $\triangle\text{ABC}$의 넓이 구하기	40 %
❷ $\triangle\text{ACD}$의 넓이 구하기	40 %
❸ $\square\text{ABCD}$의 넓이 구하기	20 %

13 마름모 ABCD는 $\overline{\text{BC}}=\overline{\text{CD}}=10$ cm인 평행사변형이므로

$$\square\text{ABCD}=10\times10\times\sin(180°-135°)$$
$$=10\times10\times\frac{\sqrt{2}}{2}$$
$$=50\sqrt{2}\,(\text{cm}^2)$$

14 $6\times7\times\sin B=21\sqrt{3}$이므로

$42\sin B=21\sqrt{3}$

따라서 $\sin B=\dfrac{\sqrt{3}}{2}$

이때 $\sin60°=\dfrac{\sqrt{3}}{2}$이므로 $\angle B=60°$

15 오른쪽 그림과 같이 꼭짓점 A에서 $\overline{\text{BC}}$의 연장선에 내린 수선의 발을 H라 하면

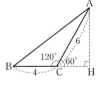

$\angle\text{ACH}=180°-120°=60°$

직각삼각형 ACH에서

$$\overline{\text{AH}}=6\sin60°=6\times\frac{\sqrt{3}}{2}=3\sqrt{3}$$
$$\overline{\text{CH}}=6\cos60°=6\times\frac{1}{2}=3$$

이때 $\overline{\text{BH}}=\overline{\text{BC}}+\overline{\text{CH}}=4+3=7$

따라서 직각삼각형 ABH에서

$$\overline{\text{AB}}=\sqrt{7^2+(3\sqrt{3})^2}=2\sqrt{19}$$

16 $\overline{\text{AC}}=x$ cm라 하면

$\overline{\text{BD}}=2x$ cm

$\dfrac{1}{2}\times x\times2x\times\sin45°=18\sqrt{2}$이므로

$\dfrac{1}{2}\times x\times2x\times\dfrac{\sqrt{2}}{2}=18\sqrt{2}$, $x^2=36$

그런데 $x>0$이므로 $x=6$

따라서 $\overline{\text{AC}}=6$ cm

---

3. 원과 직선

현의 수직이등분선

1 7	2 18	3 5	4 3	5 $2\sqrt{7}$

1 $\overline{\text{AM}}=\overline{\text{BM}}=7$이므로 $x=7$

2 $\overline{\text{AB}}=2\overline{\text{BM}}=2\times9=18$이므로 $x=18$

3 $\overline{\text{BM}}=\dfrac{1}{2}\overline{\text{AB}}=\dfrac{1}{2}\times10=5$이므로 $x=5$

4 $\overline{\text{AM}}=\overline{\text{BM}}=4$이므로

직각삼각형 OAM에서 $x=\sqrt{5^2-4^2}=3$

5 $\overline{\text{BM}}=\dfrac{1}{2}\overline{\text{AB}}=\dfrac{1}{2}\times12=6$이므로

직각삼각형 OMB에서 $x=\sqrt{8^2-6^2}=2\sqrt{7}$

현의 수직이등분선의 활용

6 5 (✎ 4, 5, 5)	7 $\dfrac{15}{2}$
8 $4\sqrt{3}$ (✎ 2, 2, $2\sqrt{3}$, $4\sqrt{3}$)	9 6

7 오른쪽 그림과 같이 원의 중심을 O, 반지름의 길이를 r라 하면 직각삼각형 AOD에서

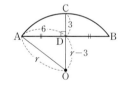

$$r^2=(r-3)^2+6^2,\ 6r=45,\ r=\frac{15}{2}$$

따라서 원의 반지름의 길이는 $\dfrac{15}{2}$이다.

9 오른쪽 그림과 같이 원의 중심 O에서 $\overline{\text{AB}}$에 내린 수선의 발을 M이라 하면

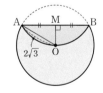

$\overline{\text{OM}}=\sqrt{3}$

직각삼각형 OMA에서

$$\overline{\text{AM}}=\sqrt{(2\sqrt{3})^2-(\sqrt{3})^2}=3$$

따라서 $\overline{\text{AB}}=2\overline{\text{AM}}=6$

원의 중심과 현의 길이

10 4	11 3	12 5	13 12	14 5

10 $\overline{\text{OM}}=\overline{\text{ON}}$이므로 $\overline{\text{AB}}=\overline{\text{CD}}$

따라서 $x=4$

11 $\overline{\text{AB}}=\overline{\text{CD}}$이므로 $\overline{\text{OM}}=\overline{\text{ON}}$

따라서 $x=3$

12 $\overline{OM}=\overline{ON}$이므로 $\overline{AB}=\overline{CD}$

따라서 $\overline{CN}=\dfrac{1}{2}\overline{AB}=\dfrac{1}{2}\times10=5$

13 $\overline{OM}=\overline{ON}$이므로 $\overline{AB}=\overline{AC}$

따라서 $\overline{AB}=2\overline{NC}=2\times6=12$

14 $\overline{AB}=2\overline{BM}=14$에서 $\overline{AB}=\overline{CD}$이므로 $\overline{OM}=\overline{ON}$

따라서 $x=5$

소단원 유형 익히기

유형 1 현의 수직이등분선(1) | 46쪽 |

1 ①	2 ④	3 ②	4 ④

1 $\overline{AM}=\dfrac{1}{2}\overline{AB}=\dfrac{1}{2}\times12=6$ (cm)이므로

직각삼각형 OAM에서

$\overline{OA}=\sqrt{6^2+4^2}=2\sqrt{13}$ (cm)

2 직각삼각형 OAM에서

$\overline{AM}=\sqrt{9^2-5^2}=2\sqrt{14}$ (cm)

따라서 $\overline{AB}=2\overline{AM}=2\times2\sqrt{14}=4\sqrt{14}$ (cm)

3 오른쪽 그림과 같이 원의 중심을 O라 하고
점 O에서 $\overline{AB}$에 내린 수선의 발을 H라 하면 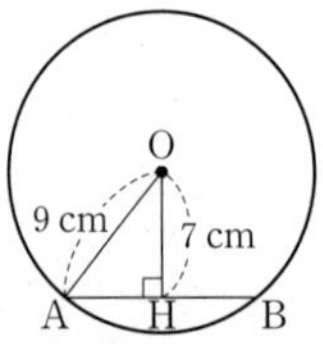
$\overline{OA}=9$ cm, $\overline{OH}=7$ cm
직각삼각형 OAH에서
$\overline{AH}=\sqrt{9^2-7^2}=4\sqrt{2}$ (cm)이므로
$\overline{AB}=2\overline{AH}=2\times4\sqrt{2}=8\sqrt{2}$ (cm)
따라서 구하는 현의 길이는 $8\sqrt{2}$ cm이다.

4 오른쪽 그림과 같이 $\overline{OA}$를 그으면 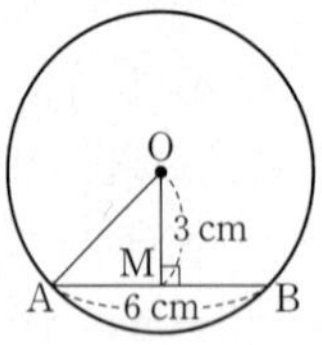
$\overline{AM}=\dfrac{1}{2}\overline{AB}=\dfrac{1}{2}\times6=3$ (cm)이므로
직각삼각형 OAM에서
$\overline{OA}=\sqrt{3^2+3^2}=3\sqrt{2}$ (cm)
따라서 원 O의 둘레의 길이는
$2\pi\times3\sqrt{2}=6\sqrt{2}\pi$ (cm)

유형 2 현의 수직이등분선(2) | 46~47쪽 |

5 ②	6 ④	7 ②	8 ②	9 $6\sqrt{3}$ cm

5 $\overline{OB}=r$ cm라 하면

$\overline{OM}=\overline{OC}-\overline{CM}=r-3$ (cm)

$\overline{BM}=\overline{AM}=4$ cm이므로 직각삼각형 OMB에서

$r^2=(r-3)^2+4^2$

$6r=25,\ r=\dfrac{25}{6}$

따라서 원 O의 반지름의 길이는 $\dfrac{25}{6}$ cm이다.

6 $\overline{OC}=\overline{OB}=8$ cm이므로

$\overline{OM}=\dfrac{1}{2}\overline{OC}=\dfrac{1}{2}\times8=4$ (cm)

직각삼각형 OMB에서

$\overline{BM}=\sqrt{8^2-4^2}=4\sqrt{3}$ (cm)

따라서 $\overline{AB}=2\overline{BM}=2\times4\sqrt{3}=8\sqrt{3}$ (cm)

7 $\overline{AM}=\dfrac{1}{2}\overline{AB}=\dfrac{1}{2}\times12=6$ (cm)

오른쪽 그림과 같이 $\overline{OA}$를 긋고 원 O의 반
지름의 길이를 r cm라 하면

$\overline{OA}=r$ cm

$\overline{OM}=\overline{OP}-\overline{MP}=r-2$ (cm)

직각삼각형 OAM에서

$r^2=(r-2)^2+6^2$

$4r=40,\ r=10$

따라서 원 O의 반지름의 길이는 10 cm이다.

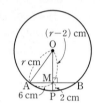

8 오른쪽 그림과 같이 $\overline{OC}$를 그으면

$\overline{OC}=\dfrac{1}{2}\overline{AB}=\dfrac{1}{2}\times18=9$ (cm)

$\overline{CM}=\dfrac{1}{2}\overline{CD}=\dfrac{1}{2}\times10=5$ (cm)

따라서 직각삼각형 OCM에서

$\overline{OM}=\sqrt{9^2-5^2}=2\sqrt{14}$ (cm)

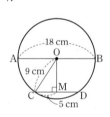

9 원 O의 반지름의 길이는

$\dfrac{1}{2}\overline{CD}=\dfrac{1}{2}\times(3+9)=6$ (cm) ······ ❶

오른쪽 그림과 같이 $\overline{OA}$를 그으면
$\overline{OA}=6$ cm, $\overline{OP}=6-3=3$ (cm)이므
로 직각삼각형 AOP에서

$\overline{AP}=\sqrt{6^2-3^2}=3\sqrt{3}$ (cm) ······ ❷

따라서 $\overline{AB}=2\overline{AP}=2\times3\sqrt{3}=6\sqrt{3}$ (cm)

······ ❸

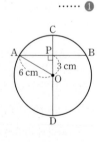

채점 기준	비율
❶ 원 O의 반지름의 길이 구하기	30 %
❷ $\overline{AP}$의 길이 구하기	50 %
❸ $\overline{AB}$의 길이 구하기	20 %

유형 3 원의 일부분에서 현의 수직이등분선 | 47쪽 |

10 ②	11 10 cm	12 $4\sqrt{6}$ cm²

10 오른쪽 그림과 같이 원의 중심을 O, 반지름의 길이를 r cm라 하면 직각삼각형 AOD에서

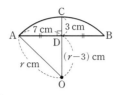

$r^2=(r-3)^2+7^2$

$6r=58$, $r=\dfrac{29}{3}$

따라서 원의 반지름의 길이는 $\dfrac{29}{3}$ cm이다.

11 오른쪽 그림과 같이 쿠키의 중심을 O, 반지름의 길이를 r cm라 하면

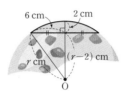

$r^2=(r-2)^2+6^2$

$4r=40$, $r=10$

따라서 쿠키의 반지름의 길이는 10 cm이다.

12 오른쪽 그림과 같이 원의 중심을 O라 하면

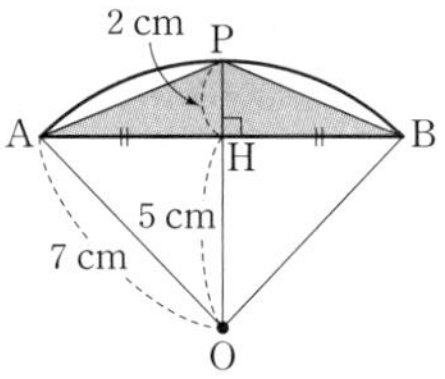

$\overline{OA}=\overline{OP}=7$ cm이므로

$\overline{OH}=7-2=5$ (cm) ······ ❶

직각삼각형 AOH에서

$\overline{AH}=\sqrt{7^2-5^2}=2\sqrt{6}$ (cm) ······ ❷

따라서 $\overline{AB}=2\overline{AH}=2\times2\sqrt{6}=4\sqrt{6}$ (cm)이므로

$\triangle PAB=\dfrac{1}{2}\times4\sqrt{6}\times2=4\sqrt{6}$ (cm²) ······ ❸

채점 기준	비율
❶ $\overline{OH}$의 길이 구하기	30 %
❷ $\overline{AH}$의 길이 구하기	40 %
❸ △PAB의 넓이 구하기	30 %

유형 4 접은 원에서 현의 수직이등분선 | 48쪽 |

13 $8\sqrt{3}$ cm 14 18 cm 15 ②

13 오른쪽 그림과 같이 원의 중심 O에서 $\overline{AB}$에 내린 수선의 발을 M이라 하면

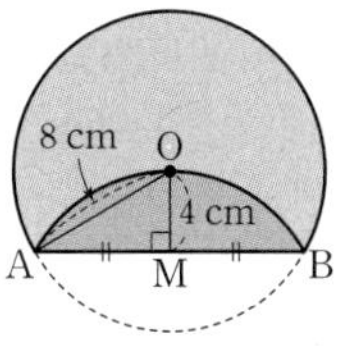

$\overline{OA}=8$ cm

$\overline{OM}=\dfrac{1}{2}\overline{OA}=\dfrac{1}{2}\times8=4$ (cm)

직각삼각형 OAM에서

$\overline{AM}=\sqrt{8^2-4^2}=4\sqrt{3}$ (cm)

따라서 $\overline{AB}=2\overline{AM}=8\sqrt{3}$ (cm)

14 오른쪽 그림과 같이 $\overline{OA}$를 그으면

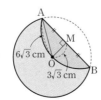

$\overline{OA}=2\overline{OM}=2\times3\sqrt{3}=6\sqrt{3}$ (cm) ······ ❶

직각삼각형 OMA에서

$\overline{AM}=\sqrt{(6\sqrt{3})^2-(3\sqrt{3})^2}=9$ (cm)

······ ❷

따라서 $\overline{AB}=2\overline{AM}=2\times9=18$ (cm) ······ ❸

채점 기준	비율
❶ $\overline{OA}$의 길이 구하기	40 %
❷ $\overline{AM}$의 길이 구하기	40 %
❸ $\overline{AB}$의 길이 구하기	20 %

15 오른쪽 그림과 같이 원의 중심 O에서 $\overline{AB}$에 내린 수선의 발을 M이라 하면

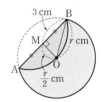

$\overline{BM}=\dfrac{1}{2}\overline{AB}=\dfrac{1}{2}\times6=3$ (cm)

원 O의 반지름의 길이를 r cm라 하면

$\overline{OM}=\dfrac{1}{2}\overline{OB}=\dfrac{r}{2}$ (cm)

직각삼각형 OBM에서

$r^2=\left(\dfrac{r}{2}\right)^2+3^2$, $r^2=12$

그런데 $r>0$이므로 $r=2\sqrt{3}$

따라서 원 O의 반지름의 길이는 $2\sqrt{3}$ cm이다.

유형 5 원의 중심과 현의 길이 | 48~49쪽 |

16 10 cm 17 ③ 18 ① 19 ③ 20 ④
21 $4\sqrt{5}$ cm

16 $\overline{OM}=\overline{ON}$이므로 $\overline{AB}=\overline{CD}$

따라서 $\overline{AB}=2\overline{CN}=2\times5=10$ (cm)

17 직각삼각형 OAM에서

$\overline{AM}=\sqrt{6^2-4^2}=2\sqrt{5}$ (cm)

따라서 $\overline{AB}=2\overline{AM}=2\times2\sqrt{5}=4\sqrt{5}$ (cm)

이때 $\overline{OM}=\overline{ON}$이므로

$\overline{CD}=\overline{AB}=4\sqrt{5}$ cm

18 $\overline{DN}=\dfrac{1}{2}\overline{CD}=\dfrac{1}{2}\times14=7$ (cm)이므로

직각삼각형 ODN에서

$\overline{ON}=\sqrt{10^2-7^2}=\sqrt{51}$ (cm)

이때 $\overline{AB}=2\overline{AM}=2\times7=14$ (cm)이므로

$\overline{AB}=\overline{CD}$

따라서 $\overline{OM}=\overline{ON}=\sqrt{51}$ cm

19 ① 원의 중심으로부터 같은 거리에 있는 두 현의 길이는 같으므로 $\overline{AB}=\overline{CD}$

② 원의 중심에서 현에 내린 수선은 그 현을 이등분하므로 $\overline{CN}=\overline{DN}$

④ △OAM과 △OCN에서

$\overline{OA}=\overline{OC}$ (반지름), $\overline{OM}=\overline{ON}$, $\angle OMA=\angle ONC=90°$

따라서 △OAM≡△OCN (RHS 합동)

⑤ △OAM≡△OCN (RHS 합동)이므로

∠AOM=∠CON

20 오른쪽 그림과 같이 원의 중심 O에서 $\overline{CD}$ 에 내린 수선의 발을 N이라 하면

$\overline{ON}=\overline{OM}=4$ (cm)

직각삼각형 OND에서

$\overline{DN}=\sqrt{5^2-4^2}=3$ (cm)이므로

$\overline{CD}=2\overline{DN}=2\times3=6$ (cm)

따라서 $\triangle OCD=\dfrac{1}{2}\times6\times4=12$ (cm²)

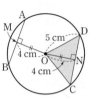

21 오른쪽 그림과 같이 원의 중심 O에서 두 현 AB와 CD에 내린 수선의 발을 각각 M, N이라 하면

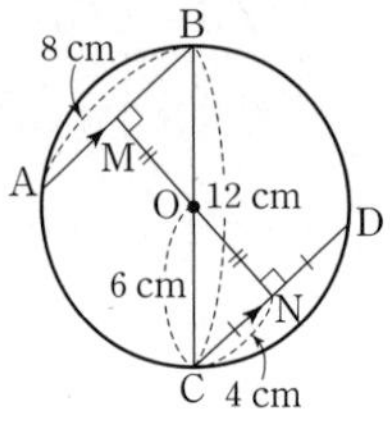

$\overline{AB}=\overline{CD}$이므로

$\overline{OM}=\overline{ON}$　　……❶

$\overline{CN}=\dfrac{1}{2}\overline{CD}=\dfrac{1}{2}\times8=4$ (cm)

$\overline{OC}=\dfrac{1}{2}\overline{BC}=\dfrac{1}{2}\times12=6$ (cm)

직각삼각형 OCN에서

$\overline{ON}=\sqrt{6^2-4^2}=2\sqrt{5}$ (cm)　　……❷

따라서 두 현 사이의 거리는

$\overline{MN}=2\overline{ON}=2\times2\sqrt{5}=4\sqrt{5}$ (cm)　　……❸

채점 기준	비율
❶ $\overline{OM}=\overline{ON}$임을 알기	30 %
❷ $\overline{ON}$의 길이 구하기	50 %
❸ 두 현 사이의 거리 구하기	20 %

유형 **6** 원의 중심과 현의 길이의 활용　　| 49쪽 |

22 ④　　**23** 100°　　**24** 4π cm²

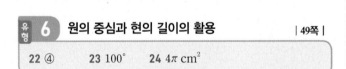

22 $\overline{OM}=\overline{ON}$이므로 $\overline{AB}=\overline{AC}$

즉, △ABC는 이등변삼각형이므로

$\angle x=\dfrac{1}{2}\times(180°-46°)=67°$

23 $\overline{OM}=\overline{ON}$이므로 $\overline{AB}=\overline{AC}$

즉, △ABC는 이등변삼각형이므로

$\angle A=180°-2\times50°=80°$

따라서 □AMON에서

$\angle MON=360°-(90°+90°+80°)=100°$

24 한 원에서 원의 중심으로부터 같은 거리에 있는 세 현의 길이는 모두 같으므로 △ABC는 정삼각형이다.

오른쪽 그림과 같이 원의 중심 O에서 $\overline{AC}$ 에 내린 수선의 발을 M이라 하면

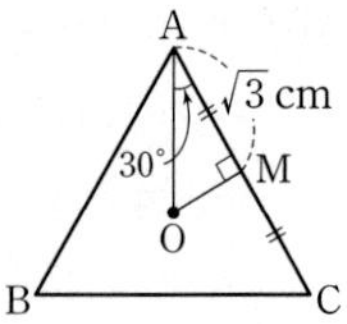

$\overline{AM}=\dfrac{1}{2}\overline{AC}=\dfrac{1}{2}\times2\sqrt{3}=\sqrt{3}$ (cm)

$\angle OAM=\dfrac{1}{2}\angle A=\dfrac{1}{2}\times60°=30°$

이므로 직각삼각형 AOM에서

$\overline{OA}=\dfrac{\sqrt{3}}{\cos30°}=\sqrt{3}\div\dfrac{\sqrt{3}}{2}=2$ (cm)

따라서 처음 원의 넓이는

$\pi\times2^2=4\pi$ (cm²)

02. 원의 접선　　| 50~51쪽 |

원의 접선의 성질

1 4	2 7	3 8 cm	4 6 cm	5 65°
6 75°				

1 $\overline{PA}=\overline{PB}$이므로 $x=4$

2 $\overline{PA}=\overline{PB}$이므로 $x=7$

3 $\overline{PA}=\overline{PB}$이므로 $\overline{PB}=8$ cm

4 $\angle PBO=90°$이므로 직각삼각형 OBP에서

$\overline{OB}=\sqrt{10^2-8^2}=6$ (cm)

5 $\overline{PA}=\overline{PB}$이므로 △ABP에서

$\angle x=\dfrac{1}{2}\times(180°-50°)=65°$

6 $\angle PAO=\angle PBO=90°$이므로 □APBO에서

$\angle x=360°-(90°+105°+90°)=75°$

삼각형의 내접원

7 5	8 9	9 2	10 32 (✐ 2, 2, 32)
11 3	12 2	13 10	

7 $\overline{AF}=\overline{AD}=5$

8 $\overline{CE}=\overline{CF}=14-5=9$

9 $\overline{BD}=\overline{BE}=2$

11 $\overline{BE}=\overline{BD}=4$

$\overline{CF}=\overline{CE}=10-4=6$

$\overline{AD}=\overline{AF}=9-6=3$이므로 $x=3$

12 $\overline{CE}=\overline{CF}=5$

$\overline{BD}=\overline{BE}=11-5=6$

$\overline{AF}=\overline{AD}=8-6=2$이므로 $x=2$

13 $\overline{AD}=\overline{AF}=4,\ \overline{CE}=\overline{CF}=3$

$\overline{BD}=\overline{BE}=9-3=6$

$\overline{AB}=\overline{AD}+\overline{BD}=4+6=10$이므로 $x=10$

원에 외접하는 사각형의 성질

14 14　　　**15** 10　　　**16** 5 ($\diagdown$ $\overline{BC}$, 13, 5)　　　**17** 2

---

14 $\overline{AB}+\overline{CD}=\overline{AD}+\overline{BC}$이므로

$x+8=10+12$

따라서 $x=14$

15 $\overline{AB}+\overline{CD}=\overline{AD}+\overline{BC}$이므로

$7+11=x+8$

따라서 $x=10$

17 $\overline{AB}+\overline{CD}=\overline{AD}+\overline{BC}$이므로

$10+(x+3)=9+6$

따라서 $x=2$

소단원 유형 익히기

유형 7 원의 접선과 반지름 | 52쪽 |

1 ④　　　**2** ③　　　**3** $2\sqrt{3}$ cm

---

1 오른쪽 그림과 같이 $\overline{OA}$를 긋고 원 O

의 반지름의 길이를 r cm라 하면

$\overline{OB}=\overline{OA}=r$ cm이므로

$\overline{OP}=(r+8)$ cm

$\angle PAO=90°$이므로 직각삼각형 AOP에서

$(r+8)^2=r^2+12^2$

$16r=80,\ r=5$

따라서 원 O의 반지름의 길이는 5 cm이다.

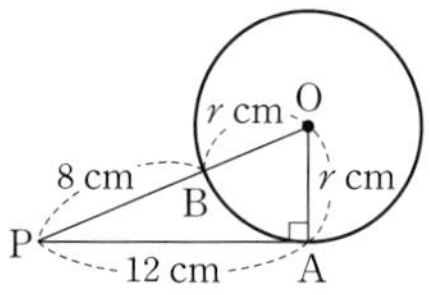

2 $\angle OTP=90°$이고 $\overline{OT}=\overline{OA}=5$ cm이므로

직각삼각형 OPT에서

$\overline{PT}=\sqrt{(5+2)^2-5^2}=2\sqrt{6}$ (cm)

따라서 $\triangle OPT=\dfrac{1}{2}\times\overline{PT}\times\overline{OT}=\dfrac{1}{2}\times2\sqrt{6}\times5=5\sqrt{6}$ (cm²)

---

3 $\overline{OA}=\overline{OT}=2$ cm이므로

$\overline{PO}=2\overline{OA}=2\times2=4$ (cm)

$\angle PTO=90°$이므로 직각삼각형 POT에서

$\overline{PT}=\sqrt{4^2-2^2}=2\sqrt{3}$ (cm)

유형 8 원의 접선의 성질(1) | 52~53쪽 |

4 ①　　　**5** ②　　　**6** 25 cm²　　　**7** ⑤　　　**8** $\dfrac{9}{2}\pi$ cm

---

4 $\angle PAO=\angle PBO=90°$이므로 $\square APBO$에서

$\angle AOB=360°-(90°+50°+90°)=130°$

5 $\overline{PA}=\overline{PB}$에서 $\triangle BAP$는 이등변삼각형이므로

$\angle BAP=\dfrac{1}{2}\times(180°-64°)=58°$

이때 $\angle OAP=90°$이므로

$\angle x=90°-58°=32°$

6 $\overline{PA}=\overline{PB}$이므로 $\overline{PA}=10$ cm

따라서

$\triangle APB=\dfrac{1}{2}\times10\times10\times\sin30°$

$=\dfrac{1}{2}\times10\times10\times\dfrac{1}{2}=25$ (cm²)

7 $\angle PAO=90°$이므로 $\angle PAB=90°-24°=66°$

이때 $\triangle APB$는 $\overline{PA}=\overline{PB}$인 이등변삼각형이므로

$\angle APB=180°-2\times66°=48°$

8 $\angle PAO=\angle PBO=90°$이므로 $\square AOBP$에서

$\angle AOB=360°-(90°+45°+90°)=135°$ …… ❶

따라서 $\widehat{AB}=2\pi\times6\times\dfrac{135}{360}=\dfrac{9}{2}\pi$ (cm) …… ❷

채점 기준	비율
❶ $\angle AOB$의 크기 구하기	50 %
❷ $\widehat{AB}$의 길이 구하기	50 %

유형 9 원의 접선의 성질(2) | 53쪽 |

9 $2\sqrt{13}$ cm　**10** ①　　　**11** ②　　　**12** 60 cm²

13 $\dfrac{16}{3}\pi$ cm²

---

9 $\overline{PA}=\overline{PB}$이므로 $\overline{PA}=6$ cm

$\angle$PAO$=90°$이므로 직각삼각형 APO에서

$\overline{PO}=\sqrt{6^2+4^2}=2\sqrt{13}$ (cm)

10 $\overline{OC}=\overline{OA}=4$ cm이므로

$\overline{PO}=8+4=12$ (cm)

$\angle$OAP$=90°$이므로 직각삼각형 AOP에서

$\overline{AP}=\sqrt{12^2-4^2}=8\sqrt{2}$ (cm)

따라서 $\overline{BP}=\overline{AP}=8\sqrt{2}$ cm

11 $\angle$PBO$=90°$이고

$\angle$BOP$=\dfrac{1}{2}\angle$AOB$=\dfrac{1}{2}\times120°=60°$

따라서 직각삼각형 POB에서

$\overline{PO}=\dfrac{\overline{PB}}{\sin 60°}=9\div\dfrac{\sqrt{3}}{2}=6\sqrt{3}$ (cm)

12 $\overline{OC}=\overline{OA}=5$ cm이므로

$\overline{PO}=8+5=13$ (cm) ······ ❶

$\angle$PAO$=90°$이므로 직각삼각형 APO에서

$\overline{PA}=\sqrt{13^2-5^2}=12$ (cm) ······ ❷

$\triangle$APO$\equiv\triangle$BPO (RHS 합동)이므로

$\square$APBO$=2\triangle$APO$=2\times\left(\dfrac{1}{2}\times12\times5\right)=60$ (cm^2) ····· ❸

채점 기준	비율
❶ $\overline{PO}$의 길이 구하기	20 %
❷ $\overline{PA}$의 길이 구하기	40 %
❸ $\square$APBO의 넓이 구하기	40 %

13 $\angle$PAO$=\angle$PBO$=90°$이므로 $\square$AOBP에서

$\angle$AOB$=360°-(90°+60°+90°)=120°$

오른쪽 그림과 같이 $\overline{OP}$를 그으면

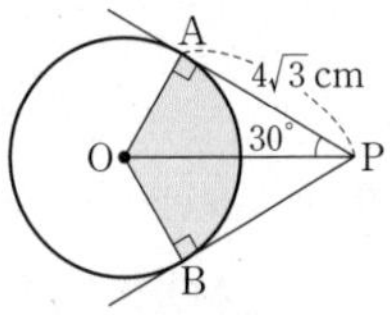

$\triangle$APO$\equiv\triangle$BPO (RHS 합동)이므로

$\angle$APO$=\angle$BPO$=\dfrac{1}{2}\angle$APB

$=\dfrac{1}{2}\times60°=30°$

직각삼각형 AOP에서

$\overline{OA}=4\sqrt{3}\tan30°=4\sqrt{3}\times\dfrac{\sqrt{3}}{3}=4$ (cm)

따라서 색칠한 부분의 넓이는

$\pi\times4^2\times\dfrac{120}{360}=\dfrac{16}{3}\pi$ (cm^2)

유형 10 **원의 접선의 성질의 활용** | 54쪽 |

14 ④   **15** ②, ③   **16** 10 cm

14 $\overline{BD}=\overline{BF}$, $\overline{CE}=\overline{CF}$이므로

$\overline{AD}+\overline{AE}=\overline{AB}+\overline{BC}+\overline{CA}=9+6+7=22$ (cm)

이때 $\overline{AD}=\overline{AE}$이므로

$\overline{AD}=\dfrac{1}{2}\times22=11$ (cm)

따라서 $\overline{BD}=\overline{AD}-\overline{AB}=11-9=2$ (cm)

15 ① 원 밖의 한 점에서 그은 두 접선의 길이는 같으므로

$\overline{AD}=\overline{AE}$

④ $\triangle$OBD$\equiv\triangle$OBF (RHS 합동)이므로

$\angle$OBD$=\angle$OBF

⑤ $\overline{BC}=\overline{BF}+\overline{CF}=\overline{BD}+\overline{CE}$

따라서 옳지 않은 것은 ②, ③이다.

16 $\overline{CE}=\overline{CA}=4$ cm이므로

$\overline{DE}=7-4=3$ (cm)

따라서 $\overline{DB}=\overline{DE}=3$ cm이고

$\overline{PB}=\overline{PA}=9+4=13$ (cm)이므로

$\overline{PD}=\overline{PB}-\overline{DB}=13-3=10$ (cm)

유형 11 **반원에서의 접선** | 54쪽 |

17 ③   **18** ③   **19** $22\sqrt{7}$ cm^2

17 $\overline{CE}=\overline{CB}=5$ cm, $\overline{DE}=\overline{DA}=3$ cm이므로

$\overline{CD}=3+5=8$ (cm)

오른쪽 그림과 같이 꼭짓점 D에서

$\overline{BC}$에 내린 수선의 발을 H라 하면

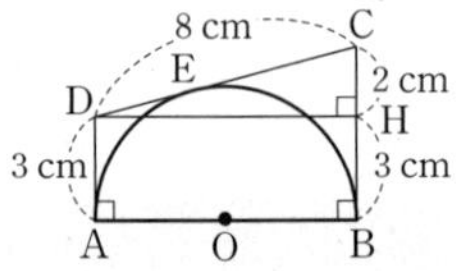

$\overline{CH}=\overline{CB}-\overline{BH}=5-3=2$ (cm)

직각삼각형 DHC에서

$\overline{DH}=\sqrt{8^2-2^2}=2\sqrt{15}$ (cm)

따라서 $\overline{AB}=\overline{DH}=2\sqrt{15}$ cm

18 $\overline{BC}=\overline{EC}$, $\overline{DA}=\overline{DE}$이므로

$\overline{DA}+\overline{BC}=\overline{DE}+\overline{EC}=\overline{CD}=12$ cm

따라서

($\square$ABCD의 둘레의 길이)$=\overline{AB}+\overline{DA}+\overline{BC}+\overline{CD}$

$=(5+5)+12+12$

$=34$ (cm)

19 $\overline{AE}=\overline{AD}=4$ cm, $\overline{BE}=\overline{BC}=7$ cm이므로

$\overline{AB}=4+7=11$ (cm) ······ ❶

오른쪽 그림과 같이 꼭짓점 A에서 $\overline{BC}$에 내

린 수선의 발을 H라 하면

$\overline{BH}=\overline{BC}-\overline{CH}=7-4=3$ (cm)

직각삼각형 ABH에서

$\overline{AH}=\sqrt{11^2-3^2}=4\sqrt{7}$ (cm) ······ ❷

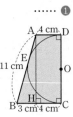

따라서 $\square ABCD = \dfrac{1}{2} \times (4+7) \times 4\sqrt{7} = 22\sqrt{7}$ (cm^2) ······ ❸

채점 기준	비율
❶ $\overline{AB}$의 길이 구하기	35 %
❷ $\overline{AH}$의 길이 구하기	35 %
❸ $\square ABCD$의 넓이 구하기	30 %

20 $\overline{AF} = \overline{AD}$이므로 $x=5$
$\overline{CE} = \overline{CF} = 12-5 = 7$
$\overline{BD} = \overline{BE} = 10-7 = 3$이므로 $y=3$
따라서 $x+y = 5+3 = 8$

21 $\overline{AD} = \overline{AF}$, $\overline{BE} = \overline{BD}$, $\overline{CF} = \overline{CE}$이므로
$(\triangle ABC의\ 둘레의\ 길이) = 2(\overline{AF} + \overline{BD} + \overline{CE})$
$\qquad\qquad\qquad\qquad\quad = 2 \times (4+6+9)$
$\qquad\qquad\qquad\qquad\quad = 38\ (cm)$

22 $\overline{BE} = \overline{BD} = 13-5 = 8\ (cm)$
$\overline{CF} = \overline{CE} = 15-8 = 7\ (cm)$
$\overline{AF} = \overline{AD} = 5\ cm$
따라서 $\overline{AC} = \overline{AF} + \overline{CF} = 5+7 = 12\ (cm)$

23 $\overline{BE} = \overline{BD} = x\ cm$라 하면
$\overline{AF} = \overline{AD} = (9-x)\ cm$, $\overline{CF} = \overline{CE} = (11-x)\ cm$
$\overline{AC} = \overline{AF} + \overline{CF}$이므로
$6 = (9-x) + (11-x)$
$2x = 14$, $x=7$
따라서 $\overline{BE} = 7\ cm$

24 $\overline{AD} = \overline{AF} = x\ cm$ ······ ❶
$\overline{BE} = \overline{BD} = 7\ cm$ ······ ❷
$\overline{CE} = \overline{CF} = 5\ cm$ ······ ❸
이므로 $2 \times (x+7+5) = 32$
$x+12 = 16$
따라서 $x=4$ ······ ❹

채점 기준	비율
❶ $\overline{AD}$의 길이 구하기	20 %
❷ $\overline{BE}$의 길이 구하기	20 %
❸ $\overline{CE}$의 길이 구하기	20 %
❹ x의 값 구하기	40 %

25 직각삼각형 ABC에서 $\overline{AB} = \sqrt{9^2 + 12^2} = 15\ (cm)$
오른쪽 그림과 같이 $\overline{OE}$, $\overline{OF}$를 긋
고 원 O의 반지름의 길이를 r cm
라 하면
$\overline{CE} = \overline{CF} = r\ cm$이므로
$\overline{AD} = \overline{AF} = (9-r)\ cm$
$\overline{BD} = \overline{BE} = (12-r)\ cm$
$\overline{AB} = \overline{AD} + \overline{BD}$이므로 $15 = (9-r) + (12-r)$
$2r = 6$, $r=3$
따라서 원 O의 반지름의 길이는 3 cm이다.

26 $\overline{AF} = \overline{AD} = 3\ cm$, $\overline{BE} = \overline{BD} = 5\ cm$이므로
$\overline{CE} = \overline{CF} = x\ cm$라 하면
$\overline{AC} = (3+x)\ cm$, $\overline{BC} = (5+x)\ cm$
직각삼각형 ABC에서
$(3+5)^2 + (3+x)^2 = (5+x)^2$
$4x = 48$, $x=12$
따라서 $\triangle ABC = \dfrac{1}{2} \times \overline{AB} \times \overline{AC} = \dfrac{1}{2} \times 8 \times 15 = 60\ (cm^2)$

27 $\overline{AD} = \overline{AF} = \overline{OE} = 2\ cm$, $\overline{BD} = \overline{BE} = 8\ cm$이므로
$\overline{AB} = 2+8 = 10\ (cm)$
$\overline{CE} = \overline{CF} = x\ cm$라 하면
$\overline{BC} = (8+x)\ cm$, $\overline{AC} = (2+x)\ cm$
직각삼각형 ABC에서 $(8+x)^2 = 10^2 + (2+x)^2$
$12x = 40$, $x = \dfrac{10}{3}$
따라서 $\overline{CE} = \dfrac{10}{3}\ cm$

28 오른쪽 그림과 같이 $\overline{OD}$, $\overline{OF}$를 긋고
원 O의 반지름의 길이를 r cm라 하면
$\overline{AD} = \overline{AF} = r\ cm$
$\overline{BD} = \overline{BE} = 4\ cm$, $\overline{CF} = \overline{CE} = 6\ cm$
직각삼각형 ABC에서 $(4+r)^2 + (6+r)^2 = 10^2$
$r^2 + 10r - 24 = 0$, $(r+12)(r-2) = 0$
그런데 $r > 0$이므로 $r=2$
따라서 원 O의 넓이는 $\pi \times 2^2 = 4\pi\ (cm^2)$

29 오른쪽 그림과 같이 $\overline{OD}$, $\overline{OE}$를 긋
고 원 O의 반지름의 길이를 r cm라
하면
$\overline{BD} = \overline{BE} = r\ cm$
$\overline{AD} = \overline{AF} = 5\ cm$, $\overline{CE} = \overline{CF} = 12\ cm$ ······ ❶

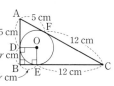

직각삼각형 ABC에서
$(5+r)^2+(r+12)^2=(5+12)^2$
$r^2+17r-60=0$, $(r+20)(r-3)=0$
그런데 $r>0$이므로 $r=3$ ······ ❷
따라서 원 O의 둘레의 길이는 $2\pi\times3=6\pi$ (cm) ······ ❸

채점 기준	비율
❶ $\overline{AD}$, $\overline{CE}$의 길이 각각 구하기	30 %
❷ 내접원의 반지름의 길이 구하기	50 %
❸ 원 O의 둘레의 길이 구하기	20 %

유형 14 원에 외접하는 사각형의 성질(1) | 56~57쪽 |

30 ②	31 ④	32 ⑤	33 ③	34 6 cm
35 ②	36 12 cm			

30 $\overline{AB}+\overline{CD}=\overline{AD}+\overline{BC}$이므로
$\overline{AB}+8=7+10$
따라서 $\overline{AB}=9$ (cm)

31 $\overline{AB}+\overline{CD}=\overline{AD}+\overline{BC}$이므로
(□ABCD의 둘레의 길이)$=\overline{AB}+\overline{BC}+\overline{CD}+\overline{DA}$
$=2(\overline{AB}+\overline{CD})$
$=2\times(7+11)$
$=36$ (cm)

32 $\overline{AB}+\overline{CD}=\overline{AD}+\overline{BC}$이므로
$(2x+2)+(x+2)=2x+(2x-1)$
$3x+4=4x-1$
따라서 $x=5$

33 $\overline{DG}=\overline{DH}=4$ cm, $\overline{CG}=\overline{CF}=6$ cm이므로
$\overline{CD}=6+4=10$ (cm)
$\overline{AB}+\overline{CD}=\overline{AD}+\overline{BC}$이므로
(□ABCD의 둘레의 길이)$=\overline{AB}+\overline{BC}+\overline{CD}+\overline{DA}$
$=2(\overline{AB}+\overline{CD})$
$=2\times(14+10)$
$=48$ (cm)

34 $\overline{DG}=\overline{DH}=4$ cm이므로
$\overline{CD}=8+4=12$ (cm)
$\overline{AB}+\overline{CD}=\overline{AD}+\overline{BC}$이므로 $\overline{BE}=x$ cm라 하면
(□ABCD의 둘레의 길이)$=2(\overline{AB}+\overline{CD})$
$=2\times(5+x+12)$
$=2x+34$ (cm)

즉, $2x+34=46$이므로
$2x=12$, $x=6$
따라서 $\overline{BE}=6$ cm

35 □ABCD가 등변사다리꼴이므로 $\overline{AB}=\overline{CD}$
이때 $\overline{AB}+\overline{CD}=\overline{AD}+\overline{BC}$이므로
$2\overline{AB}=6+14=20$ (cm)
따라서 $\overline{AB}=10$ (cm)

36 $\overline{AB}+\overline{CD}=\overline{AD}+\overline{BC}$이므로
$\overline{AD}+\overline{BC}=8+19=27$ (cm)
따라서 $\overline{AD}=27\times\dfrac{4}{4+5}=12$ (cm)

유형 15 원에 외접하는 사각형의 성질(2) | 57쪽 |

37 ③	38 7 cm	39 6 cm

37 오른쪽 그림과 같이 $\overline{OF}$를 그으면
$\overline{CF}=\overline{OG}=7$ cm
$\overline{BE}=\overline{BF}=16-7=9$ (cm)
따라서 $\overline{AH}=\overline{AE}=13-9=4$ (cm)

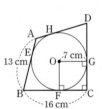

38 원 O의 지름의 길이가 6 cm이므로
$\overline{AB}=6$ cm ······ ❶
직각삼각형 ABC에서
$\overline{BC}=\sqrt{10^2-6^2}=8$ (cm) ······ ❷
$\overline{AB}+\overline{CD}=\overline{AD}+\overline{BC}$이므로
$6+\overline{CD}=5+8$
따라서 $\overline{CD}=7$ (cm) ······ ❸

채점 기준	비율
❶ $\overline{AB}$의 길이 구하기	30 %
❷ $\overline{BC}$의 길이 구하기	30 %
❸ $\overline{CD}$의 길이 구하기	40 %

39 오른쪽 그림과 같이 꼭짓점 D에서 $\overline{BC}$에 내린 수선의 발을 H, 원 모양의 접시의 중심을 O라 하고, 반지름의 길이를 r cm라 하면
$\overline{AB}=\overline{DH}=2r$ cm
이때 $\overline{AB}+\overline{CD}=\overline{AD}+\overline{BC}$이므로
$2r+\overline{CD}=10+15$에서
$\overline{CD}=25-2r$ (cm)
한편 $\overline{CH}=15-10=5$ (cm)이므로 직각삼각형 DHC에서

$(2r)^2+5^2=(25-2r)^2$

$100r=600, \ r=6$

따라서 접시의 반지름의 길이는 6 cm이다.

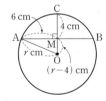 중단원 핵심유형 **테스트**

| 58~59쪽 |

1 ⑤	2 $x=4, y=8$	3 ⑤	4 ②
5 ②	6 ②	7 $10\sqrt{3}$ cm 8 ④	9 24π cm²
10 ③	11 $(28+4\sqrt{10})$ cm	12 $\dfrac{9}{2}$ cm	13 3 cm
14 2 cm	15 ④	16 ①	

1 직각삼각형 OAM에서

$\overline{AM}=\sqrt{15^2-9^2}=12 \ (\text{cm})$

따라서 $\overline{AB}=2\overline{AM}=2\times12=24 \ (\text{cm})$

2 $\overline{BM}=\overline{AM}$이므로 $x=4$

$\overline{OM}=\overline{ON}$에서 $\overline{AB}=\overline{CD}$이므로 $y=8$

3 $\angle OTP=90°$이고 $\overline{OT}=\overline{OA}=7$ cm

따라서 직각삼각형 OPT에서

$\overline{PT}=\sqrt{(7+2)^2-7^2}=4\sqrt{2} \ (\text{cm})$

4 $\overline{AF}=\overline{AD}, \ \overline{BD}=\overline{BE}, \ \overline{CE}=\overline{CF}$이므로

$(\triangle ABC$의 둘레의 길이$)=\overline{AB}+\overline{BC}+\overline{CA}$

$=2(\overline{AD}+\overline{BE}+\overline{CF})$

$=2\times(4+7+3)=28 \ (\text{cm})$

5 $\overline{AB}\perp\overline{OC}$이므로 $\overline{AM}=\dfrac{1}{2}\overline{AB}=\dfrac{1}{2}\times12=6 \ (\text{cm})$

오른쪽 그림과 같이 $\overline{OA}$를 긋고

$\overline{OA}=r$ cm라 하면

$\overline{OM}=(r-4)$ cm

직각삼각형 OMA에서

$r^2=6^2+(r-4)^2$

$8r=52, \ r=\dfrac{13}{2}$

따라서 원 O의 반지름의 길이는 $\dfrac{13}{2}$ cm이다.

6 오른쪽 그림과 같이 원의 중심을 O, 반지름의 길이를 r cm라 하면

직각삼각형 OAM에서

$r^2=(r-5)^2+10^2$

$10r=125, \ r=\dfrac{25}{2}$

따라서 원의 반지름의 길이는 $\dfrac{25}{2}$ cm이다.

7 오른쪽 그림과 같이 원의 중심 O에서 $\overline{AB}$에 내린 수선의 발을 M이라 하면

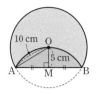

$\overline{OA}=10$ cm

$\overline{OM}=\dfrac{1}{2}\overline{OA}=\dfrac{1}{2}\times10=5 \ (\text{cm})$ …… ❶

직각삼각형 OAM에서

$\overline{AM}=\sqrt{10^2-5^2}=5\sqrt{3} \ (\text{cm})$ …… ❷

따라서 $\overline{AB}=2\overline{AM}=10\sqrt{3} \ (\text{cm})$ …… ❸

채점 기준	비율
❶ $\overline{OM}$의 길이 구하기	35 %
❷ $\overline{AM}$의 길이 구하기	35 %
❸ $\overline{AB}$의 길이 구하기	30 %

8 $\overline{OD}=\overline{OF}$이므로 $\overline{AB}=\overline{AC}$

즉, $\triangle ABC$는 이등변삼각형이므로

$\angle B=\dfrac{1}{2}\times(180°-52°)=64°$

따라서 $\square DBEO$에서

$\angle DOE=360°-(90°+64°+90°)=116°$

9 $\angle PAO=\angle PBO=90°$이므로 $\square APBO$에서

$\angle AOB=360°-(90°+45°+90°)=135°$

따라서 색칠한 부분의 넓이는

$\pi\times8^2\times\dfrac{135}{360}=24\pi \ (\text{cm}^2)$

10 $\overline{AD}+\overline{AF}=\overline{AB}+\overline{BC}+\overline{AC}=9+7+8=24 \ (\text{cm})$

$\overline{AD}=\overline{AF}$이므로 $\overline{AD}=\dfrac{1}{2}\times24=12 \ (\text{cm})$

따라서 $\overline{BD}=\overline{AD}-\overline{AB}=12-9=3 \ (\text{cm})$

11 $\overline{DP}=\overline{DA}=10$ cm, $\overline{CP}=\overline{CB}=4$ cm이므로

$\overline{DC}=10+4=14 \ (\text{cm})$ …… ❶

오른쪽 그림과 같이 꼭짓점 C에서

$\overline{DA}$에 내린 수선의 발을 H라 하면

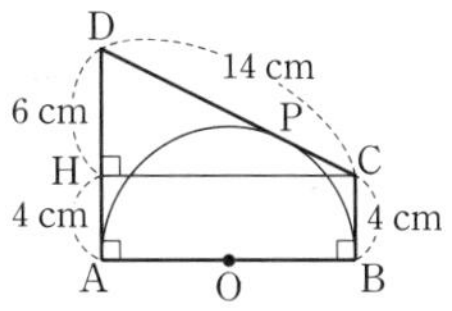

$\overline{DH}=\overline{DA}-\overline{AH}$

$=10-4=6 \ (\text{cm})$

직각삼각형 DHC에서

$\overline{HC}=\sqrt{14^2-6^2}=4\sqrt{10} \ (\text{cm})$ …… ❷

따라서

$(\square ABCD$의 둘레의 길이$)=\overline{AB}+\overline{BC}+\overline{CD}+\overline{DA}$

$=4\sqrt{10}+4+14+10$

$=28+4\sqrt{10} \ (\text{cm})$ …… ❸

채점 기준	비율
❶ $\overline{DC}$의 길이 구하기	35 %
❷ $\overline{HC}$의 길이 구하기	35 %
❸ $\square ABCD$의 둘레의 길이 구하기	30 %

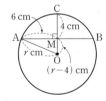

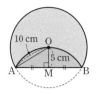

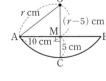

12 $\overline{BE}=\overline{BD}=x$ cm라 하면
$\overline{AF}=\overline{AD}=(7-x)$ cm, $\overline{CF}=\overline{CE}=(11-x)$ cm
$\overline{AC}=\overline{AF}+\overline{CF}$이므로
$9=(7-x)+(11-x)$
$2x=9$, $x=\dfrac{9}{2}$
따라서 $\overline{BE}=\dfrac{9}{2}$ cm

13 직각삼각형 ABC에서
$\overline{AC}=\sqrt{17^2-15^2}=8$ (cm)
오른쪽 그림과 같이 $\overline{OE}$, $\overline{OF}$를
긋고 원 O의 반지름의 길이를
r cm라 하면 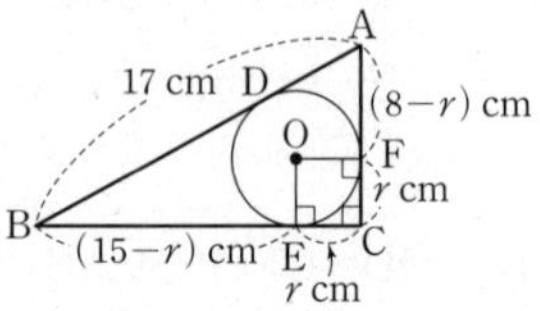
$\overline{CE}=\overline{CF}=r$ cm이므로
$\overline{AD}=\overline{AF}=(8-r)$ cm, $\overline{BD}=\overline{BE}=(15-r)$ cm
$\overline{AB}=\overline{AD}+\overline{BD}$이므로
$17=(8-r)+(15-r)$
$2r=6$, $r=3$
따라서 원 O의 반지름의 길이는 3 cm이다.

14 오른쪽 그림과 같이 $\overline{OE}$를 그으면
$\overline{BF}=\overline{BE}=5$ cm
$\overline{CG}=\overline{CF}=15-5=10$ (cm)
따라서 $\overline{DH}=\overline{DG}=12-10=2$ (cm)

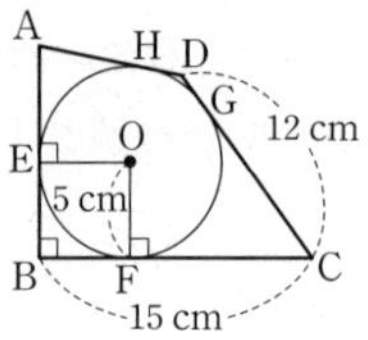

15 $\overline{AM}=\dfrac{1}{2}\overline{AB}=\dfrac{1}{2}\times6\sqrt{3}=3\sqrt{3}$ (cm)
$\angle AOM=180°-120°=60°$이므로
직각삼각형 OAM에서
$\overline{OA}=\dfrac{3\sqrt{3}}{\sin 60°}=3\sqrt{3}\div\dfrac{\sqrt{3}}{2}=6$ (cm)
따라서 원 O의 둘레의 길이는
$2\pi\times6=12\pi$ (cm)

16 □ABCD가 등변사다리꼴이므로 $\overline{AB}=\overline{CD}$
이때 $\overline{AB}+\overline{CD}=\overline{AD}+\overline{BC}$이므로
$2\overline{AB}=4+8$, $\overline{AB}=6$ (cm)
오른쪽 그림과 같이 두 꼭짓점 A, D에
서 $\overline{BC}$에 내린 수선의 발을 각각 H, H′
이라 하면 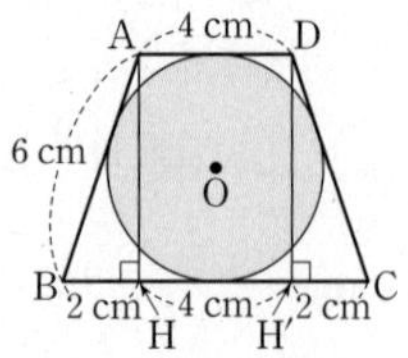
$\overline{BH}=\overline{CH'}=\dfrac{1}{2}\times(8-4)=2$ (cm)
직각삼각형 ABH에서
$\overline{AH}=\sqrt{6^2-2^2}=4\sqrt{2}$ (cm)
따라서 원 O의 반지름의 길이는 $2\sqrt{2}$ cm이므로 원 O의 넓이는
$\pi\times(2\sqrt{2})^2=8\pi$ (cm²)

4. 원주각

01. 원주각
| 62 ~ 63쪽 |

원주각과 중심각의 크기

1 60°	2 44°	3 152°	4 80°
5 ∠x=35°, ∠y=40°		6 ∠x=60°, ∠y=40°	

1 $\angle x=\dfrac{1}{2}\angle AOB=\dfrac{1}{2}\times120°=60°$

2 $\angle x=\dfrac{1}{2}\angle AOB=\dfrac{1}{2}\times88°=44°$

3 $\angle x=2\angle APB=2\times76°=152°$

4 $\angle x=2\angle APB=2\times40°=80°$

5 $\angle x=\dfrac{1}{2}\angle AOE=\dfrac{1}{2}\times70°=35°$
$\angle y=\dfrac{1}{2}\angle EOB=\dfrac{1}{2}\times80°=40°$

6 $\angle x=2\angle ACE=2\times30°=60°$
$\angle y=2\angle EDB=2\times20°=40°$

원주각의 성질

7 43°	8 54°	9 ∠x=40°, ∠y=60°	
10 ∠x=35°, ∠y=110°	11 49°	12 35°	

7 $\angle x=\angle ADB=43°$

8 $\angle x=\angle DBC=54°$

9 $\angle x=\angle ACB=40°$
$\angle y=\angle DBC=60°$

10 $\angle x=\angle DBC=35°$
$\angle y=75°+35°=110°$

11 $\angle ACB=90°$이므로 △ABC에서
$\angle x=180°-(90°+41°)=49°$

12 $\angle DCB=\angle DEB=55°$, $\angle ACB=90°$이므로
$\angle x=\angle ACB-\angle DCB=90°-55°=35°$

원주각의 크기와 호의 길이

13 50	14 7	15 25	16 10
17 2, 60, 6, 90, 6, 30			

13 $\overset{\frown}{AB}=\overset{\frown}{CD}$이므로 $\angle APB=\angle CQD$

따라서 $x=50$

14 $\angle APB=\angle BPC$이므로 $\overset{\frown}{AB}=\overset{\frown}{BC}$

따라서 $x=7$

15 $\angle APB:\angle CPD=\overset{\frown}{AB}:\overset{\frown}{CD}$이므로

$x°:75°=2:6$

즉, $x:75=1:3$이므로 $3x=75$, $x=25$

16 $\angle APB:\angle BPC=\overset{\frown}{AB}:\overset{\frown}{BC}$이므로

$44°:22°=x:5$

즉, $2:1=x:5$이므로 $x=10$

소단원 유형 익히기

유형 1 원주각과 중심각의 크기 | 64쪽 |

| **1** $60°$ | **2** ⑤ | **3** ④ | **4** ③ | **5** $60°$ |
| **6** $100°$ | **7** (1) $60°$ (2) $30°$ |

1 $\angle AOB=360°-240°=120°$이므로

$\angle x=\dfrac{1}{2}\angle AOB=\dfrac{1}{2}\times120°=60°$

2 오른쪽 그림과 같이 $\overset{\frown}{AB}$ 위에 점 Q를 잡으면 $\overset{\frown}{AQB}$에 대한 중심각의 크기는

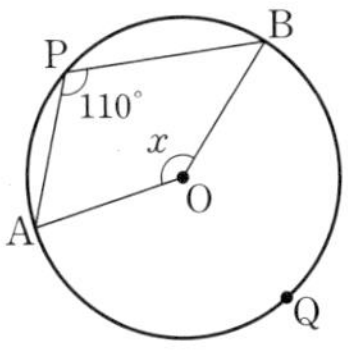

$2\angle APB=2\times110°=220°$

따라서 $\angle x=360°-220°=140°$

3 $\angle x=2\angle BAD=2\times100°=200°$

$\overset{\frown}{BAD}$에 대한 중심각의 크기는

$360°-\angle x=360°-200°=160°$

$\angle y=\dfrac{1}{2}\times160°=80°$

따라서 $\angle x-\angle y=200°-80°=120°$

4 $\angle COB=2\angle CAB=2\times55°=110°$

$\triangle OBC$는 $\overline{OB}=\overline{OC}$인 이등변삼각형이므로

$\angle x=\dfrac{1}{2}\times(180°-110°)=35°$

5 $\angle x=2\angle BAC=2\times50°=100°$

$\triangle OBC$는 $\overline{OB}=\overline{OC}$인 이등변삼각형이므로

$\angle y=\dfrac{1}{2}\times(180°-100°)=40°$

따라서 $\angle x-\angle y=100°-40°=60°$

6 오른쪽 그림과 같이 $\overline{OC}$를 그으면

$\angle BOC=2\angle BAC=2\times20°=40°$

$\cdots\cdots$ ❶

$\angle COD=2\angle CED=2\times30°=60°$

$\cdots\cdots$ ❷

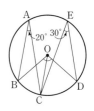

따라서

$\angle BOD=\angle BOC+\angle COD=40°+60°=100°$ $\cdots\cdots$ ❸

채점 기준	비율
❶ $\angle BOC$의 크기 구하기	30 %
❷ $\angle COD$의 크기 구하기	30 %
❷ $\angle BOD$의 크기 구하기	40 %

7 (1) 오른쪽 그림과 같이 탁자의 중심 O와 세 점 A, B, C를 잡으면 탁자에 둘러앉은 6명의 간격이 일정하므로

$\angle BOC=360°\times\dfrac{1}{6}=60°$

(2) $\angle BAC=\dfrac{1}{2}\angle BOC=\dfrac{1}{2}\times60°=30°$

따라서 서현이와 연우가 지우를 바라볼 때, 만들어지는 각의 크기는 $30°$이다.

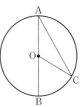

유형 2 접선이 주어질 때, 원주각과 중심각의 크기 | 65쪽 |

| **8** $180°$ | **9** $64°$ | **10** ③ |

8 $\angle PAO=\angle PBO=90°$이므로 $\square APBO$에서

$\angle x=360°-(90°+60°+90°)=120°$ $\cdots\cdots$ ❶

$\angle y=\dfrac{1}{2}\angle x=\dfrac{1}{2}\times120°=60°$ $\cdots\cdots$ ❷

따라서 $\angle x+\angle y=120°+60°=180°$ $\cdots\cdots$ ❸

채점 기준	비율
❶ $\angle x$의 크기 구하기	40 %
❷ $\angle y$의 크기 구하기	30 %
❸ $\angle x+\angle y$의 크기 구하기	30 %

9 $\angle OAP=\angle OBP=90°$이므로 $\square AOBP$에서

$\angle AOB=360°-(90°+90°+52°)=128°$

따라서 $\angle x=\dfrac{1}{2}\angle AOB=\dfrac{1}{2}\times128°=64°$

10 오른쪽 그림과 같이 $\overline{AO}$, $\overline{BO}$를 그으면 $\angle PAO=\angle PBO=90°$

$\square APBO$에서

$\angle AOB=360°-(90°+74°+90°)$

$\qquad=106°$

따라서 $\angle x=\dfrac{1}{2}\angle AOB=\dfrac{1}{2}\times106°=53°$

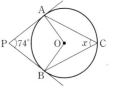

유형 **3** 한 호에 대한 원주각의 크기 | 65 ~ 66쪽 |

| **11** 83° | **12** ① | **13** ② | **14** 60° | **15** ① |
| **16** 60° | **17** 20° | | | |

유형 **4** 반원에 대한 원주각의 크기 | 66 ~ 67쪽 |

| **18** 55° | **19** ② | **20** ① | **21** 25° | **22** 55° |
| **23** (1) 90° (2) 25° (3) 50° | | | **24** 70° | |

11 $\angle x=\angle BDC=50°$
$\angle y=\angle ABD=33°$
따라서 $\angle x+\angle y=50°+33°=83°$

12 $\angle x=\angle BDC=39°$
$\angle y=2\angle BDC=2\times39°=78°$
따라서 $\angle x+\angle y=39°+78°=117°$

13 $\angle x=\angle DAC=25°$
$\triangle EBC$에서
$25°+\angle y=70°$, $\angle y=45°$
따라서 $\angle y-\angle x=45°-25°=20°$

14 $\triangle ABC$에서
$\angle ACB=180°-(45°+75°)=60°$
따라서 $\angle x=\angle ACB=60°$

15 $\angle ACB=\angle ADB=55°$이므로 $\triangle EBC$에서
$\angle x+55°=92°$, $\angle x=37°$

16 오른쪽 그림과 같이 $\overline{BE}$를 그으면
$\angle AEB=\angle AFB=35°$
$\angle BEC=\angle BDC=25°$
따라서
$\angle AEC=\angle AEB+\angle BEC$
$=35°+25°=60°$

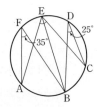

17 오른쪽 그림과 같이 $\overline{BD}$를 그으면
$\angle BDC=\dfrac{1}{2}\angle BOC$
$=\dfrac{1}{2}\times80°=40°$ ······ ❶
이므로
$\angle ADB=\angle ADC-\angle BDC$
$=60°-40°=20°$ ······ ❷
따라서 $\angle x=\angle ADB=20°$ ······ ❸

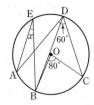

채점 기준	비율
❶ $\angle BDC$의 크기 구하기	40 %
❷ $\angle ADB$의 크기 구하기	30 %
❸ $\angle x$의 크기 구하기	30 %

18 $\overline{AC}$는 원 O의 지름이므로
$\angle ABC=90°$
$\angle CBD=\angle CAD=35°$이므로
$\angle x=\angle ABC-\angle CBD=90°-35°=55°$

19 $\overline{BD}$는 원 O의 지름이므로
$\angle BCD=90°$
$\triangle BCD$에서
$\angle BDC=180°-(32°+90°)=58°$
따라서 $\angle BAC=\angle BDC=58°$

20 $\overline{AB}$는 원 O의 지름이므로
$\angle ACB=90°$
$\triangle OBC$는 $\overline{OB}=\overline{OC}$인 이등변삼각형이므로
$\angle OCB=\angle OBC=56°$
따라서 $\angle x=\angle ACB-\angle OCB=90°-56°=34°$

21 $\overline{CD}$는 원 O의 지름이므로
$\angle CPD=90°$
즉, $\angle APD=\angle CPD-\angle APC=90°-25°=65°$
또, $\overline{AB}$는 원 O의 지름이므로
$\angle APB=90°$
따라서 $\angle x=\angle APB-\angle APD=90°-65°=25°$

22 오른쪽 그림과 같이 $\overline{BD}$를 그으면
$\angle ABD=90°$
$\angle EBD=\angle ECD=35°$이므로
$\angle x=\angle ABD-\angle EBD$
$=90°-35°=55°$

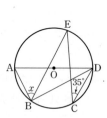

23 (1) $\overline{AB}$는 반원 O의 지름이므로
$\angle ADB=90°$
(2) $\triangle PAD$에서 $65°+\angle PAD=90°$, $\angle PAD=25°$
(3) $\angle COD=2\angle CAD=2\times25°=50°$

24 오른쪽 그림과 같이 $\overline{AD}$를 그으면
$\angle CAD=\dfrac{1}{2}\angle COD$
$=\dfrac{1}{2}\times40°=20°$ ······ ❶
$\overline{AB}$는 반원 O의 지름이므로
$\angle ADB=90°$ ······ ❷
$\triangle PAD$에서 $\angle x+20°=90°$, $\angle x=70°$ ······ ❸

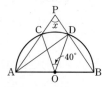

채점 기준	비율
❶ ∠CAD의 크기 구하기	40 %
❷ ∠ADB의 크기 구하기	30 %
❸ ∠x의 크기 구하기	30 %

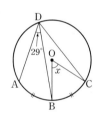

유형 5 원주각의 크기와 호의 길이 |67~68쪽|

25 42°	26 ③	27 8 cm	28 58°	29 ②
30 30°	31 125°			

25 $\overparen{AB}=\overparen{CD}$이므로 ∠ADB=∠CAD
따라서 ∠x=42°

26 ㄱ. $\overparen{AB}=\overparen{DE}$이므로 ∠ACB=∠DFE
ㄹ. $\overparen{BC}=\overparen{EF}$이므로 ∠BAC=∠FDE
따라서 옳은 것은 ㄱ, ㄹ이다.

27 △AED에서 ∠DAE+30°=60°, ∠DAE=30°
따라서 ∠DAC=∠ADB이므로
$\overparen{CD}=\overparen{AB}$=8 (cm)

28 오른쪽 그림과 같이 $\overline{CD}$를 그으면 $\overparen{AB}=\overparen{BC}$
이므로
∠BDC=∠ADB=29°
따라서 ∠x=2∠BDC=2×29°=58°

29 $\overparen{AB}=\overparen{BC}$이므로 ∠ACB=∠BAC=40°
△ABC에서 ∠x=180°−(40°+40°)=100°

30 $\overparen{AB}=\overparen{BC}$이므로 ∠ACB=∠BDC=35°
△DBC에서
35°+80°+(35°+∠x)=180°, ∠x=30°

31 $\overparen{AB}=\overparen{BC}$이므로 ∠$x$=∠BDC=25° ······ ❶
오른쪽 그림과 같이 $\overline{OB}$를 그으면
∠AOB=2∠x=2×25°=50°,
∠BOC=2∠BDC=2×25°=50°
이므로
∠y=∠AOB+∠BOC
   =50°+50°=100° ······ ❷
따라서 ∠x+∠y=25°+100°=125° ······ ❸

채점 기준	비율
❶ ∠x의 크기 구하기	30 %
❷ ∠y의 크기 구하기	50 %
❸ ∠x+∠y의 크기 구하기	20 %

유형 6 원주각의 크기와 호의 길이 사이의 관계 |68~69쪽|

32 ④	33 6 cm	34 15	35 4 cm	36 10 cm
37 (1) 2 : 1 (2) 20°		38 40°		

32 ∠ADB : ∠BDC=$\overparen{AB}$: $\overparen{BC}$이므로
∠x : 22°=3 : 1, ∠x=66°

33 ∠AEB : ∠ADC=$\overparen{AB}$: $\overparen{AC}$이므로
30° : 75°=$\overparen{AB}$: ($\overparen{AB}$+9)
즉, 2 : 5=$\overparen{AB}$: ($\overparen{AB}$+9)이므로
2$\overparen{AB}$+18=5$\overparen{AB}$, 3$\overparen{AB}$=18
$\overparen{AB}$=6 (cm)

34 $\overline{AC}$는 원 O의 지름이므로 ∠ADC=90°
△DAC에서 ∠DCA=180°−(90°+40°)=50°
이때 ∠DCA : ∠ACB=$\overparen{DA}$: $\overparen{AB}$이므로
50° : 40°=x : 12
즉, 5 : 4=x : 12이므로
4x=60, x=15

35 $\overline{AB}$는 원 O의 지름이므로 ∠ACB=90°
△ABC에서 ∠CAB=180°−(90°+70°)=20°
이때 ∠ABC : ∠CAB=$\overparen{AC}$: $\overparen{BC}$이므로
70° : 20°=14 : $\overparen{BC}$
즉, 7 : 2=14 : $\overparen{BC}$이므로
7$\overparen{BC}$=28, $\overparen{BC}$=4 (cm)

36 △ABE에서 30°+∠ABE=80°, ∠ABE=50°
이때 ∠BAC : ∠ABD=$\overparen{BC}$: $\overparen{AD}$이므로
30° : 50°=6 : $\overparen{AD}$
즉, 3 : 5=6 : $\overparen{AD}$이므로
3$\overparen{AD}$=30, $\overparen{AD}$=10 (cm)

37 (1) ∠ACB : ∠CBD=$\overparen{AB}$: $\overparen{CD}$=4 : 2=2 : 1
(2) △EBC에서 ∠ACB+∠CBD=60°이므로
∠DBC=60°×$\frac{1}{2+1}$=60°×$\frac{1}{3}$=20°

38 오른쪽 그림과 같이 $\overline{AD}$를 그으면
∠ADB=$\frac{1}{2}$∠AOB
   =$\frac{1}{2}$×120°=60° ······ ❶
이때 ∠ADB : ∠BDC=$\overparen{AB}$: $\overparen{BC}$이
므로
60° : ∠x=12 : 8

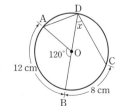

즉, $60° : \angle x = 3 : 2$이므로

$3\angle x = 120°$, $\angle x = 40°$ ...... ❷

채점 기준	비율
❶ $\angle$ADB의 크기 구하기	40 %
❷ $\angle x$의 크기 구하기	60 %

유형 7 호의 길이의 비가 주어질 때, 원주각의 크기 구하기

| 69쪽 |

39 80° **40** ④ **41** (1) 30° (2) 20° (3) 50°

39 $\angle$BAC $= 180° \times \dfrac{4}{3+4+2} = 180° \times \dfrac{4}{9} = 80°$

40 $\angle$ABC $= 180° \times \dfrac{3}{5+2+3} = 180° \times \dfrac{3}{10} = 54°$

$\angle$BAC $= 180° \times \dfrac{2}{5+2+3} = 180° \times \dfrac{2}{10} = 36°$

따라서 $\angle$ABC $- \angle$BAC $= 54° - 36° = 18°$

41 (1) $\angle$ACB $= 180° \times \dfrac{1}{6} = 30°$

(2) $\angle$DBC $= 180° \times \dfrac{1}{9} = 20°$

(3) △EBC에서 $\angle x = \angle$ACB $+ \angle$DBC $= 30° + 20° = 50°$

---

02. 원주각의 활용

| 70 ~ 71쪽 |

네 점이 한 원 위에 있을 조건

1 ○   2 ×   3 ×   4 28°   5 105°
6 75°

1 $\angle$BAC $= \angle$BDC이므로 네 점 A, B, C, D는 한 원 위에 있다.

2 △ABD에서 $\angle$ADB $= 180° - (80° + 60°) = 40°$
따라서 $\angle$ADB $\neq \angle$ACB이므로 네 점 A, B, C, D는 한 원 위에 있지 않다.

3 오른쪽 그림과 같이 $\overline{AC}$와 $\overline{BD}$의 교점을 E라 하면 △BCE에서
$\angle$ACB $= 180° - (110° + 40°) = 30°$
따라서 $\angle$ADB $\neq \angle$ACB이므로 네 점 A, B, C, D는 한 원 위에 있지 않다.
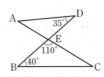

4 네 점 A, B, C, D가 한 원 위에 있으므로
$\angle x = \angle$BDC $= 28°$

5 네 점 A, B, C, D가 한 원 위에 있으므로
$\angle$BDC $= \angle$BAC $= 65°$
오른쪽 그림과 같이 $\overline{AC}$와 $\overline{BD}$의 교점을 E라 하면 △ECD에서
$\angle x = 65° + 40° = 105°$
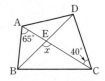

6 네 점 A, B, C, D가 한 원 위에 있으므로
$\angle$ADB $= \angle$ACB $= 45°$
△DEB에서
$\angle x = 45° + 30° = 75°$

원에 내접하는 사각형의 성질

7 $\angle x = 120°$, $\angle y = 105°$ 8 $\angle x = 80°$, $\angle y = 100°$
9 $\angle x = 115°$, $\angle y = 65°$ 10 109° 11 55° 12 70°

7 $\angle x + 60° = 180°$이므로
$\angle x = 120°$
$75° + \angle y = 180°$이므로
$\angle y = 105°$

8 △ABD에서
$\angle x = 180° - (30° + 70°) = 80°$
$80° + \angle y = 180°$이므로
$\angle y = 100°$

9 $\angle x = \dfrac{1}{2} \times 230° = 115°$
$115° + \angle y = 180°$이므로
$\angle y = 65°$

10 $\angle x = \angle$BAD $= 109°$

11 $\angle$DAB $= \angle$DCE이므로
$\angle x + 45° = 100°$, $\angle x = 55°$

12 △ABC에서 $\angle$ABC $= 180° - (60° + 50°) = 70°$
따라서 $\angle x = \angle$ABC $= 70°$

사각형이 원에 내접하기 위한 조건

13 ×   14 ○   15 ×   16 ○
17 $\angle x = 75°$, $\angle y = 95°$ 18 $\angle x = 70°$, $\angle y = 70°$

13 $\angle$B $+ \angle$D $\neq 180°$이므로 ▱ABCD는 원에 내접하지 않는다.

14 ∠D=∠ABE이므로 □ABCD는 원에 내접한다.

15 ∠BAC≠∠BDC이므로 □ABCD는 원에 내접하지 않는다.

16 △ABC에서 ∠ABC=180°−(55°+60°)=65°
따라서 ∠B+∠D=180°이므로 □ABCD는 원에 내접한다.

17 □ABCD가 원에 내접해야 하므로
∠x+105°=180°, ∠x=75°
85°+∠y=180°, ∠y=95°

18 △ABC에서 ∠x=180°−(65°+45°)=70°
□ABCD가 원에 내접해야 하므로
∠y=∠x=70°

소단원 유형 익히기

유형 8 네 점이 한 원 위에 있을 조건 | 72쪽 |

1 55°　　2 30°　　3 ⑤　　4 ⑤
5 ∠x=45°, ∠y=40°

1 ∠ABD=∠ACD=45°이므로 △ABE에서
∠x+45°=100°, ∠x=55°

2 ∠DAC=∠DBC이므로 네 점 A, B, C, D는 한 원 위에 있다.
따라서 ∠x=∠ABD=30°

3 네 점 A, B, C, D는 한 원 위에 있으므로
∠ACB=∠ADB=30°
△AEC에서 ∠x+30°=85°, ∠x=55°

4 ① ∠ABD≠∠ACD이므로 네 점 A, B, C, D는 한 원 위에 있지 않다.
② ∠BAC≠∠BDC이므로 네 점 A, B, C, D는 한 원 위에 있지 않다.
③ 오른쪽 그림과 같이 AC와 BD의 교점을 E라 하면 △EBC에서
∠EBC=180°−(100°+40°)=40°
즉, ∠DAC≠∠DBC이므로 네 점 A, B, C, D는 한 원 위에 있지 않다. 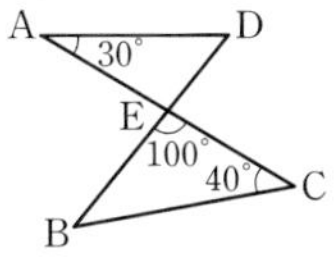
④ 오른쪽 그림과 같이 AC와 BD의 교점을 E라 하면 △ECD에서
∠EDC+70°=110°, ∠EDC=40°
즉, ∠BAC≠∠BDC이므로 네 점 A, B, C, D는 한 원 위에 있지 않다.

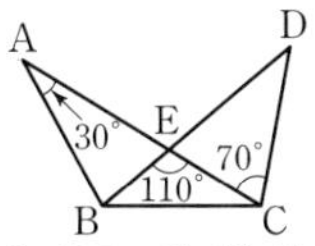

⑤ △AEC에서
35°+∠ACE=70°, ∠ACE=35°
즉, ∠ADB=∠ACB이므로 네 점 A, B, C, D는 한 원 위에 있다.
따라서 네 점 A, B, C, D가 한 원 위에 있는 것은 ⑤이다.

5 △ABE에서
∠BAE=180°−(60°+75°)=45°　　……❶
네 점 A, B, C, D는 한 원 위에 있으므로
∠x=∠BAC=45°　　……❷
또, ∠DBC=∠DAC=35°이므로 △ABC에서
∠y=180°−(45°+60°+35°)=40°　　……❸

채점 기준	비율
❶ ∠BAE의 크기 구하기	20%
❷ ∠x의 크기 구하기	30%
❸ ∠y의 크기 구하기	50%

유형 9 원에 내접하는 사각형의 성질 (1) | 72~73쪽 |

6 10°　　7 50°　　8 ③　　9 110°　　10 80°
11 125°

6 □ABCD는 원에 내접하므로
∠x+90°=180°, ∠x=90°
∠y+100°=180°, ∠y=80°
따라서 ∠x−∠y=90°−80°=10°

7 오른쪽 그림에서 □ABCD는 원에 내접하므로
∠x+(3∠x−20°)=180°
4∠x=200°, ∠x=50°

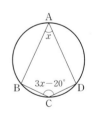

8 □ABCD는 원 O에 내접하므로
∠x+130°=180°, ∠x=50°
∠y=2∠x=2×50°=100°
따라서 ∠x+∠y=50°+100°=150°

9 AB는 원 O의 지름이므로 ∠ADB=90°　　……❶
△DAB에서 ∠DAB=180°−(90°+20°)=70°　　……❷
□ABCD는 원 O에 내접하므로
70°+∠x=180°, ∠x=110°　　……❸

채점 기준	비율
❶ ∠ADB의 크기 구하기	30%
❷ ∠DAB의 크기 구하기	30%
❸ ∠x의 크기 구하기	40%

10 $\angle B + \angle D = 180°$이므로

$\angle B = 180° \times \dfrac{4}{4+5} = 180° \times \dfrac{4}{9} = 80°$

11 $\triangle ACD$에서 $\overline{AC} = \overline{AD}$이므로

$\angle ADC = \dfrac{1}{2} \times (180° - 70°) = 55°$

$\square ABCD$는 원에 내접하므로

$\angle x + 55° = 180°$, $\angle x = 125°$

유형 **10** 원에 내접하는 사각형의 성질 (2) | 73~74쪽 |

| **12** ② | **13** 50° | **14** ③ | **15** 50° | **16** 65° |
| **17** 115° | | | | |

12 $\square ABCD$는 원에 내접하므로

$\angle x = \angle EAD = 80°$

$90° + \angle y = 180°$이므로 $\angle y = 90°$

13 $\square ABCD$는 원에 내접하므로

$\angle A = \angle DCE = 100°$

$\triangle ABD$에서 $\angle x = 180° - (100° + 30°) = 50°$

14 $\square ABCD$는 원 O에 내접하므로 $\angle ADC = \angle ABE = 115°$

따라서 $\angle x = 2\angle ADC = 2 \times 115° = 230°$

15 $\overline{AC}$는 원 O의 지름이므로

$\angle ABC = 90°$

$\triangle ABC$에서 $\angle BAC = 180° - (90° + 70°) = 20°$

$\square ABCD$는 원 O에 내접하므로

$\angle x = \angle BAD = \angle BAC + \angle CAD$

$\qquad = 20° + 30° = 50°$

16 $\triangle PBA$에서 $35° + \angle ABP = 100°$, $\angle ABP = 65°$

$\square ABCD$는 원에 내접하므로

$\angle x = \angle ABP = 65°$

17 $\square ABCD$는 원에 내접하므로

$\angle BAD + \angle BCD = 180°$, $(\angle x + 40°) + 100° = 180°$

$\angle x = 40°$

또, $\angle BDC = \angle BAC = 40°$이므로

$\angle y = \angle ADC = \angle ADB + \angle BDC = 35° + 40° = 75°$

따라서 $\angle x + \angle y = 40° + 75° = 115°$

유형 **11** 원에 내접하는 다각형 | 74쪽 |

| **18** (1) 40° (2) 70° (3) 110° | **19** 135° | **20** ② |

---

18 (1) $\angle CED = \dfrac{1}{2}\angle COD = \dfrac{1}{2} \times 80° = 40°$

(2) $\angle AEC = \angle AED - \angle CED = 110° - 40° = 70°$

(3) $\angle ABC + \angle AEC = 180°$이므로

$\angle ABC + 70° = 180°$, $\angle ABC = 110°$

19 오른쪽 그림과 같이 $\overline{BE}$를 그으면

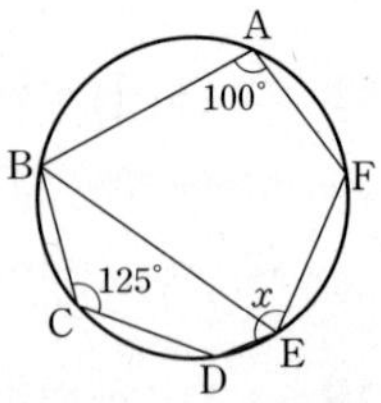

$\square BCDE$는 원에 내접하므로

$125° + \angle BED = 180°$

$\angle BED = 55°$ ...... ❶

$\square ABEF$는 원에 내접하므로

$100° + \angle BEF = 180°$, $\angle BEF = 80°$ ...... ❷

따라서 $\angle x = \angle BED + \angle BEF = 55° + 80° = 135°$ ...... ❸

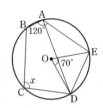

채점 기준	비율
❶ $\angle BED$의 크기 구하기	40 %
❷ $\angle BEF$의 크기 구하기	40 %
❸ $\angle x$의 크기 구하기	20 %

20 오른쪽 그림과 같이 $\overline{AD}$를 그으면

$\angle DAE = \dfrac{1}{2}\angle DOE = \dfrac{1}{2} \times 70° = 35°$

이므로

$\angle BAD = \angle BAE - \angle DAE$

$\qquad = 120° - 35° = 85°$

$\square ABCD$는 원 O에 내접하므로

$\angle x + 85° = 180°$, $\angle x = 95°$

유형 **12** 두 원에 내접하는 사각형 | 75쪽 |

| **21** (1) 105° (2) 75° | **22** ① | **23** 95° |

---

21 (1) $\square ABQP$는 원 O에 내접하므로

$\angle PQC = \angle PAB = 105°$

(2) $\square PQCD$는 원 O′에 내접하므로

$\angle PDC + 105° = 180°$, $\angle PDC = 75°$

22 $\square ABQP$는 원 O에 내접하므로

$100° + \angle x = 180°$, $\angle x = 80°$

$\square PQCD$는 원 O′에 내접하므로

$\angle y = \angle x = 80°$

따라서 $\angle x + \angle y = 80° + 80° = 160°$

23 오른쪽 그림과 같이 $\overline{PQ}$를 그으면

$\square ABQP$는 원 O에 내접하므로

$85° + \angle APQ = 180°$

$\angle APQ = 95°$ ...... ❶

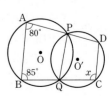

□PQCD는 원 O′에 내접하므로

$\angle x = \angle APQ = 95°$ ...... ❷

채점 기준	비율
❶ $\angle APQ$의 크기 구하기	50 %
❷ $\angle x$의 크기 구하기	50 %

| 75쪽 |

유형 13 원에 내접하는 사각형과 외각의 성질

24 (1) $\angle x$ (2) $25° + \angle x$ (3) $60°$ 25 50, 50, 50, 40
26 $55°$

24 (1) □ABCD는 원에 내접하므로

$\angle CDQ = \angle B = \angle x$

(2) △PBC에서 $\angle DCQ = 25° + \angle x$

(3) △DCQ에서 $\angle x + (25° + \angle x) + 35° = 180°$

$2\angle x = 120°$, $\angle x = 60°$

26 □ABCD는 원에 내접하므로

$\angle CDQ = \angle x$

△PBC에서 $\angle DCQ = 33° + \angle x$

△DCQ에서 $\angle x + (33° + \angle x) + 37° = 180°$

$2\angle x = 110°$, $\angle x = 55°$

| 76쪽 |

유형 14 사각형이 원에 내접하기 위한 조건

27 ②, ④   28 ②, ⑤   29 ①   30 ②   31 $130°$
32 $60°$

27 ① $\angle A + \angle C = 105° + 65° = 170°$이므로 □ABCD는 원에 내접하지 않는다.

② $\angle DAC = \angle DBC$이므로 □ABCD는 원에 내접한다.

③ $\angle A \neq \angle DCE$이므로 □ABCD는 원에 내접하지 않는다.

④ △BCD에서

$\angle BCD = 180° - (50° + 65°) = 65°$

즉, $\angle A + \angle C = 180°$이므로 □ABCD는 원에 내접한다.

⑤ $\angle DAB = 180° - 80° = 100°$

즉, $\angle DAB \neq \angle DCF$이므로 □ABCD는 원에 내접하지 않는다.

따라서 □ABCD가 원에 내접하는 것은 ②, ④이다.

28 직사각형, 등변사다리꼴은 한 쌍의 대각의 크기의 합이 $180°$이므로 항상 원에 내접한다.

따라서 항상 원에 내접하는 사각형은 ②, ⑤이다.

29 ② 한 외각의 크기가 그와 이웃한 내각의 대각의 크기와 같으므로 □ABCD는 원에 내접한다.

③ $\overline{AD}$에 대하여 같은 쪽에 있는 두 각의 크기가 같으므로 □ABCD는 원에 내접한다.

④ $\overline{AB}$에 대하여 같은 쪽에 있는 두 각의 크기가 같으므로 □ABCD는 원에 내접한다.

⑤ 한 쌍의 대각의 크기의 합이 $180°$이므로 □ABCD는 원에 내접한다.

따라서 □ABCD가 원에 내접하도록 하는 조건이 아닌 것은 ①이다.

30 □ABCD가 원에 내접해야 하므로

$\angle BAC = \angle BDC = 75°$

따라서

$\angle x = \angle BAD = \angle BAC + \angle CAD$

$= 75° + 50° = 125°$

31 △ABC는 $\overline{AB} = \overline{AC}$인 이등변삼각형이므로

$\angle B = \dfrac{1}{2} \times (180° - 80°) = 50°$

□ABCD가 원에 내접해야 하므로

$50° + \angle x = 180°$, $\angle x = 130°$

32 △ABE에서

$\angle BAE + 25° = 65°$, $\angle BAE = 40°$ ...... ❶

□ABCD가 원에 내접해야 하므로

$(40° + \angle x) + 80° = 180°$, $\angle x = 60°$ ...... ❷

채점 기준	비율
❶ $\angle BAE$의 크기 구하기	50 %
❷ $\angle x$의 크기 구하기	50 %

03. 접선과 현이 이루는 각 | 77~78쪽 |

접선과 현이 이루는 각

1 $60°$ 2 $105°$ 3 $\angle x = 70°$, $\angle y = 65°$
4 $\angle x = 35°$, $\angle y = 100°$ 5 $\angle x = 70°$, $\angle y = 40°$ 6 $80°$
7 $55°$ 8 $35°$ 9 $23°$

1 $\angle x = \angle BCA = 60°$

2 $\angle x = \angle CBA = 105°$

3 $\angle x = \angle BCA = 70°$

$\angle y = \angle CAP = 65°$

4 $\angle x = \angle CAP = 35°$
$\angle y = \angle BCA = 100°$

5 $\angle BCA = \angle BAQ = 70°$
$\triangle ABC$는 $\overline{AB} = \overline{AC}$인 이등변삼각형이므로
$\angle x = \angle BCA = 70°$
$\triangle ABC$에서 $\angle y = 180° - 2 \times 70° = 40°$

6 $\triangle ABC$에서 $\angle BCA = 180° - (40° + 60°) = 80°$
따라서 $\angle x = \angle BCA = 80°$

7 $\angle BCA = \angle BAT = 75°$이므로 $\triangle ABC$에서
$\angle x = 180° - (75° + 50°) = 55°$

8 $\angle BCA = \angle BAT = 55°$
$\overline{BC}$가 원 O의 지름이므로 $\angle CAB = 90°$
$\triangle ABC$에서 $\angle x = 180° - (55° + 90°) = 35°$

9 $\angle CBA = \angle CAT = 67°$
$\overline{BC}$가 원 O의 지름이므로 $\angle CAB = 90°$
$\triangle ABC$에서 $\angle x = 180° - (90° + 67°) = 23°$

두 원에서 접선과 현이 이루는 각

10 45°	11 45°	12 45°	13 50°	14 30°
15 55°	16 80°	17 70°	18 45°	

10 $\angle BTQ = \angle BAT = 45°$

11 $\angle DTP = \angle BTQ = 45°$ (맞꼭지각)

12 $\angle DCT = \angle DTP = 45°$

13 $\angle x = \angle ATP = \angle CTQ = \angle CDT = 50°$

14 $\angle x = \angle BTQ = \angle DTP = \angle DCT = 30°$

15 $\angle x = \angle ATP = \angle CTQ = \angle CDT$
$= 180° - (50° + 75°) = 55°$

16 $\angle x = \angle BAT = 80°$

17 $\angle x = \angle BTQ = \angle CDT = 70°$

18 $\angle x = \angle DTP = \angle ABT = 45°$

소단원 유형 익히기

유형 15 접선과 현이 이루는 각 | 79쪽 |

1 24°	2 ②	3 75°	4 ⑤	5 ⑤
6 100°				

1 $\angle x = \angle BAT = 70°$
$\angle y = \angle CBA = 46°$
따라서 $\angle x - \angle y = 70° - 46° = 24°$

2 $\angle ACB = \frac{1}{2} \angle AOB = \frac{1}{2} \times 124° = 62°$
따라서 $\angle x = \angle ACB = 62°$

3 $\angle CAB = \angle CBT = 45°$
$\angle ACB = \angle TAB = 60°$
$\triangle ABC$에서
$\angle x = 180° - (45° + 60°) = 75°$

4 ⑤ $\angle BCA$

5 오른쪽 그림과 같이 $\overset{\frown}{AB}$를 제외한 원 O 위
의 한 점을 P라 하고 $\overline{PA}$, $\overline{PB}$를 그으면
$\angle APB = \angle BAT = 35°$
따라서
$\angle x = 2 \angle APB$
$= 2 \times 35° = 70°$

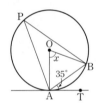

6 $\angle ACB = \angle BAT = 40°$ ······ ❶
$\triangle ABC$는 $\overline{BA} = \overline{BC}$인 이등변삼각형이므로
$\angle x = 180° - 2 \times 40° = 100°$ ······ ❷

채점 기준	비율
❶ $\angle ACB$의 크기 구하기	50 %
❷ $\angle x$의 크기 구하기	50 %

유형 16 접선과 현이 이루는 각의 응용 – 원에 내접하는 사각형 | 80쪽 |

7 ⑤	8 ③	9 75°	10 ②	11 ③
12 110°				

7 □ABCD는 원에 내접하므로
$80° + \angle BCD = 180°$, $\angle BCD = 100°$
$\triangle BCD$에서 $\angle DBC = 180° - (100° + 25°) = 55°$
따라서 $\angle x = \angle DBC = 55°$

8 □ABCD는 원에 내접하므로

$95°+∠BCD=180°$, $∠BCD=85°$

$∠DBC=∠DCT=65°$이므로 △BCD에서

$∠x=180°-(65°+85°)=30°$

9 $∠BDC=∠BCT=35°$ ······ ❶

△BCD에서

$∠BCD=180°-(40°+35°)=105°$ ······ ❷

□ABCD는 원에 내접하므로

$∠x+105°=180°$, $∠x=75°$ ······ ❸

채점 기준	비율
❶ ∠BDC의 크기 구하기	30 %
❷ ∠BCD의 크기 구하기	30 %
❸ ∠x의 크기 구하기	40 %

10 $∠x=∠DCT=48°$이므로 △BCD에서

$∠BCD=180°-(48°+52°)=80°$

□ABCD는 원에 내접하므로

$∠y+80°=180°$, $∠y=100°$

11 오른쪽 그림과 같이 $\overline{AC}$를 그으면

$\overset{\frown}{AB}=\overset{\frown}{BC}$이므로

$∠BAC=∠ACB$

$=\dfrac{1}{2}×(180°-100°)=40°$

따라서 $∠x=∠BAC=40°$

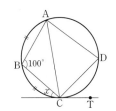

12 오른쪽 그림과 같이 $\overline{BD}$를 그으면

$∠BDA=∠BAT=∠x$

$∠BDC=∠BCT'=∠y$

□ABCD는 원에 내접하므로

$70°+∠ADC=180°$, $∠ADC=110°$

따라서

$∠x+∠y=∠BDA+∠BDC$

$=∠ADC=110°$

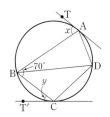

13 $\overline{BC}$는 원 O의 지름이므로 $∠CAB=90°$

△ABC에서 $∠CBA=180°-(33°+90°)=57°$

따라서 $∠x=∠CBA=57°$

14 $∠CBA=∠CAP=25°$ ······ ❶

$\overline{BC}$는 원 O의 지름이므로 $∠CAB=90°$ ······ ❷

△BPA에서

$∠x=180°-(25°+90°+25°)=40°$ ······ ❸

채점 기준	비율
❶ ∠CBA의 크기 구하기	30 %
❷ ∠CAB의 크기 구하기	30 %
❸ ∠x의 크기 구하기	40 %

15 $∠BCA=∠BAT=60°$

$\overline{BC}$는 원 O의 지름이므로

$∠CAB=90°$

△CAB에서

$∠CBA=180°-(60°+90°)=30°$

△BPA에서 $30°+∠x=60°$, $∠x=30°$

16 □ABCD는 원 O에 내접하므로

$∠DAB+125°=180°$, $∠DAB=55°$ ······ ❶

오른쪽 그림과 같이 $\overline{BD}$를 그으면 $\overline{AD}$는

원 O의 지름이므로 $∠ABD=90°$

△ABD에서

$∠ADB=180°-(55°+90°)=35°$

······ ❷

따라서 $∠x=∠ADB=35°$ ······ ❸

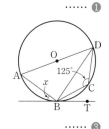

채점 기준	비율
❶ ∠DAB의 크기 구하기	30 %
❷ ∠ADB의 크기 구하기	40 %
❸ ∠x의 크기 구하기	30 %

17 오른쪽 그림과 같이 $\overline{AC}$를 그으면

$∠BCA=∠BAT=64°$

$\overline{BC}$는 원 O의 지름이므로

$∠BAC=90°$

△ABC에서

$∠CBA=180°-(64°+90°)=26°$

△BPA에서 $26°+∠x=64°$, $∠x=38°$

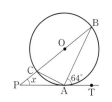

18 $∠x=∠ACB=50°$

△PBA는 $\overline{PA}=\overline{PB}$인 이등변삼각형이므로

$∠y=180°-2×50°=80°$

19 (1) △CFE는 $\overline{CE}=\overline{CF}$인 이등변삼각형이므로

$$\angle CFE = \frac{1}{2} \times (180° - 60°) = 60°$$

(2) $\angle AFD = \angle DEF = 55°$

(3) $\angle x = 180° - (60° + 55°) = 65°$

20 △PBA는 $\overline{PA}=\overline{PB}$인 이등변삼각형이므로

$$\angle PBA = \frac{1}{2} \times (180° - 48°) = 66°$$

이때 $\angle CBA = \angle CAQ = 64°$이므로

$\angle x = 180° - (66° + 64°) = 50°$

유형 **19** 두 원에서 접선과 현이 이루는 각 | 82쪽 |

| **21** 110° | **22** ② | **23** 상민, 서우 | **24** 70° |

21 $\angle y = \angle ABT = 55°$

$\angle x = \angle y = 55°$

따라서 $\angle x + \angle y = 55° + 55° = 110°$

22 $\angle x = \angle CTQ = \angle ATP = \angle ABT = 63°$

$\angle y = \angle DTP = \angle BTQ = \angle BAT = 57°$

따라서 $\angle x - \angle y = 63° - 57° = 6°$

23 상민: $\angle ABT = \angle ATP = \angle CTQ = \angle CDT$

서우: $\angle BAT = \angle BTQ = \angle DTP = \angle DCT$

따라서 바르게 말한 학생은 상민, 서우이다.

24 $\angle DCT = \angle DTP = \angle BTQ = \angle BAT = 30°$ ······ ❶

△DTC에서 $\angle x = 180° - (80° + 30°) = 70°$ ······ ❷

채점 기준	비율
❶ $\angle DCT$의 크기 구하기	60 %
❷ $\angle x$의 크기 구하기	40 %

중단원 핵심유형 테스트 | 83~85쪽 |

1 ②	**2** ④	**3** 25°	**4** 60°	**5** ③
6 ②	**7** 63°	**8** $\angle x=52°$, $\angle y=52°$	**9** 150°	
10 34°	**11** 65°	**12** ④	**13** 120°	
14 ㄱ, ㄴ, ㄷ	**15** 210°	**16** 170°	**17** ④	**18** 15°
19 ②	**20** 69°	**21** $8\sqrt{3}$ m		

1 $\angle DBC = \angle DAC = 40°$이므로 △EBC에서

$40° + \angle x = 82°$, $\angle x = 42°$

---

2 □ABCE는 원에 내접하므로

$(20° + \angle x) + 75° = 180°$, $\angle x = 85°$

3 $\angle AOB = 2\angle APB = 2 \times 65° = 130°$

△OAB는 $\overline{OA}=\overline{OB}$인 이등변삼각형이므로

$$\angle x = \frac{1}{2} \times (180° - 130°) = 25°$$

4 □ABCD는 원에 내접하므로

$100° + \angle BCD = 180°$, $\angle BCD = 80°$

$\angle BCP = \angle BDC = 40°$이므로

$\angle x = 180° - (40° + 80°) = 60°$

5 오른쪽 그림과 같이 $\overline{AD}$를 그으면

$\angle ADC = 90°$

$\angle ADB = \angle AEB = 42°$이므로

$\angle x = \angle ADC - \angle ADB$

$= 90° - 42° = 48°$

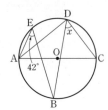

6 네 점 A, B, C, D는 한 원 위에 있으므로

$\angle DAC = \angle DBC = 30°$

△BCE에서 $30° + \angle BCE = 85°$, $\angle BCE = 55°$

△ACP에서 $30° + \angle x = 55°$, $\angle x = 25°$

7 $\angle ACB = 180° \times \frac{1}{10} = 18°$ ······ ❶

$\angle DBC = 180° \times \frac{1}{4} = 45°$ ······ ❷

△EBC에서 $\angle x = 45° + 18° = 63°$ ······ ❸

채점 기준	비율
❶ $\angle ACB$의 크기 구하기	35 %
❷ $\angle DBC$의 크기 구하기	35 %
❸ $\angle x$의 크기 구하기	30 %

8 $\angle x = 2\angle AEB = 2 \times 26° = 52°$

$\angle AEB : \angle BDC = \overparen{AB} : \overparen{BC}$이므로

$26° : \angle y = 1 : 2$, $\angle y = 52°$

9 △PBA에서 $30° + \angle ABP = 95°$, $\angle ABP = 65°$

□ABCD는 원에 내접하므로 $\angle x = \angle ABP = 65°$ ······ ❶

또, $95° + \angle y = 180°$이므로 $\angle y = 85°$ ······ ❷

따라서 $\angle x + \angle y = 65° + 85° = 150°$ ······ ❸

채점 기준	비율
❶ $\angle x$의 크기 구하기	50 %
❷ $\angle y$의 크기 구하기	30 %
❸ $\angle x + \angle y$의 크기 구하기	20 %

10 $\angle CAP = \angle CBA = 28°$

$\overline{BC}$는 원 O의 지름이므로 $\angle CAB = 90°$

$\angle BAT = 180° - (28° + 90°) = 62°$

△BPA에서 $28° + \angle x = 62°$, $\angle x = 34°$

---

11 $\angle BTQ = \angle BAT = 45°$

$\angle DCT = 180° - 110° = 70°$이므로

$\angle DTP = \angle DCT = 70°$

따라서 $\angle x = 180° - (45° + 70°) = 65°$

12 $\angle ACB = \angle ADB = 25°$

$\triangle APC$에서 $\angle DAE = 30° + 25° = 55°$

$\triangle AED$에서 $\angle x = 55° + 25° = 80°$

13 오른쪽 그림과 같이 $\overline{OP}$를 그으면

$\overline{OA} = \overline{OB} = \overline{OP}$

$\triangle OPA$에서 $\angle OPA = \angle OAP = 25°$

$\triangle OPB$에서 $\angle OPB = \angle OBP = 35°$

$\angle APB = \angle OPA + \angle OPB$

$\quad = 25° + 35° = 60°$ ...... ❶

따라서 $\angle AOB = 2\angle APB = 2 \times 60° = 120°$ ...... ❷

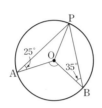

채점 기준	비율
❶ $\angle APB$의 크기 구하기	60 %
❷ $\angle AOB$의 크기 구하기	40 %

14 ㄱ. $\angle BAT = \angle BTQ = \angle DTP = \angle DCT$

즉, 엇각의 크기가 같으므로 $\overline{AB} /\!/ \overline{CD}$

ㄴ. $\angle BAP = \angle PQC = \angle CDR$

즉, 동위각의 크기가 같으므로

$\overline{AB} /\!/ \overline{CD}$

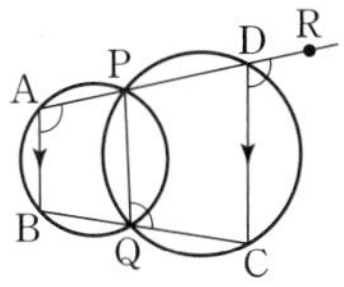

ㄷ. $\angle BAT = \angle BTQ = \angle CDT$

즉, 동위각의 크기가 같으므로 $\overline{AB} /\!/ \overline{CD}$

ㄹ. $\angle BAD = \angle DCT = \angle DTP$

즉, 엇각의 크기가 같으므로 $\overline{AB} /\!/ \overline{PQ}$이지만 $\overline{AB}$와 $\overline{CD}$가 평행한지는 알 수 없다.

따라서 $\overline{AB} /\!/ \overline{CD}$인 것은 ㄱ, ㄴ, ㄷ이다.

15 오른쪽 그림과 같이 $\overline{AC}$를 그으면

$\angle BAC = \dfrac{1}{2}\angle BOC = \dfrac{1}{2} \times 60° = 30°$

$\square ACDE$는 원 O에 내접하므로

$\angle CAE + \angle D = 180°$

따라서

$\angle A + \angle D = (\angle BAC + \angle CAE) + \angle D$

$\quad = \angle BAC + (\angle CAE + \angle D)$

$\quad = 30° + 180° = 210°$

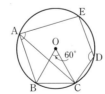

16 오른쪽 그림과 같이 $\overline{PQ}$를 그으면

$\square ABQP$는 원 O에 내접하므로

$95° + \angle PQB = 180°$

$\angle PQB = 85°$ ...... ❶

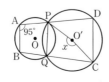

$\square PQCD$는 원 O′에 내접하므로

$\angle D = \angle PQB = 85°$ ...... ❷

따라서 $\angle x = 2\angle PDC = 2 \times 85° = 170°$ ...... ❸

채점 기준	비율
❶ $\angle PQB$의 크기 구하기	30 %
❷ $\angle D$의 크기 구하기	40 %
❸ $\angle x$의 크기 구하기	30 %

17 $\square ABCD$는 원 O에 내접하므로

$\angle A + 120° = 180°$, $\angle A = 60°$

$\widehat{AB} = \widehat{AD}$이므로

$\angle ADB = \angle ABD = \dfrac{1}{2} \times (180° - 60°) = 60°$

따라서 $\triangle ABD$는 정삼각형이므로

$\triangle ABD = \dfrac{\sqrt{3}}{4} \times 6^2 = 9\sqrt{3} \ (\text{cm}^2)$

18 $\square ABCD$는 원에 내접하므로

$\angle CDQ = \angle B = 70°$

$\triangle PBC$에서 $\angle DCQ = \angle x + 70°$

$\triangle DCQ$에서

$70° + (\angle x + 70°) + 25° = 180°$, $\angle x = 15°$

19 $\triangle DEF$에서

$\angle DFE = 180° - (65° + 60°) = 55°$

따라서 $\angle DEB = \angle DFE = 55°$

$\triangle BED$는 $\overline{BD} = \overline{BE}$인 이등변삼각형이므로

$\angle x = 180° - 2 \times 55° = 70°$

20 오른쪽 그림에서

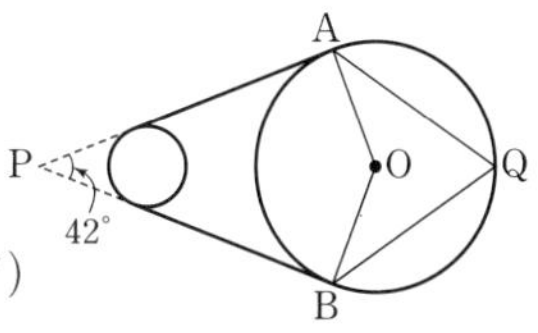

$\angle PAO = \angle PBO = 90°$

$\square APBO$에서

$\angle AOB = 360° - (90° + 42° + 90°)$

$\quad = 138°$

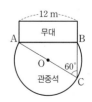

$\angle AQB = \dfrac{1}{2}\angle AOB = \dfrac{1}{2} \times 138° = 69°$

따라서 큰 바퀴에서 벨트가 닿지 않는 부분인 호의 원주각의 크기는 69°이다.

21 한 호에 대한 원주각의 크기는 같으므로 오른쪽 그림과 같이 원의 중심 O를 지나도록 원주각을 그리면

$\angle ACB = 60°$, $\angle ABC = 90°$

직각삼각형 ACB에서

$\overline{AC} = \dfrac{12}{\sin 60°} = 12 \div \dfrac{\sqrt{3}}{2}$

$\quad = 12 \times \dfrac{2}{\sqrt{3}} = 8\sqrt{3} \ (\text{m})$

따라서 관중석의 지름의 길이는 $8\sqrt{3}$ m이다.

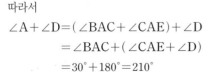

5. 대푯값과 산포도

01. 대푯값
| 88~89쪽 |

평균

1 10	**2** 54	**3** 55	**4** 7	**5** 29
6 67				

1 $\dfrac{8+12+6+9+15}{5}=\dfrac{50}{5}=10$

2 $\dfrac{59+63+34+45+51+72}{6}=\dfrac{324}{6}=54$

3 $\dfrac{27+31+43+58+63+79+84}{7}=\dfrac{385}{7}=55$

4 $(평균)=\dfrac{8+x+5+9+6}{5}=7$이므로 $x+28=35$

　　따라서 $x=7$

5 $(평균)=\dfrac{15+x+26+31+19}{5}=24$이므로 $x+91=120$

　　따라서 $x=29$

6 $(평균)=\dfrac{56+x+48+72+64+53}{6}=60$이므로 $x+293=360$

　　따라서 $x=67$

중앙값

7 6	**8** 19	**9** 4	**10** 11	**11** 45
12 5.5				

7 자료를 작은 값부터 크기순으로 나열하면

　　3, 5, 6, 6, 7, 8, 9

　　따라서 (중앙값)$=6$

8 자료를 작은 값부터 크기순으로 나열하면

　　12, 14, 15, 19, 23, 26, 30

　　따라서 (중앙값)$=19$

9 자료를 작은 값부터 크기순으로 나열하면

　　1, 2, 3, 3, 4, 5, 7, 8, 9

　　따라서 (중앙값)$=4$

10 자료를 작은 값부터 크기순으로 나열하면

　　5, 9, 11, 11, 18, 20

　　따라서 (중앙값)$=\dfrac{11+11}{2}=11$

11 자료를 작은 값부터 크기순으로 나열하면

　　1, 35, 42, 42, 48, 54, 57, 58

　　따라서 (중앙값)$=\dfrac{42+48}{2}=45$

12 자료를 작은 값부터 크기순으로 나열하면

　　2, 3, 4, 5, 5, 6, 7, 7, 8, 9

　　따라서 (중앙값)$=\dfrac{5+6}{2}=5.5$

최빈값

13 6	**14** 55, 60	**15** 8	**16** 야구	**17** ○
18 ○	**19** ×	**20** ○	**21** ×	

13 6이 두 번으로 가장 많이 나타나므로 (최빈값)$=6$

14 55, 60이 각각 두 번으로 가장 많이 나타나므로

　　(최빈값)$=55, 60$

15 8이 세 번으로 가장 많이 나타나므로 (최빈값)$=8$

16 야구가 두 번으로 가장 많이 나타나므로 (최빈값)$=$야구

19 자료의 개수가 짝수이면 자료를 작은 값부터 크기순으로 나열하였을 때 한가운데 있는 두 수의 평균이 중앙값이므로 중앙값은 주어진 자료 안에 있는 값으로 표현되지 않을 수 있다.

21 주어진 자료의 변량 중에서 매우 크거나 매우 작은 값이 있는 경우 대푯값으로는 중앙값이 가장 적절하다.

소단원 유형 익히기

유형 1 평균
| 90쪽 |

1 ④	**2** 14회	**3** A 농장	**4** ③

1 $(평균)=\dfrac{22+10+32+18+25+7}{6}=\dfrac{114}{6}=19(회)$

2 $(평균)=\dfrac{5+6+6+10+11+12+17+21+22+30}{10}$

　　　$=\dfrac{140}{10}=14(회)$

3 A 농장에서 수확한 감 5개의 평균은

　　$\dfrac{19+16+12+16+18}{5}=\dfrac{81}{5}=16.2(\text{Brix})$ ······❶

　　B 농장에서 수확한 감 7개의 평균은

　　$\dfrac{13+19+11+16+21+15+17}{7}=\dfrac{112}{7}=16(\text{Brix})$ ······❷

　　따라서 감의 당도의 평균이 더 높은 농장은 A 농장이다.

　　　　　　　　　　　　　　　　　　　　　　　　······❸

채점 기준	비율
❶ A 농장의 평균 구하기	40 %
❷ B 농장의 평균 구하기	40 %
❸ 감의 당도의 평균이 높은 농장 구하기	20 %

4 $\frac{a+b+c}{3}=3$이므로 $a+b+c=9$

따라서 $a+3$, $b+2$, $c+4$의 평균은

$$\frac{(a+3)+(b+2)+(c+4)}{3}=\frac{a+b+c+9}{3}$$
$$=\frac{9+9}{3}=6$$

유형 2 **중앙값** | 90~91쪽 |

5 90회	**6** 16개	**7** ②

5 자료를 작은 값부터 크기순으로 나열하면

80, 85, 88, 89, 91, 91, 92, 94

따라서 $(중앙값)=\frac{89+91}{2}=90(회)$

6 중앙값은 10번째와 11번째 자료의 값의 평균이므로

$(중앙값)=\frac{15+17}{2}=16(개)$

7 각 자료를 작은 값부터 크기순으로 나열하여 중앙값을 구하면 다음과 같다.

① 7, 14, 15, 19, 22이므로 (중앙값)=15

② 9, 11, 17, 21, 24이므로 (중앙값)=17

③ 1, 5, 10, 14, 16, 18이므로 $(중앙값)=\frac{10+14}{2}=12$

④ 8, 10, 14, 18, 34, 42이므로 $(중앙값)=\frac{14+18}{2}=16$

⑤ 8, 12, 14, 14, 16, 19, 51이므로 (중앙값)=14

따라서 중앙값이 가장 큰 것은 ②이다.

유형 3 **최빈값** | 91쪽 |

8 ②	**9** 솔	**10** 8점	**11** 170
12 $a>b>c$			

8 좋아하는 간식은 치킨이 9명으로 가장 많으므로

(최빈값)=치킨

9 솔이 네 번으로 가장 많이 나타나므로 (최빈값)=솔

10 8점이 6명으로 가장 많으므로 (최빈값)=8점

11 자료의 개수가 19이므로 중앙값은 자료를 작은 값부터 크기순으로 나열할 때 10번째 값이므로 $a=90$ ...... ❶

80호가 네 번으로 가장 많이 나타나므로

$b=80$ ...... ❷

따라서 $a+b=90+80=170$ ...... ❸

채점 기준	비율
❶ a의 값 구하기	40 %
❷ b의 값 구하기	40 %
❸ $a+b$의 값 구하기	20 %

12 $(평균)=\frac{16+20+11+33+42+20+26+32}{8}$

$$=\frac{200}{8}=25\,(\text{m}^3)$$

자료를 작은 값부터 크기순으로 나열하면

11, 16, 20, 20, 26, 32, 33, 42

이므로 $(중앙값)=\frac{20+26}{2}=23\,(\text{m}^3)$

20 m³가 두 번으로 가장 많이 나타나므로 (최빈값)=20 m³

따라서 $a=25$, $b=23$, $c=20$이므로 $a>b>c$

유형 4 **적절한 대푯값 찾기** | 92쪽 |

13 ㄴ	**14** 최빈값, 240 mm
15 (1) 275만 원 (2) 145만 원 (3) 중앙값	

13 ㄴ. 극단적인 값인 100이 존재하므로 평균보다 중앙값이 대푯값으로 더 적절하다.

14 신발의 크기이므로 최빈값이 대푯값으로 적절하고, 240 mm가 세 번으로 가장 많이 나타나므로

(최빈값)=240 mm

15 (1) $(평균)=\frac{180+95+105+170+120+980}{6}$

$$=\frac{1650}{6}=275(\text{만 원})$$

(2) 자료를 작은 값부터 크기순으로 나열하면

95, 105, 120, 170, 180, 980

따라서 $(중앙값)=\frac{120+170}{2}=145(\text{만 원})$

(3) 980만 원과 같이 극단적인 값이 있으므로 평균보다는 중앙값이 대푯값으로 더 적절하다.

유형 5 **대푯값이 주어질 때 변량 구하기** | 92쪽 |

16 5	**17** 7개	**18** ②

16 자료가 작은 값부터 크기순으로 나열되어 있으므로 3번째와 4번째 자료의 값의 평균이 중앙값이다.

즉, $\frac{x+7}{2}=6$이므로 $x+7=12$

따라서 $x=5$

17 최빈값이 7개이므로 $x=7$ ······ ❶
자료를 작은 값부터 크기순으로 나열하면
5, 6, 7, 7, 7, 8, 9, 9, 10
따라서 (중앙값)=7개 ······ ❷

채점 기준	비율
❶ x의 값 구하기	50 %
❷ 중앙값 구하기	50 %

18 8이 세 번으로 가장 많이 나타나므로 최빈값은 8시간이고, 최빈값과 평균이 서로 같으므로 평균도 8시간이다.
즉, $\dfrac{8+7+x+5+13+8+9+8}{8}=8$
$x+58=64$
따라서 $x=6$

02. 산포도
| 93 ~ 94쪽 |

편차

1 ~ 2 풀이 참조   3 평균: 7, 표는 풀이 참조
4 평균: 33, 표는 풀이 참조   5 평균: 22, 표는 풀이 참조
6 −2   7 0

1

변량	7	6	2	9
편차	1	0	−4	3

2

변량	21	23	15	14	17
편차	3	5	−3	−4	−1

3 $(평균)=\dfrac{7+6+9+5+8}{5}=\dfrac{35}{5}=7$
따라서 표를 완성하면 다음과 같다.

변량	7	6	9	5	8
편차	0	−1	2	−2	1

4 $(평균)=\dfrac{33+31+34+28+39}{5}=\dfrac{165}{5}=33$
따라서 표를 완성하면 다음과 같다.

변량	33	31	34	28	39
편차	0	−2	1	−5	6

5 $(평균)=\dfrac{18+26+25+17+22+24}{6}=\dfrac{132}{6}=22$
따라서 표를 완성하면 다음과 같다.

변량	18	26	25	17	22	24
편차	−4	4	3	−5	0	2

6 편차의 합은 0이므로 $-1+5-6+4+x=0$
따라서 $x=-2$

7 편차의 합은 0이므로 $4+1+x-7+5-3=0$
따라서 $x=0$

분산과 표준편차

8 (1) 6 (2) −2, 3, 0, −1 (3) 14 (4) 3.5 (5) $\sqrt{3.5}$
9 (1) 11 (2) −1, 1, −3, 3, 0 (3) 20 (4) 4 (5) 2
10 (1) 16 (2) 4   11 (1) 50 (2) $5\sqrt{2}$
12 (1) 5 (2) $\sqrt{5}$

8 (1) $(평균)=\dfrac{4+9+6+5}{4}=\dfrac{24}{4}=6$
(2) 각 변량의 편차는 순서대로 −2, 3, 0, −1
(3) {(편차)²의 총합}$=(-2)^2+3^2+0^2+(-1)^2=14$
(4) $(분산)=\dfrac{14}{4}=3.5$
(5) $(표준편차)=\sqrt{3.5}$

9 (1) $(평균)=\dfrac{10+12+8+14+11}{5}=\dfrac{55}{5}=11$
(2) 각 변량의 편차는 순서대로 −1, 1, −3, 3, 0
(3) {(편차)²의 총합}$=(-1)^2+1^2+(-3)^2+3^2+0^2=20$
(4) $(분산)=\dfrac{20}{5}=4$
(5) $(표준편차)=\sqrt{4}=2$

10 (1) $(평균)=\dfrac{1+9+10+7+13}{5}=\dfrac{40}{5}=8$
이때 각 변량의 편차는 순서대로 −7, 1, 2, −1, 5이므로
$(분산)=\dfrac{(-7)^2+1^2+2^2+(-1)^2+5^2}{5}=\dfrac{80}{5}=16$
(2) $(표준편차)=\sqrt{16}=4$

11 (1) $(평균)=\dfrac{7+18+16+24+5}{5}=\dfrac{70}{5}=14$
이때 각 변량의 편차는 순서대로 −7, 4, 2, 10, −9이므로
$(분산)=\dfrac{(-7)^2+4^2+2^2+10^2+(-9)^2}{5}=\dfrac{250}{5}=50$
(2) $(표준편차)=\sqrt{50}=5\sqrt{2}$

12 (1) $(평균)=\dfrac{3+9+7+10+6+7}{6}=\dfrac{42}{6}=7$
이때 각 변량의 편차는 순서대로 −4, 2, 0, 3, −1, 0이므로
$(분산)=\dfrac{(-4)^2+2^2+0^2+3^2+(-1)^2+0^2}{6}=\dfrac{30}{6}=5$
(2) $(표준편차)=\sqrt{5}$

산포도와 자료의 분포 상태

13 ×   14 ○   15 ×   16 ○   17 ×
18 ○   19 ×

13 국어 성적이 가장 낮은 학생이 어느 반에 속하는지는 알 수 없다.

14 (A 반의 평균)<(B 반의 평균)이므로 B 반의 국어 성적이 A 반의 국어 성적보다 우수하다.

15 (A 반의 표준편차)<(B 반의 표준편차)이므로 A 반의 국어 성적이 B 반의 국어 성적보다 고르다.

16 (A 반의 표준편차)<(B 반의 표준편차)이므로 A 반의 국어 성적의 산포도가 B 반의 국어 성적의 산포도보다 작다.

17 평균은 자료의 중심 위치는 알 수 있지만 자료의 분포 상태는 알 수 없으므로 산포도가 아니다.

19 분산이 작을수록 자료의 분포 상태가 고르다고 할 수 있다.

소단원 유형 익히기

유형 6 편차 | 95쪽 |

| 1 3 | 2 −1 | 3 ② | 4 ⑤ |

1 편차의 합은 0이므로 $6-3-7+x-1+2=0$
따라서 $x=3$

2 편차의 합은 0이므로 $-1+a+5-3+b=0$
따라서 $a+b=-1$

3 (평균)$=\dfrac{44+36+45+53+46+60+38}{7}=\dfrac{322}{7}=46$
따라서 44의 편차는 $44-46=-2$

4 (평균)$=\dfrac{6+5+2+9+7+5+1}{7}=\dfrac{35}{7}=5$
이때 각 변량의 편차는 순서대로
1개, 0개, −3개, 4개, 2개, 0개, −4개
따라서 이 자료의 편차가 아닌 것은 ⑤이다.

유형 7 편차를 이용하여 변량 구하기 | 95~96쪽 |

| 5 73점 | 6 풀이 참조 | 7 ① | 8 ④ | 9 6 |

5 $-3+76=73$(점)

6

노선	A	B	C	D	E
편차(분)	−30	40	10	−20	0
배차 간격(분)	20	90	60	30	50

7 우산 C의 무게를 $x\,g$이라 하면 편차의 합은 0이므로
$5-13+x+10+2=0,\ x=-4$

따라서 우산 C의 무게는 $-4+148=144\,(g)$

8 ㄱ. 평균을 m회라 하면 규빈이와 하진이의 제기차기 횟수는 각각 $m-3,\ m-4$이므로 규빈이와 하진이의 제기차기 횟수의 차는 1이다.
ㄴ. 유나의 편차가 5회로 가장 크므로 유나의 기록이 가장 좋다.
ㄷ. 평균보다 기록이 좋은 학생은 편차가 양수인 유나, 성민의 2명이다.
따라서 옳은 것은 ㄱ, ㄷ이다.

9 편차의 합은 0이므로
$-2+a+2+0-4=0,\ a=4$ ‥‥‥ ❶
9월에 읽은 책의 수의 편차가 0권이므로 평균은 6권이고
$b=-4+6=2$ ‥‥‥ ❷
따라서 $a+b=4+2=6$ ‥‥‥ ❸

채점 기준	비율
❶ a의 값 구하기	40 %
❷ b의 값 구하기	40 %
❸ $a+b$의 값 구하기	20 %

유형 8 분산과 표준편차 | 96~97쪽 |

| 10 $\sqrt{3}$점 | 11 분산: 4, 표준편차: 2개 | 12 $\dfrac{20}{3}$ |
| 13 ④ | 14 동현, 준호 | 15 3.6 |

10 (분산)$=\dfrac{2^2+(-1)^2+0^2+(-3)^2+2^2+0^2}{6}=\dfrac{18}{6}=3$
따라서 (표준편차)$=\sqrt{3}$(점)

11 (평균)$=\dfrac{6+3+5+7+9}{5}=\dfrac{30}{5}=6$(개)
이때 각 변량의 편차는 순서대로 0개, −3개, −1개, 1개, 3개이므로
(분산)$=\dfrac{0^2+(-3)^2+(-1)^2+1^2+3^2}{5}=\dfrac{20}{5}=4$
(표준편차)$=\sqrt{4}=2$(개)

12 효원이가 얻은 점수는 10점, 8점, 6점, 6점, 4점, 2점이므로
(평균)$=\dfrac{10+8+6+6+4+2}{6}=\dfrac{36}{6}=6$(점) ‥‥‥ ❶
이때 각 변량의 편차는 순서대로 4점, 2점, 0점, 0점, −2점, −4점이므로
(분산)$=\dfrac{4^2+2^2+0^2+0^2+(-2)^2+(-4)^2}{6}=\dfrac{40}{6}=\dfrac{20}{3}$ ‥‥‥ ❷

채점 기준	비율
❶ 평균 구하기	40 %
❷ 분산 구하기	60 %

13 (평균)$=\dfrac{4+7+9+9+12+13}{6}=\dfrac{54}{6}=9$(시간)

이때 각 변량의 편차는 순서대로 -5시간, -2시간, 0시간, 0시간, 3시간, 4시간이므로

$$(\text{분산})=\frac{(-5)^2+(-2)^2+0^2+0^2+3^2+4^2}{6}=\frac{54}{6}=9$$

따라서 $(\text{표준편차})=\sqrt{9}=3(\text{시간})$

14 지선: $(\text{평균})=\dfrac{6+5+3+4+2+4}{6}=\dfrac{24}{6}=4(\text{명})$

동현: 각 변량의 편차는 순서대로 2명, 1명, -1명, 0명, -2명, 0명이므로 $(\text{편차})^2$의 총합은

$$2^2+1^2+(-1)^2+0^2+(-2)^2+0^2=10$$

준호: $(\text{분산})=\dfrac{10}{6}=\dfrac{5}{3}$

라애: $(\text{표준편차})=\sqrt{\dfrac{5}{3}}=\dfrac{\sqrt{15}}{3}(\text{명})$

따라서 바르게 설명한 학생은 동현, 준호이다.

15 $\dfrac{9+4+7+6+x}{5}=7$이므로

$x+26=35,\ x=9$ $\qquad\qquad\cdots\cdots$ **❶**

이때 각 변량의 편차는 순서대로 2, -3, 0, -1, 2이므로

$$(\text{분산})=\frac{2^2+(-3)^2+0^2+(-1)^2+2^2}{5}$$
$$=\frac{18}{5}=3.6 \qquad\qquad\cdots\cdots ❷$$

채점 기준	비율
❶ x의 값 구하기	50 %
❷ 분산 구하기	50 %

유형 **9** 평균과 분산을 이용하여 식의 값 구하기 | 97~98쪽 |

16 ①	**17** ②	**18** 74

16 ① 13

17 a, b, c의 평균이 4이고 표준편차가 2이므로

$$\frac{(a-4)^2+(b-4)^2+(c-4)^2}{3}=2^2$$

따라서 $(a-4)^2+(b-4)^2+(c-4)^2=12$

18 $(\text{평균})=\dfrac{3+6+x+y+9}{5}=6$이므로

$x+y+18=30,\ x+y=12$ $\qquad\cdots\cdots$ ㉠

$(\text{분산})=\dfrac{(-3)^2+0^2+(x-6)^2+(y-6)^2+3^2}{5}=4$이므로

$9+x^2-12x+36+y^2-12y+36+9=20$

$x^2+y^2-12(x+y)+90=20$

$x^2+y^2=12(x+y)-70$ $\qquad\qquad\cdots\cdots$ ㉡

㉠을 ㉡에 대입하면

$x^2+y^2=12\times12-70=74$

유형 **10** 변화된 변량의 평균과 표준편차 | 98쪽 |

19 (1) 10 (2) 8	**20** $m=2$, $n=3$	
21 ③, 평균: 7, 표준편차: 4	**22** 상석	

19 (1) a, b, c의 평균이 5이므로

$$\frac{a+b+c}{3}=5,\ a+b+c=15$$

따라서 $2a$, $2b$, $2c$의 평균은

$$\frac{2a+2b+2c}{3}=\frac{2(a+b+c)}{3}=\frac{2\times15}{3}=10$$

(2) a, b, c의 표준편차가 $\sqrt{2}$, 즉 분산이 2이므로

$$\frac{(a-5)^2+(b-5)^2+(c-5)^2}{3}=2$$

$(a-5)^2+(b-5)^2+(c-5)^2=6$

따라서 $2a$, $2b$, $2c$의 분산은

$$\frac{(2a-10)^2+(2b-10)^2+(2c-10)^2}{3}$$
$$=\frac{4(a-5)^2+4(b-5)^2+4(c-5)^2}{3}$$
$$=\frac{4\{(a-5)^2+(b-5)^2+(c-5)^2\}}{3}$$
$$=\frac{4\times6}{3}=8$$

20 a, b, c, d의 평균이 4이므로

$\dfrac{a+b+c+d}{4}=4,\ a+b+c+d=16$ $\qquad\cdots\cdots$ **❶**

따라서 $a-2$, $b-2$, $c-2$, $d-2$의 평균은

$$m=\frac{(a-2)+(b-2)+(c-2)+(d-2)}{4}$$
$$=\frac{(a+b+c+d)-8}{4}=\frac{16-8}{4}=2 \qquad\cdots\cdots ❷$$

또, a, b, c, d의 분산이 3이므로

$$\frac{(a-4)^2+(b-4)^2+(c-4)^2+(d-4)^2}{4}=3$$

$(a-4)^2+(b-4)^2+(c-4)^2+(d-4)^2=12$ $\qquad\cdots\cdots$ **❸**

따라서 $a-2$, $b-2$, $c-2$, $d-2$의 분산은

$$n=\frac{(a-2-2)^2+(b-2-2)^2+(c-2-2)^2+(d-2-2)^2}{4}$$
$$=\frac{(a-4)^2+(b-4)^2+(c-4)^2+(d-4)^2}{4}=\frac{12}{4}=3$$
$$\qquad\qquad\cdots\cdots ❹$$

채점 기준	비율
❶ $a+b+c+d$의 값 구하기	20 %
❷ m의 값 구하기	30 %
❸ $(a-4)^2+(b-4)^2+(c-4)^2+(d-4)^2$의 값 구하기	20 %
❹ n의 값 구하기	30 %

21 a, b, c의 평균이 6이므로

$$\frac{a+b+c}{3}=6,\ a+b+c=18$$

따라서 $a+1$, $b+1$, $c+1$의 평균은
$$\frac{(a+1)+(b+1)+(c+1)}{3}=\frac{18+3}{3}=7$$
a, b, c의 표준편차가 4, 즉 분산이 16이므로
$$\frac{(a-6)^2+(b-6)^2+(c-6)^2}{3}=16$$
$$(a-6)^2+(b-6)^2+(c-6)^2=48$$
$a+1$, $b+1$, $c+1$의 분산은
$$\frac{(a+1-7)^2+(b+1-7)^2+(c+1-7)^2}{3}$$
$$=\frac{(a-6)^2+(b-6)^2+(c-6)^2}{3}=\frac{48}{3}=16$$
따라서 $a+1$, $b+1$, $c+1$의 표준편차는 $\sqrt{16}=4$

22 학생 10명의 미술 수행 평가 점수를 각각 x_1점, x_2점, $\cdots$, x_{10}점
이라 하고 평균을 m점, 표준편차를 s점이라 하면 각각 2점씩 올
려 준 점수는
(x_1+2)점, (x_2+2)점, $\cdots$, $(x_{10}+2)$점
따라서 (평균)$=m+2$(점), (표준편차)$=s$(점)이므로 바르게
설명한 학생은 상석이다.

유형 **11** 자료의 분석 | 99쪽 |

23 ②	**24** ②	**25** ③, ⑤	**26** ③	**27** ㄱ, ㄷ

23 재정이의 표준편차가 가장 크므로 수면 시간이 가장 불규칙한 학
생은 재정이다.

24 각 자료의 평균이 6으로 모두 같으므로 표준편차가 가장 작은 것
은 평균 6 가까이에 가장 많이 모여 있는 ②이다.

25 ① (A 반의 평균)$=$(B 반의 평균)이므로 B 반의 성적이 A 반
의 성적보다 우수하다고 할 수 없다.
②, ③, ④ $3=\sqrt{9}$, $2\sqrt{3}=\sqrt{12}$이므로 $3<2\sqrt{3}$
즉, (A 반의 표준편차)$<$(B 반의 표준편차)이므로
(A 반의 분산)$<$(B 반의 분산)
따라서 A 반의 성적이 B 반의 성적보다 고르다.
⑤ 두 반의 평균이 같으므로 두 반 전체의 평균은 72점이다.
따라서 옳은 것은 ③, ⑤이다.

26 ①, ② E의 평균이 가장 크고, B의 평균이 가장 작으므로 통학
시간이 가장 긴 학생은 E이고, 통학 시간이 가장 짧은 학생은
B이다.
③ C의 표준편차가 가장 크므로 통학 시간이 가장 불규칙한 학생
은 C이다.
④ A의 표준편차가 가장 작으므로 통학 시간이 가장 규칙적인
학생은 A이다.
⑤ C의 표준편차가 가장 크므로 C의 분산도 가장 크다. 즉, 통학
시간의 분산이 가장 큰 학생은 C이다.
따라서 옳지 않은 것은 ③이다.

27 ㄱ. A 반의 학생은 $2+5+6+5+2=20$(명)
B 반의 학생은 $3+5+4+5+3=20$(명)
따라서 두 반의 학생 수는 같다.
ㄴ. A 반의 문자메시지 총 수신 횟수는
$2\times2+4\times5+6\times6+8\times5+10\times2=120$(회)
B 반의 문자메시지 총 수신 횟수는
$2\times3+4\times5+6\times4+8\times5+10\times3=120$(회)
따라서 두 반의 문자메시지 총 수신 횟수는 같다.
ㄷ. (A 반의 평균)$=\frac{120}{20}=6$(회)
(B 반의 평균)$=\frac{120}{20}=6$(회)
따라서 두 반의 문자메시지 수신 횟수의 평균은 같다.
ㄹ. (A 반의 분산)
$$=\frac{(-4)^2\times2+(-2)^2\times5+0^2\times6+2^2\times5+4^2\times2}{20}$$
$$=\frac{104}{20}=5.2$$
(B 반의 분산)
$$=\frac{(-4)^2\times3+(-2)^2\times5+0^2\times4+2^2\times5+4^2\times3}{20}$$
$$=\frac{136}{20}=6.8$$
즉, (A 반의 분산)$<$(B 반의 분산)이므로 문자메시지 수신
횟수는 A 반이 B 반보다 더 고르다.
따라서 옳은 것은 ㄱ, ㄷ이다.

중단원 핵심유형 테스트 | 100~101쪽 |

1 ③	2 ②	3 24	4 ①, ⑤	5 88점
6 17	7 $a=2$, $b=10$	8 ①	9 ⑤	
10 ①, ④	11 6.8	12 20	13 지원, 용재	

14 (1) A 영화의 평균: 3점, B 영화의 평균: 3점
(2) A 영화의 분산: $\frac{22}{15}$, B 영화의 분산: $\frac{38}{15}$ (3) A 영화

1 고양이를 키우는 학생이 6명으로 가장 많으므로
(최빈값)$=$고양이

2 (평균)$=\frac{11+9+8+5+12+15+3}{7}=\frac{63}{7}=9$(회)

3 자료가 작은 값부터 크기순으로 나열되어 있으므로 4번째와 5번
째 자료의 값의 평균이 중앙값이다.
즉, $\frac{20+x}{2}=22$이므로 $20+x=44$
따라서 $x=24$

4 ① 분산, 표준편차는 산포도이다.
⑤ 표준편차가 다른 두 집단의 평균은 같을 수도 있다.

5 학생 B의 사회 성적을 x점이라 하면

$$\frac{75+x+96+84+82}{5}=85$$

$x+337=425$, $x=88$

따라서 학생 B의 사회 성적은 88점이다.

6 자료를 작은 값부터 크기순으로 나열하면

1, 2, 3, 4, 5, 6, 7, 7, 9, 9, 9, 9, 10, 10, 11, 12

이므로 (중앙값)$=\frac{7+9}{2}=8$(월), 즉 $a=8$

9월이 네 번으로 가장 많이 나타나므로

(최빈값)$=$9월, 즉 $b=9$

따라서 $a+b=8+9=17$

7 중앙값이 10이므로 $b=10$

(평균)$=\frac{a+6+7+10+12+13+13}{7}=9$이므로

$a+61=63$, $a=2$

8 ① 효주의 용돈의 편차를 x만 원이라 하면 편차의 합은 0이므로

$1-2+3+x-1=0$, $x=-1$

따라서 효주의 용돈은 평균과 같지 않다.

② 효주의 편차와 세은이의 편차가 같으므로 세은이와 효주의 용돈은 같다.

③ (변량)$=$(편차)$+$(평균)이고 유리의 편차가 가장 크므로 용돈이 가장 많은 학생은 유리이다.

④ 민수와 유리의 편차의 차가 2만 원이므로 민수와 유리의 용돈의 차는 2만 원이다.

⑤ 세은이의 용돈은 $-1+4=3$(만 원)

따라서 옳지 않은 것은 ①이다.

9 ① 자료를 작은 값부터 크기순으로 나열하면 5, 6, 7, 8, 14이므로

(중앙값)$=$7회

② (평균)$=\frac{6+5+8+7+14}{5}=\frac{40}{5}=8$(회)

③ 각 변량의 편차는 순서대로 -2회, -3회, 0회, -1회, 6회이므로

(분산)$=\frac{(-2)^2+(-3)^2+0^2+(-1)^2+6^2}{5}=\frac{50}{5}=10$

④ 편차의 제곱의 합은 50이다.

⑤ (표준편차)$=\sqrt{10}$(회)

따라서 옳은 것은 ⑤이다.

10 ① D 반의 평균이 가장 높으므로 수학 성적이 가장 우수한 반은 D 반이다.

② 주어진 자료에서 학생 수는 알 수 없다.

③ (C 반의 표준편차)$>$(A 반의 표준편차)이므로 A 반의 수학 성적이 C 반의 수학 성적보다 고르다.

④ E 반의 표준편차가 가장 작으므로 수학 성적이 가장 고른 반은 E 반이다.

⑤ 수학 성적이 60점 미만인 학생이 어느 반에 많은지 알 수 없다.

따라서 옳은 것은 ①, ④이다.

11 (평균)$=\dfrac{(a+2)+(a-1)+(a+4)+(a-3)+(a+3)}{5}$

$=\dfrac{5a+5}{5}=a+1$

이때 각 변량의 편차는 순서대로 1, -2, 3, -4, 2이므로

(분산)$=\dfrac{1^2+(-2)^2+3^2+(-4)^2+2^2}{5}=\dfrac{34}{5}=6.8$

12 (평균)$=\dfrac{5+x+y+8+6}{5}=5$이므로

$x+y+19=25$, $x+y=6$ ...... ㉠

(분산)$=\dfrac{0^2+(x-5)^2+(y-5)^2+3^2+1^2}{5}=4$이므로

$x^2-10x+25+y^2-10y+25+9+1=20$

$x^2+y^2-10(x+y)+60=20$

$x^2+y^2=10(x+y)-40$ ...... ㉡

㉠을 ㉡에 대입하면

$x^2+y^2=10\times6-40=20$

13 하진: 중앙값은 자료를 작은 값부터 크기순으로 나열할 때 10번째와 11번째 자료의 값의 평균이므로

(중앙값)$=\dfrac{265+270}{2}=267.5$ (mm)

지원: 270 mm가 6켤레로 가장 많이 판매되었으므로

(최빈값)$=270$ mm

다솜: 운동화의 치수이므로 최빈값이 대푯값으로 가장 적절하다.

따라서 바르게 설명한 학생은 지원, 용재이다.

14 (1) (A 영화의 평균)$=\dfrac{1\times2+2\times3+3\times5+4\times3+5\times2}{15}$

$=\dfrac{45}{15}=3$(점)

(B 영화의 평균)$=\dfrac{1\times4+2\times3+3\times1+4\times3+5\times4}{15}$

$=\dfrac{45}{15}=3$(점) ...... ❶

(2) (A 영화의 분산)

$=\dfrac{(-2)^2\times2+(-1)^2\times3+0^2\times5+1^2\times3+2^2\times2}{15}$

$=\dfrac{22}{15}$

(B 영화의 분산)

$=\dfrac{(-2)^2\times4+(-1)^2\times3+0^2\times1+1^2\times3+2^2\times4}{15}$

$=\dfrac{38}{15}$ ...... ❷

(3) (A 영화의 분산)$<$(B 영화의 분산)이므로 평점이 더 고른 영화는 A 영화이다. ...... ❸

채점 기준	비율
❶ A, B 두 영화의 평균 각각 구하기	40 %
❷ A, B 두 영화의 분산 각각 구하기	40 %
❸ 평점이 더 고른 영화 구하기	20 %

6. 상관관계

01. 산점도와 상관관계 | 104 ~ 105쪽 |

산점도

1 풀이 참조	2 3	3 2	4 3	5 5
6 50 %	7 3	8 3	9 4	

1 순서쌍 (x, y)를 좌표로 하는 점을 좌표평면 위에 나타내면 오른쪽 그림과 같다.

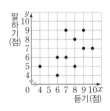

2 수면 시간이 8시간인 학생 수는 오른쪽 산점도에서 직선 l 위에 있는 점의 개수와 같으므로 3이다.

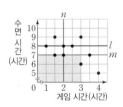

3 수면 시간이 7시간 미만인 학생 수는 **2**의 산점도에서 직선 m의 아래쪽에 있는 점의 개수와 같으므로 2이다.

4 게임 시간이 3시간 이하이고 수면 시간이 7시간 이하인 학생 수는 **2**의 산점도에서 색칠한 부분(경계선 포함)에 속하는 점의 개수와 같으므로 3이다.

5 게임 시간이 2시간 초과인 학생 수는 **2**의 산점도에서 직선 n의 오른쪽에 있는 점의 개수와 같으므로 5이다.

6 게임 시간이 2시간 초과인 학생 수가 5이므로

$$(백분율) = \frac{5}{10} \times 100 = 50 \, (\%)$$

7 사회 성적과 과학 성적이 같은 학생 수는 오른쪽 산점도에서 대각선 위에 있는 점의 개수와 같으므로 3이다.

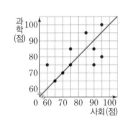

8 과학 성적보다 사회 성적이 우수한 학생 수는 **7**의 산점도에서 대각선의 아래쪽에 있는 점의 개수와 같으므로 3이다.

9 사회 성적보다 과학 성적이 우수한 학생 수는 **7**의 산점도에서 대각선의 위쪽에 있는 점의 개수와 같으므로 4이다.

상관관계

10 음	11 무	12 양	13 양	14 ㄷ, ㄹ
15 ㄱ, ㅁ	16 ㄴ, ㅂ	17 ㄹ	18 ㅁ	19 ㄷ
20 ㄴ				

소단원 유형 익히기

유형 1 산점도의 이해 (1)
– 이상, 이하, 초과, 미만 | 106~107쪽 |

1 6시간	2 2	3 11	4 4종	5 ①
6 ②	7 5점			

2 올해에 봉사 활동을 한 시간이 A와 같은 학생 수는 오른쪽 산점도에서 직선 l 위의 점 중에서 A를 제외한 점의 개수와 같으므로 2이다.

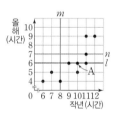

3 작년에 봉사 활동을 8시간 이상 한 학생 수는 **2**의 산점도에서 직선 m 위의 점의 개수와 직선 m의 오른쪽에 있는 점의 개수의 합과 같으므로 8이다.

즉, $a = 8$ ······ ❶

올해에 봉사 활동을 7시간 이상 한 학생 수는 **2**의 산점도에서 직선 n 위의 점의 개수와 직선 n의 위쪽에 있는 점의 개수의 합과 같으므로 3이다.

즉, $b = 3$ ······ ❷

따라서 $a + b = 8 + 3 = 11$ ······ ❸

채점 기준	비율
❶ a의 값 구하기	40 %
❷ b의 값 구하기	40 %
❸ $a + b$의 값 구하기	20 %

4 임신 기간이 200일 이상 300일 이하인 동물은 오른쪽 산점도에서 두 직선 l, m 위의 점의 개수와 두 직선 l, m 사이의 점의 개수의 합과 같으므로 4종이다.

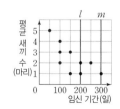

5 몸무게가 65 kg 초과이고 키가 170 cm 초과인 학생 수는 오른쪽 산점도에서 색칠한 부분(경계선 제외)에 속하는 점의 개수와 같으므로 2이다.

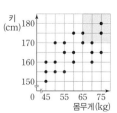

따라서 $\frac{2}{20} \times 100 = 10 \, (\%)$

6 ① 국어 점수가 90점 이상인 학생
수는 오른쪽 산점도에서 직선 l
위의 점의 개수와 직선 l의 오른
쪽에 있는 점의 개수의 합과 같
으므로 4이다.

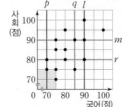

② 사회 점수가 90점 미만인 학생
수는 위의 산점도에서 직선 m의 아래쪽에 있는 점의 개수와
같으므로 9이다.

따라서 $\dfrac{9}{15} \times 100 = 60\,(\%)$

③ 국어 점수가 70점 초과이고 85점 미만인 학생 수는 위의 산점
도에서 두 직선 p, q 사이의 점의 개수와 같으므로 7이다.

④ 사회 점수가 80점 이상인 학생 수는 위의 산점도에서 직선 r
위의 점의 개수와 직선 r의 위쪽에 있는 점의 개수의 합과 같
으므로 11이다.

⑤ 국어와 사회 점수가 모두 75점 이하인 학생 수는 위의 산점도
에서 색칠한 부분(경계선 포함)에 속하는 점의 개수와 같으
므로 3이다.

따라서 옳지 않은 것은 ②이다.

7 1차 성적이 7점인 학생 수는 오른쪽 산
점도에서 직선 l 위의 점의 개수와 같으
므로 3이다. ⋯⋯ ❶
또, 이들의 2차 성적은 각각 3점, 5점, 7점
이므로

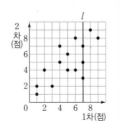

$(\text{평균}) = \dfrac{3+5+7}{3} = \dfrac{15}{3} = 5\,(\text{점})$

⋯⋯ ❷

채점 기준	비율
❶ 1차 성적이 7점인 학생 수 구하기	30 %
❷ 평균 구하기	70 %

유형 **2** 산점도의 이해 ⑵ – 두 변량의 비교 | 107쪽 |

8 7점	**9** ②	**10** 10	**11** ④	**12** ①, ④

8 미술 실기 점수가 가장 낮은 학생의 점수는 5점이고, 이 학생의
음악 실기 점수는 7점이다.

9 미술 실기 점수가 음악 실기 점수보다
높은 학생 수는 오른쪽 산점도에서 대각
선의 아래쪽에 있는 점의 개수와 같으므
로 4이다.

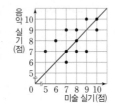

10 프로그램 종료 후 체중이 감소한 참가
자의 수는 오른쪽 산점도에서 대각선
의 아래쪽에 있는 점의 개수와 같으므
로 10이다.

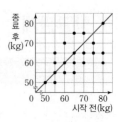

11 사진 전시회와 그림 전시회 관람 횟수
가 같은 회원 수는 오른쪽 산점도에서
대각선 위에 있는 점의 개수와 같으므
로 4이다.

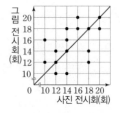

따라서 $\dfrac{4}{16} \times 100 = 25\,(\%)$

12 ① 1차 점수와 2차 점수가 같은 학생
수는 오른쪽 산점도에서 대각선 위
의 점의 개수와 같으므로 4이다.

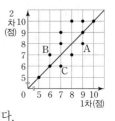

② 1차보다 2차 시험을 더 잘 본 학생
수는 오른쪽 산점도에서 대각선의
위쪽에 있는 점의 개수와 같으므로 5이다.

③ 2차보다 1차 점수가 더 높은 학생 수는 위의 산점도에서 대각
선의 아래쪽에 있는 점의 개수와 같으므로 3이다.

따라서 $\dfrac{3}{12} \times 100 = 25\,(\%)$

④ A의 1차 점수는 9점이고 2차 점수는 8점이므로 1차와 2차 점
수의 합은 17점이다.

⑤ C와 B의 2차 점수는 각각 6점, 7점이므로 C는 B보다 2차 점
수가 더 낮다.

따라서 옳은 것은 ①, ④이다.

유형 **3** 산점도의 이해 ⑶ – 차 | 108쪽 |

13 3	**14** ⑤	**15** 50 %

13 가창 점수와 악기 연주 점수의 차가 2
점인 학생 수는 오른쪽 산점도에서
두 직선 l, m 위의 점의 개수와 같으
므로 3이다.

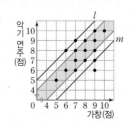

14 가창 점수와 악기 연주 점수의 차가 1점 이하인 학생 수는 **13**의
산점도에서 색칠한 부분(경계선 포함)에 속하는 점의 개수와 같으
므로 12이다.

15 영어 점수와 수학 점수의 차가 20점 이상인 학생 수는 오른쪽 산점도에서 색칠한 부분(경계선 포함)에 속하는 점의 개수와 같으므로 10이다.
　…… ❶

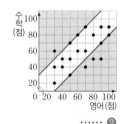

따라서 $\dfrac{10}{20} \times 100 = 50$ (%)
　…… ❷

채점 기준	비율
❶ 두 과목의 점수의 차가 20점 이상인 학생 수 구하기	50 %
❷ 백분율 구하기	50 %

유형 4 상관관계　　　|108~109쪽|

16 ①	**17** ㄴ	**18** ⑤	**19** ㄴ	**20** ③, ⑤

17 텐트의 가격이 높을수록 만족도가 낮으므로 x와 y 사이에는 음의 상관관계가 있다.
따라서 이 집단의 산점도는 ㄴ이다.

18 주어진 산점도는 음의 상관관계를 나타낸다.
①, ③, ④ 양의 상관관계
② 상관관계가 없다.
⑤ 음의 상관관계
따라서 주어진 산점도로 나타낼 수 있는 것은 ⑤이다.

19 ㄱ, ㄷ, ㄹ. 양의 상관관계
ㄴ. 음의 상관관계
따라서 상관관계가 나머지 셋과 다른 하나는 ㄴ이다.

20 ④ 버스 A의 승객 수는 5이다.
⑤ 배차 시간이 가장 짧은 버스를 기다리는 승객 수는 2이고 가장 긴 버스를 기다리는 승객 수는 3이므로 배차 시간이 가장 짧은 버스를 기다리는 승객 수와 가장 긴 버스를 기다리는 승객 수의 차는 1이다.
따라서 옳은 것은 ③, ⑤이다.

유형 5 산점도의 분석　　　|109쪽|

21 민주	**22** D

23 주희, A는 오른쪽 눈의 시력에 비하여 왼쪽 눈의 시력이 좋은 편이다.

21 키에 비하여 앉은키가 가장 큰 학생은 주어진 산점도에서 대각선의 위쪽에 있는 점 중에서 대각선과 가장 멀리 떨어진 민주이다.

---

22 월급에 비하여 월 저축액이 가장 적은 직원은 오른쪽 산점도에서 대각선의 아래쪽에 있는 점 중에서 대각선과 가장 멀리 떨어진 D이다.

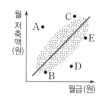

23 틀린 설명을 한 학생은 주희이다.　…… ❶
A는 오른쪽 산점도에서 대각선의 위쪽에 있는 점이므로 오른쪽 눈의 시력에 비하여 왼쪽 눈의 시력이 좋은 편이다.　…… ❷

채점 기준	비율
❶ 틀린 설명을 한 학생 찾기	50 %
❷ 바르게 고치기	50 %

중단원 핵심유형 테스트　　　|110~111쪽|

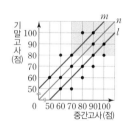

1 ④	2 ④	3 7	4 ⑤	5 3.25 kg
6 10	7 ④, ⑤	8 ①	9 정민, 도윤	10 ②, ⑤
11 9	12 68점	13 ③, ④	14 20 %	

1 주어진 산점도는 양의 상관관계를 나타낸다.
①, ⑤ 상관관계가 없다.
②, ③ 음의 상관관계
④ 양의 상관관계
따라서 주어진 산점도로 나타낼 수 있는 것은 ④이다.

2 중간고사 성적은 70점 이상이고 기말고사 성적은 80점 이상인 학생 수는 오른쪽 산점도에서 색칠한 부분(경계선 포함)에 속하는 점의 개수와 같으므로 7이다.

3 중간고사와 기말고사 성적의 차가 10점인 학생 수는 **2**의 산점도에서 두 직선 l, m 위의 점의 개수와 같으므로 7이다.

4 중간고사보다 기말고사 성적이 떨어진 학생 수는 **2**의 산점도에서 대각선 n의 아래쪽에 있는 점의 개수와 같으므로 8이다.
따라서 $\dfrac{8}{16} \times 100 = 50$ (%)

5 머리둘레가 34 cm인 신생아는 4명이고, 이들의 몸무게는 각각 2.5 kg, 3 kg, 3.5 kg, 4 kg이므로

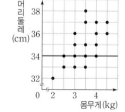

$$(\text{평균}) = \dfrac{2.5+3+3.5+4}{4}$$
$$= \dfrac{13}{4} = 3.25 \text{ (kg)}$$

6 1차에서 성공한 개수와 2차에서 성공한 개수가 같은 회원 수는 오른쪽 산점도에서 대각선 위의 점의 개수와 같으므로 4이다.

즉, $a=4$ ······ ❶

1차보다 2차에서 성공한 개수가 더 많은 회원 수는 위의 산점도에서 대각선의 위쪽에 있는 점의 개수와 같으므로 6이다.

즉, $b=6$ ······ ❷

따라서 $a+b=4+6=10$ ······ ❸

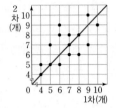

채점 기준	비율
❶ a의 값 구하기	40 %
❷ b의 값 구하기	40 %
❸ $a+b$의 값 구하기	20 %

7 석유 생산량과 석유 가격 사이에는 음의 상관관계가 있다.
① 상관관계가 없다.
②, ③ 양의 상관관계
④, ⑤ 음의 상관관계
따라서 석유 생산량과 석유 가격에 대한 상관관계와 같은 상관관계를 가지는 것은 ④, ⑤이다.

8 월급에 비하여 카드 사용액이 가장 많은 직원은 오른쪽 산점도에서 대각선 위쪽에 있는 점 중에서 대각선과 가장 멀리 떨어진 A이다.

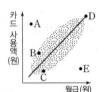

9 주희: 자동차의 제동 거리와 그때의 속력 사이에는 양의 상관관계가 있다.
리안: 어느 자동차가 더 무거운지는 알 수 없다.
따라서 바르게 설명한 학생은 정민, 도윤이다.

10 ② 두 변량 사이에는 음의 상관관계가 있다.
⑤ C는 E보다 독서 시간이 적다.
따라서 옳지 않은 것은 ②, ⑤이다.

11 높이뛰기와 멀리뛰기 점수의 차가 2점 이상인 학생 수는 오른쪽 산점도에서 색칠한 부분(경계선 포함)에 속하는 점의 개수와 같으므로 9이다.

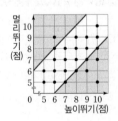

12 하루 평균 스마트폰 사용 시간이 4시간 이상인 학생 수는 오른쪽 산점도에서 직선 l 위의 점의 개수와 직선 l의 오른쪽에 있는 점의 개수의 합과 같으므로 5이다.

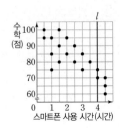

하루 평균 스마트폰 사용 시간이 4 시간 이상인 학생, 즉 스마트폰 중독 위험군에 속하는 학생 5명의 수학 성적은 각각 60점, 65점, 70점, 70점, 75점이므로

$$(평균)=\frac{60+65+70+70+75}{5}=\frac{340}{5}$$
$$=68(점)$$

13 ① 작년과 올해에 관람한 영화가 모두 7편 미만인 학생 수는 오른쪽 산점도에서 색칠한 부분(경계선 제외)에 속하는 점의 개수와 같으므로 5이다.

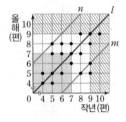

따라서 $\frac{5}{20}\times100=25$ (%)

② 작년보다 올해에 관람한 영화 수가 많은 학생 수는 위의 산점도에서 대각선 l의 위쪽에 있는 점의 개수와 같으므로 7이다.

③ 작년과 올해에 관람한 영화 수의 차가 3인 학생 수는 위의 산점도에서 두 직선 m, n 위의 점의 개수와 같으므로 3이다.

④ 작년에 관람한 영화 수가 가장 많은 학생이 올해에 관람한 영화는 9편이다.

⑤ 작년과 올해 중 적어도 한 번은 9편 이상 영화를 관람한 학생 수는 위의 산점도에서 빗금 친 부분(경계선 포함)에 속하는 점의 개수와 같으므로 6이다.

따라서 옳지 않은 것은 ③, ④이다.

14 필기 점수와 실기 점수의 평균이 규한이와 같은 학생은 필기 점수와 실기 점수의 합이 규한이와 같다.

즉, 필기 점수와 실기 점수의 합이 $70+85=155$(점)인 학생 수는 오른쪽 산점도에서 직선 l 위의 점의 개수와 같으므로 4이다.

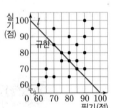

따라서 $\frac{4}{20}\times100=20$ (%)

수학
마스터

중학 수학의 첫 유형 학습

유형 β 베타

교육부와 함께 더 완벽해진 EBS중학

수준별 맞춤 학습

"수준별 맞춤 학습"이란?

수준별 콘텐츠 제공을 통한 **개인 맞춤형 교육 환경 실현**을 위해
교육부와 EBS가 함께 제작하는 **학습 콘텐츠 및 서비스**를 뜻합니다.

1 수준별 강의

#기초, 기본, 발전, 단계별

개인 학습 수준에 따른 수준별,
단계별 학습 콘텐츠 제작
EBS 중학을 활용한
개별 맞춤 학습 가능

2 대규모 신규 제작

#기존 4배

2021년 약 3,000편의
'수준별 맞춤 학습' 콘텐츠
제작 예정

3 교재 활용 지원

#PDF 뷰어 서비스

'수준별 맞춤 학습'의 모든 교재
콘텐츠를 대상으로
교재 뷰어 서비스 제공

4 자막 제공

#청각장애 학생 학습권 보장

'수준별 맞춤 학습'의
모든 강좌에 자막을 제공

5 화면해설

#시각장애 학생 학습권 보장

기본 개념 강좌에
화면 해설 제공

6 학습 관리 멘토

#학습 관리 서비스 지원

가정 내 학습 지원을 받기
어려운 학생을 대상으로
학습 관리 멘토를 지원